Walter Lübeck

Handbuch des spirituellen NLP

Geistige Brücken zur harmonischen Verbindung
von Herz und Verstand
Für eine neue Lebendigkeit des Fühlens

*Zeichnungen
von Alex Ignatius*

WINDPFERD

NLP ist ein wirkungsvolles System zur Heilung und Anregung des geistig-seelischen Wachstums. Trotzdem macht NLP nicht den Gang zu einem Arzt, Heilpraktiker oder Psychotherapeuten überflüssig, wenn der Verdacht auf eine ernsthafte Gesundheitsstörung besteht. Die Naturheilkunde (auch NLP gehört dazu) will die Schulmedizin überall dort ergänzen, wo diese dem Menschen nicht weiterhelfen kann – für überflüssig erklären will sie sie jedoch keinesfalls.

Die in meinem Buch vorgestellten Informationen und Übungen sind sorgfältig recherchiert und wurden nach bestem Wissen und Gewissen weitergegeben. Dennoch übernehmen Autor und Verlag keinerlei Haftung für Schäden irgendeiner Art, die direkt oder indirekt aus der Anwendung oder Verwendung der Angaben in diesem Buch entstehen.

Die Informationen in diesem Buch sind für Interessierte und zur Weiterbildung gedacht und nicht als Therapie- oder Diagnoseanweisung im medizinischen Sinne zu verstehen.

3. Auflage 2003

Umschlaggestaltung: Wolfgang Jünemann
Zeichnungen im Innenteil: Alex Ignatius
Gesamtherstellung: Schneelöwe, D-87648 Aitrang
ISBN 3-89385-429-0

Printed in Germany

Inhaltsverzeichnis

Einleitung ... 9

Kapitel 1

Was ist Neurolinguistisches Programmieren (NLP)? ... 13

... Und was ist Spirituelles NLP (SNLP)? ... 13
NLP – eine Definition ... 13
SNLP – eine zusätzliche Definition ... 14
Warum SNLP? ... 15
Wie wurde NLP entwickelt? ... 18
NLP-Grundprinzipien ... 20
Die Grundregeln des Neurolinguistischen Programmierens ... 21
Ergänzende Grundsätze des Spirituellen NLP ... 28
Zu guter Letzt 44

Kapitel 2

Die Sprache der Träume ... 45

Lerne die Sprache der Fantasie und der Träume verstehen – um dir neue Kräfte in der Wirklichkeit zu erschließen ... 45
Die Schattenseiten der Träume ... 46
Was gibt es Nützliches für dich in diesem Kapitel? ... 47
Wie lassen sich Träume bewusst hervorrufen? ... 48
Die Muster der Traumsprache ... 54
Metaphern – Geschichten, die ein Leben verändern können ... 56
Der Metapherbaukasten – wie du selbst Metaphern basteln kannst ... 58
Wie du einfache Metaphern entwerfen kannst ... 59
Wie du dir komplexe Metaphern erarbeitest ... 61
Wie Metaphern noch besser werden 64
Der New-Behaviour-Generator – eine ganz besondere Art, Träume zu nutzen ... 64
Exkurs: Trance und Wachheit ... 67

Kapitel 3

Die Sprache des Bewusstseins – das Metamodell ... 72
Was dir dieses Kapitel Nützliches bietet ... 72
Wie die Sprache des Bewusstseins funktioniert ... 73
Ein Beispiel dazu 74
Die größten Fehler bei der Anwendung des Metamodells und wie du sie vermeiden kannst ... 74

Noch eine Hürde ... 80
Reaktionen auf die Suche nach der Wirklichkeit 80
Die Sprache des Bewusstseins in deinem Leben 82

Kapitel 4

Submodalitäten – die Sprache der feinen Unterschiede 85
Was dieses Kapitel dir Nützliches bieten kann 85
Die Praxis der Submodalitäten 87
Liste der Submodalitäten 88

Kapitel 5

Wohlgeformte Zielbestimmung 93
Die Kriterien der wohlgeformten Zielbestimmung 96
Die Kraft deiner Intuition nutzen, um Stolpersteine aus deinem Weg zu räumen 99
Die häufigsten Fehler bei der Anwendung der wohlgeformten Zielbestimmung 103
Nützliche Zielbestimmungen für deinen Lebensweg 104

Kapitel 6

Reframing
Die Kunst, in jeder Lebenssituation ein Geschenk zu bekommen 105
Was kann dir die Veränderung der Wahrnehmungsperspektive Nützliches bieten? 109
Siebe zum Goldwaschen – systematisches Umdeuten 109
Die spirituelle Bedeutung des Reframings 122

Kapitel 7

Pacing – Herzensbrücken bauen 124
Wie Pacing nicht funktioniert 124
Pacen kannst du lernen 125
Aktives und passives Pacen 130
Bedeutet Herzensbrücken zu bauen und zu erhalten, alles zulassen zu müssen? 131

Kapitel 8

Ankern – Talente auf Abruf 139
Was ist ein Anker? 139
Welche Probleme unbewusste Anker erzeugen können 141
Visuelle Anker 143
Akustische Anker 145
Kinästhetische (Körperwahrnehmungen betreffende) Anker 147

Olfaktorische (Geruchswahrnehmungen betreffende) Anker 149
Gustatorische (Geschmackswahrnehmungen betreffende) Anker 151
Wie du bewusst ankern kannst 152
Separator, ressourcevoller Zustand und Stuck State –
drei weitere wichtige Begriffe 154
VAKOG-Trance für den State of Excellence 160
Der State of Excellence 163
Was bedeutet Anker stapeln? 163
Was ist Anker verketten? 163
Die Technik des Anker-Verschmelzens 165
Die häufigsten Fehler beim Ankern
und wie du sie vermeiden kannst 167
Ein wichtiger Tipp für häufig verwendete Anker 168
Sichere Plätze zum Ankern 168
Beispiele für nützliche Anker 168
Ankerformular 170

Kapitel 9

F.E.S.T. – die Feinstoffliche Entwicklungsstrategie 173
Was bedeutet F.E.S.T.? 173
Die 7 Haupt-Chakren als eine Landkarte
für verschiedene große Funktionskreise des menschlichen Wesens 175
Grundsätzliche Regeln für die Zusammenarbeit der Chakren 181
Der Chakraspiegel 185
Der räumliche Aufbau des Chakraspiegels 185
Die Arbeit mit dem Chakraspiegel 186
Chakra-Line-Arbeit –
das System deiner Persönlichkeit von innen heraus harmonisieren 189
Der Chakra-Line-Kraftraum 192
Die Chakrakonferenz 193
Die Chakraharmonisierung 193
Die Oberstufe von F.E.S.T. 194
Das Metaziel von F.E.S.T. 194
Was zu beachten ist 195

Kapitel 10

Assoziation – Dissoziation – Metaposition 197
Andere Menschen besser verstehen 202
»Drinnen« und »Draußen« auf Abruf 204
Der spirituelle Aspekt 205
Entwicklungshindernisse überwinden 206

Die tragbare einsame Insel ... 208
Vier kleine Tips zum Abschluss ... 209

Kapitel 11

N.E.S.T. – die Natürliche Entwicklungsstrategie 211
Erprobte Wege aus den Sackgassen des Lebens 211
Die natürliche Lernstrategie 212
Neugier öffnet Türen zum Wachstum 215
Eigenverantwortlichkeit ermöglicht dir die Lenkung deines Lebenswagens 216
Bewusstsein hilft dir, Leiden zu meiden und Möglichkeiten zur Steigerung deines Wohlbefindens nicht zu übersehen 216
Liebesfähigkeit stabilisiert deine Beziehungen zu anderen Menschen und fördert deine innere Harmonie 216
Freude am Lernen hält dich lebendig und flexibel 217
Symbolrituale für die Natürliche Entwicklungsstrategie 217

Kapitel 12

NLP in der Partnerschaft – gemeinsam glücklich wachsen 221
Herzensbrücken – das Wichtigste für eine erfüllte Paarbeziehung 221
Separator – zwischen Lust und Frust trennen lernen 221
Win/Win – Liebe ist, wenn immer beide gewinnen 222
Lustanker – schöne Stunden zu zweit zu den ekstatischsten Erfahrungen des Lebens werden lassen 222
Kontextanker 225
Nie im Bett streiten! 225
Verdeckte Tagesordnungen 225
In den Schuhen des anderen laufen 226
NLP-Grundregel für konstruktive Beziehungsarbeit 226

Kapitel 13

NLP und Reiki 228
NLP und ... 228
NLP und Reiki 229
Pacing und Reiki 231
Neurologische Ebenen, Chakren und Reiki 232
Das Teilemodell, Verhandlungsreframing und Reiki 233
Ankern, State of Excellence und Reiki 233
Wohlgeformte Zielbestimmung und Reiki 235
Ausblick 235

Anhang 1

Widerstände gegen Wachstum 237
Was ist ein Widerstand? 237
Welche Ursachen gibt es für Widerstand? 237

Anhang 2

Der Ablauf einer NLP-Lebensberatung 241

Anhang 3

Wichtige NLP-Werkzeuge 245

Anhang 4

Kommentierte Bibliographie 248

Über den Autor 253

Einleitung

NLP, die neue Kommunikationsmethode mit dem unaussprechlichen Namen*, die beinahe ans Wunderbare grenzende Verhaltensänderungen und Lernschritte ermöglicht, erreichte mich vor einigen Jahren in Form eines Buches und verschiedener Seminarteilnehmer, die NLP-Ausbildungen absolviert hatten. Zuerst schreckten mich die vielen abstrakten Fachbegriffe und der sehr sachliche Umgang mit Kernbereichen des menschlichen Seins: den Gefühlen, dem Unbewussten, der Motivation zu lernen und den individuellen Fähigkeiten. Doch als ich dann in immer engeren Kreisen um dieses seltsame Gericht NLP herumschlich, merkte ich bald, dass dieses System mir erklären konnte, warum ich Erfolg in meinen Seminaren und meinen Lebensberatungen hatte. Und das überzeugte mich dann von seinem praktischen Gebrauchswert. Meine unbewussten Verhaltensweisen, die ich nutzte, um anderen Menschen zu helfen, sich Klarheit über ihre Gefühle, ihre reale Lebenssituationen und ihre tiefsten Wünsche zu verschaffen, wurden mir in der NLP-Literatur und den Ausbildungen, die ich später besuchte, auf einleuchtende Weise erklärt. Natürlich musste ich dazu erst einmal meine Vorbehalte gegenüber dem NLP-Fachchinesisch abbauen. Doch meine große Neugier, die mir schon oft durch schwierige Lernschritte hindurchgeholfen hat, ließ mich auch diesmal nicht im Stich. Sobald ich dann auch noch merkte, dass die abstrakte Sprache nur neue Begriffe für alltägliche Verhaltensweisen verwendet und ich NLP so in meinem Leben wiederbegegnen konnte, war die letzte Hürde genommen. Jede NLP-Technik, jedes NLP-Modell, das ich lernte, verknüpfte ich sofort mit meinen Erfahrungen mit Menschen, Beratungen, Verständigung und Problembewältigung. Schnell kamen dabei neue Werkzeuge und Erweiterungen zustande, die ich fleißig ausprobierte und an meine Schüler weitervermittelte. Und auf diese Art sammelte ich auch das Material zu diesem Buch. Einige Probleme machte mir beim Schreiben die

* Neurolinguistisches Programmieren

Auswahl des Stoffes – denn es gibt so viel Interessantes zum Thema zu berichten, dass locker zwanzig Bücher vom gleichen Umfang wie das vorliegende damit zu füllen wären, ohne dass Wiederholungen auftreten würden. Ich habe mich dann nach einigem Hin und Her dazu entschlossen, nur Material aufzunehmen, das

- die absolut notwendigen Grundtechniken und -modelle des NLP betrifft,
- neue oder wenig bekannte Erklärungsmodelle zu den Wirkungsmechanismen der NLP-Methoden bietet,
- neue Anwendungen vorstellt, die in der sonstigen Literatur oder den üblichen Ausbildungen zum Thema nicht auftauchen,
- Verbindungen zu spirituellem Gedankengut herstellt, um NLP in einen breiteren und tieferen Rahmen zu setzen, den ich als angemessen und sinnvoll betrachte, damit es nicht in dem Image umkommt, in der Hauptsache ein effektives Verkaufs- und Werbeinstrument zu sein,
- zeigt, wieviel alltäglicher Nutzen durch NLP-Werkzeuge auf einfache, natürliche Weise geschaffen werden kann.

Es gibt mittlerweile eine Reihe Bücher über NLP auf dem Markt, die häufig genau das gleiche, vielleicht ein wenig umformuliert, enthalten. Ich möchte gerne sinnvolle Bücher schreiben und so findest du in diesem Buch *nicht* die 72. Darstellung des Six-Steps und des klassischen Verhandlungsreframings oder den Swish. Dies sind alles erprobte und sehr effektive NLP-Methoden, doch sind sie oft genug beschrieben worden, so dass ich dich dafür lieber auf andere Bücher verweise und dir hier nicht den üblichen Eintopf anbiete.

Der Aufbau dieses Buches orientiert sich weitgehend an der Struktur eines aufwendigen und zeitintensiven Beratungsprogramms, das nicht nur dafür geeignet ist, schnell ein lästiges Problem loszuwerden, sondern es dir auch ermöglicht, selbst in Zukunft kompetent mit NLP an eigenen Lernaufgaben zu arbeiten und dies auch für andere mit Erfolg zu tun. Damit die dazu notwendige Basis geschaffen werden kann, ist der Teil über Grundlagen des NLP sehr umfangreich ausgefallen. Wenn du ihn sorgfältig durcharbeitest, weißt du genau, warum eine NLP-Methode funktioniert und wie du sie selbst weiterentwickeln und kreativ auf unterschiedliche Lebenssituationen anpassen kannst. Bitte stelle nicht den Anspruch an dich, alle theoretischen Grundlagen beim ersten Lesen verstehen können zu müssen. Dies ist nicht nötig für die Arbeit mit diesem Buch. Später wird sich dir immer mehr erschließen, wenn du das Grundlagen-Kapitel immer wieder einmal durchliest.

Der überwiegende Teil der Informationen, die du brauchst, um effektiv mit NLP arbeiten zu können, wird in diesem Buch über Mittel weitergegeben, die es dir leicht machen, sie beim Lesen in Form von Tagträumen auf dich und deinen Alltag zu übertragen. Um dies zu bewerkstelligen, habe ich viele Geschichten, Beispiele und Gleichnisse verwendet. Auch eine NLP-Methode des leichten Lernens. Dies bedeutet für dich, dass du nicht gleich alles bewusst verstandesmäßig nachvollziehen können musst, was du liest. Was dich interessiert, und nur das!, wird als Muster von deinem Unterbewusstsein als Erweiterung seiner Verhaltensmöglichkeiten gespeichert werden, um ganz natürlich in den unterschiedlichsten Lebenssituationen zur Verfügung zu stehen, wenn du es haben willst.

Dieses Buch hat mich beim Schreiben verändert, denn wieder haben sich neue Zusammenhänge aufgetan und interessante, praktisch verwertbare Einsichten ergeben. Dieses Buch kann auch dir helfen, dich sinnvoll zu verändern, wenn du es willst – und es liest. Die übergreifenden Prinzipien, nach denen ich meine gesamte Arbeit ausrichte, nämlich Förderung der Liebesfähigkeit, des Bewusstseins und der Eigenverantwortung, bilden auch in diesem Buch die Achse, um die sich das Rad der Techniken, Methoden, Erfahrungen und theoretischen Modelle dreht. Jeder deiner vielleicht durch dieses Buch ausgelösten Entwicklungsschritte wird sich an diesen drei spirituellen Grundqualitäten orientieren. Ich wünsche dir Freude beim Lesen, Lust am Wachsen und ein so glückliches Leben, dass du dich selbst darum beneiden würdest, wenn du noch Spaß an Neid hättest.

Dein

Kapitel 1

Was ist Neurolinguistisches Programmieren (NLP)?

... Und was ist Spirituelles NLP (SNLP)?

Am Anfang einer jeden Beratung finde ich es sehr wichtig, grundsätzlich zu klären, auf welcher Basis die gemeinsame Arbeit stattfinden soll. So können von vornherein Missverständnisse vermieden werden, und der Klient kann bereits im Vorfeld der Veränderungsarbeit einen Teil der Verantwortung für sein Wachstum selbst übernehmen, was an sich schon der erste wünschenswerte Effekt einer SNLP-Beratung ist[1]. Du weißt, woran du bist und auf welchem Weg du dich bewegst, was du erwarten kannst – und was nicht. Der angestrebte Entwicklungsprozess wird realistisch einschätzbar, und die Wegstrecke ist abgesteckt. Dieses Buch ist vom Konzept her ähnlich angelegt wie eine ausführliche SNLP-Beratung. Deswegen beginnt es auch mit einer gründlichen Besprechung der Methodik und des theoretischen Fundaments von NLP/SNLP.

NLP – eine Definition

NLP ist der systematische, effektive Gebrauch der jedem Menschen innewohnenden Möglichkeiten des Erinnerns, Vergessens, der Informationsauswertung und -darstellung, des Wahrnehmens und Reagierens in

[1] Spirituelles NLP baut die Anwendung aller Methoden auf dem Fundament der Förderung von *Eigenverantwortlichkeit*, *Liebesfähigkeit* und *Bewußtsein* auf. Mehr dazu weiter unten.

allen Bereichen des menschlichen Seins, um subjektives und objektives Wohlbefinden, Flexibilität und andere zur befriedigenden Gestaltung des Lebens wichtige Fähigkeiten im höchstmöglichen Maße zu fördern.

SNLP – eine zusätzliche Definition

Zusätzlich zu der oben angegebenen NLP-Definition berücksichtigt SNLP spirituelle Erkenntnisse über Sinn und Struktur der Welt im Allgemeinen und der menschlichen Existenz im Besonderen. SNLP soll die Möglichkeiten eines Menschen erweitern helfen, persönliches Wohlbefinden im Einklang mit den natürlichen Prinzipien spiritueller[2] Entwicklung, die dieser Welt von der Schöpferkraft gegeben wurden, zu suchen und praktisch umzusetzen. Wesentlich ist dabei die Berücksichtigung der drei essentiellen spirituellen Prinzipien »Liebesfähigkeit«, »Bewusstseinsentwicklung« und »Eigenverantwortlichkeit«.

Mit »Liebesfähigkeit« ist die Fähigkeit gemeint, sich selbst im anderen zu erkennen, zu anderen Wesen der Welt in Resonanz zu sein, mit ihnen zu fühlen (Mitgefühl), die tiefere Einheit und die Verbundenheit aller Teile der Schöpfung im evolutionären Prozess wahrzunehmen sowie diese im Denken und Handeln zu berücksichtigen.

Unter »Bewusstseinsentwicklung« verstehe ich in diesem Zusammenhang die Fähigkeit, mehr Bestandteile der Schöpfung sinnlich wahrzunehmen, sowie ihre Eigenheiten und ihren Sinn im Zusammenhang allen Seins zu erkennen und zu erfühlen.

»Eigenverantwortlichkeit« bezeichnet die Fähigkeit eines Menschen, die Kontrolle über das, was ihn betrifft, wahrzunehmen, anstatt sich und sein Leben als fremdbestimmt zu betrachten. Der Sklave wird damit zum freien Menschen, der aufrecht und selbstbestimmt zum Wohle aller auf seine Weise die Entwicklung der Schöpfung fördern und sich an ihr erfreuen kann.

---

[2] Unter »Spiritualität« verstehe ich eine Geistes- und Lebenshaltung, die grundsätzlich ein Höchstes Wesen, eine Schöpferkraft, anerkennt und danach trachtet, im Einklang mit den von dieser Kraft vorgegebenen, in der Natur zu beobachtenden Strukturen zu leben.

Warum SNLP?

Während meiner langjährigen Beschäftigung mit NLP, NLP-Ausbildungen, Literatur und den NLP-Anwendern wurde mir immer klarer, dass die enormen Möglichkeiten dieses genialen Psycho-Werkzeugkastens nicht automatisch selbstregulierend in Bezug auf seine Wirkungen sind. Mit anderen Worten: NLP lässt sich zur Entwicklung menschlichen Potentials einsetzen, es lässt sich aber auch zur Kontrolle anderer einzelner Menschen und Gruppen verwenden – zum Beispiel um ihnen den neuesten Plastik-Suppentopf schmackhafter zu machen oder sie dazu zu bringen, eine bestimmte Partei in die Regierung zu wählen. Auch im wesentlich kleineren Bereich der privaten Therapie ist NLP, dieses scharfe Schwert, durchaus zweischneidig. Ich habe Menschen erlebt, die allen Ernstes nach einer NLP-Grundausbildung ankamen und sagten, sie würden nun keine Therapie für ihre Probleme mehr brauchen, sie hätten alles bereits selbst mit NLP-Methoden durchgearbeitet und an den verbleibenden Schwierigkeiten sei nur die Umwelt schuld. Oder auch NLP-Berater, denen es egal ist, wozu sie ihre Klienten befähigen, Hauptsache diese sagen nach Abschluss der Veränderungsarbeit, dass es ihnen nun besser geht und sie mehr Erfolg haben.

Meiner Ansicht nach sind diese und ähnliche Ergebnisse von NLP-Arbeit nicht befriedigend. Mein Bestreben war und ist es, Fähigkeiten so anzuwenden, dass nicht nur ein einzelner oder einige wenige Menschen mehr Erfolg haben, sondern dass bei jeder Entwicklung jedes Menschen möglichst etwas Positives für das gesamte System dabei herauskommt. In der NLP-Sprache ausgedrückt: Die Ökologie einer Veränderung sollte für das gesamte System stimmen und nicht nur für einen Teil davon. Das ist natürlich ein hoher Anspruch, der im ersten Moment schwer zu verwirklichen scheint. Doch gibt es dafür eine verhältnismäßig einfache Lösung. Eben jene drei spirituellen Grundprinzipien für den Bereich des Persönlichkeitswachstums: »Liebe«, »Bewusstsein« und »Eigenverantwortung«. Orientiert sich Persönlichkeitsentwicklungsarbeit an diesen drei Bezugspunkten, werden letztlich immer positive Resultate für die gesamte Schöpfung erzielt. Das zeigen die jahrtausendealten Erfahrungen in den großen spirituellen Traditionen überall

„Der Du im Himmel bist,
zeig mir, wo ich ansetzen
muß, um die Welt
zum Besseren zu führen!"

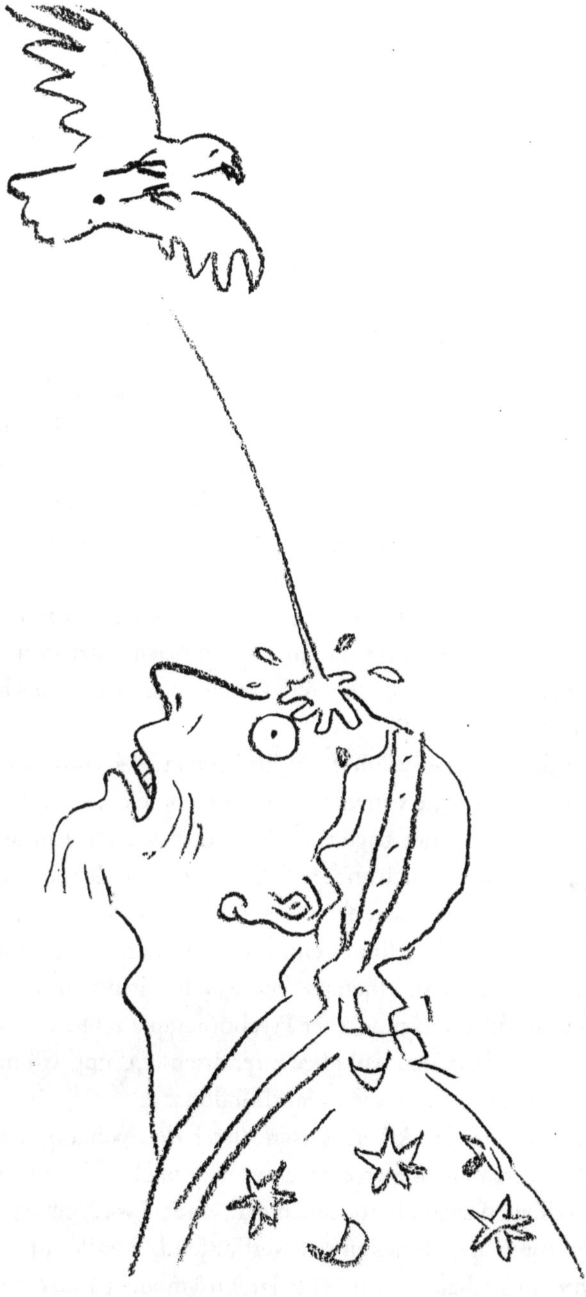

auf der Welt. Kein Mensch ist meines Wissens bisher zu einem spirituellen Lehrer geworden, ohne die drei genannten Prinzipien in seiner Entwicklung zu berücksichtigen.

Doch bevor wir uns noch näher mit SNLP auseinandersetzen, geht es nun zuerst »back to the roots«, zu den Anfängen des NLP.

Wie wurde NLP entwickelt?

Zwei junge Männer, John Grinder und Richard Bandler, machten sich Anfang der 70er-Jahre dieses Jahrhunderts daran, die Arbeitsmethoden bedeutender Therapeuten unserer Zeit zu untersuchen und zu beschreiben. Grinder war damals Assistenzprofessor für Linguistik (Sprachwissenschaft), Bandler ein Psychologiestudent und an neuen Methoden der Psychotherapie sehr interessiert. Ihre Idee bei diesem Projekt war, aus ihren Beobachtungen der Arbeit von Spitzentherapeuten ein leicht verständliches und erlernbares Modell zu entwickeln, das andere Menschen zu ähnlichen Höchstleistungen befähigen können sollte. Dieses Prinzip des Modellierens, des systematischen Nachbildens von Höchstleistungen zur Übertragung der Fähigkeiten auf andere ist bis heute *die* Schlüsseltechnik des NLP.

Bandler und Grinder wählten für ihr Projekt drei Vorbilder aus:

- *Virginia Satir*, eine von vielen als genial bezeichnete Familientherapeutin, die in der Lage war, die verzwicktesten Familienbeziehungen, an denen sich andere Therapeuten die Zähne ausgebissen hatten, zu harmonisieren.
- *Fritz Perls*, den Begründer eines revolutionären Entwicklungssystems, das als Gestalttherapie heute weltweit bekannt ist und zu den Grundpfeilern moderner Psychotherapie zählt.
- *Milton Erickson*, den wohl bedeutendsten und ungewöhnlichsten Hypnosetherapeuten dieses Jahrhunderts.

Die Untersuchung der Arbeitsweisen dieser drei vollkommen unterschiedlichen Persönlichkeiten erbrachte erstaunliche Übereinstimmungen. Alle schienen zwar oberflächlich ganz anders vorzugehen. Die tieferen Strukturen aber ähnelten sich verblüffend. Bandler und Grinder fassten ihre abgeschauten, im NLP-Jargon »modellierten«, Muster in einem leicht lern- und handhabbaren System zusammen, das sie NLP (Neurolinguistisches Programmieren) nannten. Dieses Monsterwort ist sicher etwas erklärungsbedürftig. Der Wortteil »neuro« bezieht sich auf die sprachwissenschaftliche Erkenntnis, dass jeder Mensch nur über die Botschaften seiner fünf Sinne – Sehen, Hören, Fühlen, Riechen, Schmecken – Zugang zu der Wirklichkeit und seiner Beziehung zu ihr hat. Die so gewonnenen Informationen werden von ihm bewertet, also in einer subjektiven Wichtigkeitsskala von »überflüssig« bis »sehr wichtig für mich« eingestuft oder in verschiedene moralische Kategorien eingeordnet, und strukturiert (verarbeitet), wie er es gelernt hat. Sie werden seinem – meist unbewussten – Ordnungsprogramm gemäß gespeichert und nach einem bestimmten System abgerufen, wenn sie gebraucht werden. Auf dieser Grundlage entwickeln sich sein Selbst-, Welt- und Beziehungsverständnis und seine individuellen Denk- und Handlungsweisen.

Der Wortteil »linguistisch« beinhaltet, dass wir über die Sprache unsere gedanklichen Aktivitäten ordnen und uns anderen auf abstrakte Weise mitteilen beziehungsweise deren Mitteilungen erhalten. Unsere Verwendung von Sprache ist dementsprechend auch umgekehrt ein Spiegel unserer momentanen Denkstrukturen.

Der Wortteil »programmieren« sagt aus, dass die Wertungs- und Handlungsmuster eines Menschen aus (änderbaren) Programmen aufgebaut sind.

Mit anderen Worten, du hast zum Beispiel irgendwann einmal gelernt (hast dich programmiert), dass es richtig ist, die Straße als Fußgänger auf einem Zebrastreifen zu überqueren, und richtest dich Zeit deines Lebens danach. Das ist sicher gut und nützlich. Gestattet dir dieses Programm aber keine Ausnahmen, kann es sein, dass du viele Kilometer marschieren musst, um über eine fünf Meter breite, kaum befahrene Landstraße zu kommen, weil es eben erst im nächsten Ort einen markierten Fußgängerüberweg gibt. Deine Flexibilität ist in einem solchen Fall zu gering für eine angemessene Bewältigung deines Alltags. Gerade eine gesteigerte Flexibilität, mehr sinnvolle Wahlmöglichkeiten zur effektiven Bewältigung des Lebens gehören zu den Hauptanliegen des NLP.

Sicher kommt dir dieses Beispiel etwas übertrieben vor, aber wie sieht es denn aus mit den Programmen fürs Zigaretten-Rauchen, Alkohol-Trinken, Eifersüchtig-Werden, Sich-im-letzten-Moment-selbst-den-Erfolg-Ruinieren oder anderen Formen des Immer-wieder-dieselben-Fehler-Machens, Sich-selbst-Grenzen-Setzens?!

Der *vierte Spitzenkönner*, der NLP wesentlich geprägt hat, ist *Gregory Bateson*, ein Anthropologe, der umfangreiche Forschungen über Kommunikation, den Aufbau und das Verhalten lebendiger Systeme betrieben und veröffentlicht hat. Er ist am meisten durch seine »double-bind«-Theorie zu den Hintergründen der Schizophrenieerkrankung bekanntgeworden. Viele der fundamentalsten Denkansätze das NLP stammen von ihm.

Bereits gegen Ende der 70er-Jahre hatten Bandler und Grinder eine Reihe Bücher veröffentlicht, die ihr neues System einem breiten Publikum vorstellten. Außerdem verbreiteten sie ab dieser Zeit praktisches Wissen über NLP in vielen Seminaren, die bald schon großen Zulauf bekamen.

Heute ist NLP ein weltweit von Millionen Menschen genutztes System. Dutzende von Büchern sind zu diesem Thema von vielen Autoren veröffentlicht worden. Die Arbeiten von Bandler und Grinder wurden in vieler Hinsicht ausgebaut und in die unterschiedlichsten Bereiche des menschlichen Lebens übertragen. Die meiner Ansicht nach bedeutendsten Weiterentwickler sind: Robert Dilts, David Gordon, Connierae und Steve Andreas sowie Anthony Robbins[3].

NLP-Grundprinzipien

Die Grundannahmen des NLP sind meiner Erfahrung nach tatsächlich Grundregeln des Lebens. Sie mögen teilweise provozierend sein, stellen sie doch viele lieb gewordene Ausreden in Frage, die es uns ermöglichen, dort zu bleiben, wo wir sind, anstatt zu wachsen, zu lernen und

[3] In der kommentierten Bibliographie im Anhang findest du die wichtigsten Werke dieser und anderer Autoren mit einer kurzen Besprechung ihres Inhalts und dem möglichen Nutzen für dich.

im sich ständig wandelnden Fluss des Lebens glücklich mitzuschwimmen. Es lohnt sich sehr, sie einmal näher kennenzulernen und damit NLP von der Basis her zu verstehen.

Die Grundregeln des Neurolinguistischen Programmierens

1. Kommunikation findet immer statt.

Es ist nicht möglich, nicht zu kommunizieren. Auf den fünf Ebenen der Sinne, des Sehens, Hörens, Fühlens, Riechens und Schmeckens, gehen ständig Informationen hin und her. Ihre Auswertung erfolgt meist unbewusst, und alle, die in Kommunikationsreichweite sind, werden irgendwie von den Botschaften beeinflusst. Wer also zum Beispiel während einer Diskussion nichts sagt, verlagert damit nur den Schwerpunkt seiner aktiven Kommunikation in die vier anderen den Sinnen zugänglichen Verständigungskanäle.

2. Der Sinn der Kommunikation ist die Reaktion, die sie auslöst.

Ob Verständigung funktioniert, lässt sich daran überprüfen, inwieweit der Empfänger aufgrund der erhaltenen Informationen nachvollziehen kann, was der Sender will. Ist ihm das nicht möglich, kann die Absicht des Senders noch so gut gewesen sein – der Empfänger wird aber nun mal nicht schlau daraus. Außerdem muss die Botschaft so gehalten sein, dass der Empfänger veranlasst wird, sich danach wie vom Sender gewünscht zu verhalten. Sonst hat die Kommunikation nicht die beabsichtigte Wirkung gehabt. Beispiel: du gehst eine Straße entlang, und neben dir hält ein Wagen. Der Fahrer zeigt dir einen Zettel mit einer Anschrift, die du kennst. Du schließt messerscharf, dass dieser Mensch wohl den Weg von dir beschrieben haben möchte, und du erklärst ihm alles lang und breit. Zum Schluss sagt der Fahrer: »Can you tell it in English, please?!« Und du merkst, dass er nichts mitbekommen hat, weil er Deutsch nicht versteht. Nun kannst du deine Kenntnisse dieser Sprache hervorkramen oder eine Zeichnung anfertigen – also andere Wege der Kommunikation einschlagen. Es nur lauter zu wiederholen, was viele Menschen in einer solchen Situation tun, bringt nichts. Denn wer nur Englisch spricht, versteht auch lautes Deutsch nicht.

3. Menschen reagieren auf ihre Vorstellung, ihr Modell von der Wirklichkeit und nicht auf die Wirklichkeit selbst.

Wenn du vor 400 Jahren jemandem von elektrischem Licht, Flugzeugen oder Autos erzählt hättest, wärst du wahrscheinlich ausgelacht oder zur Inquisition geschleppt worden oder beides. Heute sind diese Dinge so selbstverständlich, dass keiner mehr viel Aufhebens davon macht. Das allgemein akzeptierte Weltbild, unsere Landkarte der Wirklichkeit, hat sich eben geändert und damit auch die Reaktion der Menschen auf bestimmte Dinge. Dafür haben heute viele Zeitgenossen Schwierigkeiten mit der Vorstellung, feinstoffliche Kräfte wären etwas Reales und könnten das Befinden eines Menschen beeinflussen. Vor 400 Jahren hätte daran wohl kaum jemand gezweifelt.

4. Körper, Geist und Seele sind verschiedene, eng verbundene Teilaspekte des ganzen Menschen. Die Veränderung eines Teils beeinflusst auch die anderen.

Du hast es bestimmt auch schon mal erlebt: Ein Mensch ist durch eine überraschende Wendung sehr glücklich, und du siehst es seinem Körper an. Sein Gang ist anders, seine Haltung, sein Gesichtsausdruck künden von seiner inneren großen Freude. Ebenso kann eine körperliche Verletzung den Geist eines Menschen mit Angst erfüllen und sein logisches Denken behindern. Die verschiedenen modernen körperorientierten Psychotherapien (Bioenergetik, Core Energetik, Reichianische Körperarbeit und so weiter) nutzen diese Zusammenhänge systematisch zum Wohle ihrer Klienten.

5. Der im Vergleich mit seinen Mitmenschen flexibelste Mensch bestimmt sein soziales Umfeld.

Bist du fest auf bestimmte Verhaltensweisen im Umgang mit anderen festgelegt, kann dir das einige Schwierigkeiten einbringen. Gibst du Arbeitsanweisungen *immer* im Befehlston, wirst du bei Leuten, die das nicht gewohnt sind oder die harmonischere Umgangsformen bevorzugen, einigen Widerstand in Gang setzen. Kannst du aber, wenn es gar nicht anders geht, dickfellige Mitmenschen nicht durch eine unüberhörbare Übermittlung deiner Aufträge im Beruf in Bewegung setzen, wirst du in einigen Situationen nicht weiterkommen. Wer beides kann und es je nach Erfordernis flexibel einsetzt, wird mit mehr Menschen und einer größeren Bandbreite von Problemen konstruktiv umgehen können. Auf diese Weise wird er automatisch eher Entscheidungsträger werden als andere mit begrenzteren Wahlmöglichkeiten für ihr Verhalten.

6. Unglückliche, kranke Menschen sind nicht kaputt – sie nutzen das, was sie können und haben, nur auf eine Weise, die ihre Bedürfnisse nicht ausreichend erfüllt.

Wer mit sich selbst im Einklang lebt, alles, was er ist, seine Bedürfnisse und seine Schwächen liebevoll annimmt, ist glücklich und zufrieden. Wer versucht, ein anderer zu sein, und sich selbst oder Teile von sich ablehnt, lebt gegen sich und verbraucht im sinnlosen Kampf gegen die eigene Identität seine Kraft und seine Zeit. Daraus entstehen Unglück und Krankheit. Deswegen brauchen Menschen, die ein gutes Leben führen möchten, nur Verständnis für sich selbst zu entwickeln und das, was sie sind, so funktionieren zu lassen, wie es zu ihnen passt. Wer zum Beispiel versucht, in einem Beruf Karriere zu machen, der nicht zu ihm passt, vergeudet seine Fähigkeiten. Suchte er sich statt dessen eine zu ihm passende Beschäftigung, bekäme er mehr Bestätigung und Erfolg und schaffte mehr Nützliches für die Welt.

7. Jeder handelt zu jedem Zeitpunkt so gut, wie er gerade kann.

Ging es dir auch schon mal so: du lernst etwas Wichtiges und denkst: »Mensch, hätte ich das doch *damals* schon gewusst, dann hätte ich diesen und jenen Fehler nicht gemacht!«? Das ist sicher richtig. Nur musstest du eben bis zu diesem Zeitpunkt Erfahrungen sammeln und in deine Persönlichkeit integrieren, um gerade jetzt diese wichtige Sache lernen zu können. Es ging damals einfach noch nicht, und deswegen hast du eben etwas mit für dich weniger befriedigendem Ergebnis getan, als du es heute tun könntest. In einigen Jahren wirst du über das, was du *jetzt* tust, ähnlich denken. Na und?! Wir alle verändern uns ständig, lernen und werden kompetenter. Gestatte dir, deine heutigen Fähigkeiten zu akzeptieren, wende sie an und freue dich darauf, diese Sache morgen schon besser machen zu können, weil du dich entschieden hast, ständig aus deinem Leben zu lernen.

8. Jedes Verhalten ist in irgendeinem Zusammenhang wertvoll und nützlich.

Stell dir vor, du drückst dich ständig nur unklar aus, stehst selten zu deinem Wort, machst am liebsten andere wegen ihrer Fehler madig und vermeidest selbst, etwas zu tun oder tatsächlich Verantwortung zu übernehmen. »Das wäre schrecklich!« denkst du jetzt vielleicht. »Wer wollte dann noch mit mir zu tun haben? Meinen Beruf könnte ich auch vergessen. Da würde mich doch keiner mehr ernst nehmen!« Nun, vielleicht ist dieses Verhalten in deinem Umfeld wirklich nicht sehr nützlich. Wenn du aber Politiker wärst, hättest du gute Aussichten auf eine kometenhafte Karriere.

Dieses Beispiel mag dir etwas krass erscheinen, aber überlege mal: es gibt so viele verschiedene Lebenssituationen, Kulturen und Subkulturen. Egal, was du tust: mindestens in einem Lebenszusammenhang wäre es sinnvoll für dich, genau so zu handeln[4].

9. Je mehr Wahlmöglichkeiten ein Mensch für seine Lebensgestaltung nutzen kann, desto reibungsloser und befriedigender wird sein Leben funktionieren.

Ein hohes Maß an Anpassungsfähigkeit hat es den Menschen ermöglicht, zu überleben und sich auch unter extremen Umweltbedingungen durchsetzen zu können. Denk nur an die Eskimos oder die Aborigines in den Wüsten Australiens. Wer nicht flexibel ist, verschleißt sich an den ständig wechselnden Situationen des Lebens. Ein kluger Mensch hat einmal gesagt: »Das einzig Beständige im Leben ist der Wandel!« und ich glaube, wir beide können seine Aussage mit unseren Erfahrungen bestätigen. Weil Flexibilität so wichtig ist, um das Leben gut bewäl-

---

[4] Mehr zu diesem interessanten Denkmodell erfährst du in dem Kapitel über »Reframing«.

tigen zu können, ist ein wesentliches Anliegen jeder NLP-Beratung, mehr Wahlmöglichkeiten zur Lösung von Problemen zu schaffen. Irgend etwas wird dann schon gut funktionieren. Wer nur auf eine Weise mit einem Problem umzugehen versteht, hat schlechte Karten, wenn sein »Standardwerkzeug« mal versagt.

10. Jeder ist fähig, alles zu erreichen – auf die ihm entsprechende Weise.
Vor Jahren lernte ich einmal einen bedeutenden Menschen kennen. Er war klein, von Geburt an behindert und musste im Rollstuhl sitzen. Er hatte nicht viel Kraft in seinen Armen und brauchte einen Helfer zum Essen. Bevor ich ihn traf, hätte ich sicher gedacht, was soll jemand mit einem so großen Handicap schon aus seinem Leben machen. Nun, dieser Mensch belehrte mich eines Besseren, und ich bin ihm dafür sehr dankbar. Er spielt Keyboards und verschiedene Blasinstrumente, gibt zusammen mit anderen Kabarettisten Shows, organisiert Veranstaltungen in diesem Bereich und hat ein interessantes Buch geschrieben. Er geht seinen Weg auf seine Weise und macht das Beste aus dem, was er hat.

Jeder, der versucht, Dinge genau so zu tun wie ein anderer, wird weniger erreichen als das Original und dazu auch noch mehr Kraft und Zeit brauchen. Wer aber auf seine einzigartige Weise auf ein Ziel losmarschiert, wird auch Einzigartiges vollbringen. Wenn Einstein versucht hätte, wie Dali zu malen, hätte er viele wunderbare Erkenntnisse über das Universum, Zeit und Raum nicht gewonnen und nicht an die menschliche Gemeinschaft weitergeben können. Hätte Dali versucht, wie Karajan zu dirigieren, wären viele wunderschöne, phantastische Bilder nie gemalt worden, dafür hätte die Welt einen mittelmäßigen, frustrierten Dirigenten mehr gehabt. Wie heißt es doch so schön bei Frankie-boy Sinatra: »I've done it my way!«

11. Jeder hat bereits alles, was er braucht, um die Probleme seines Lebens bewältigen zu können – er muss es nur auf eine passende Weise benutzen lernen.
Mal unter uns: Eigentlich weißt du doch genau, was dich glücklich und zufrieden macht. Warum lebst du dann nicht so? Okay, ich glaube, ich

kenne einige der Antworten in etwa: »Es geht nicht. Was würden die anderen denken! Das ist unmoralisch. Ich weiß nicht, wie ich es bekommen kann. Das steht mir nicht zu. Wenn ich es tun würde, würden andere unangenehme Dinge dadurch ausgelöst, und das will ich nicht. Es ist anstrengend und ungewohnt.« Und so weiter.

Nun, du weißt, was du brauchst, um mit deinem Leben klarzukommen, aber du weißt nicht, wie du es auf die richtige Art und Weise in dein Leben einfügen kannst. Und gerade das ist ein wichtiges Anliegen des NLP.

12. Es gibt kein Versagen, nur Ergebnisse.

Mag sein, dass du oft versagt hast, oder jedenfalls meinst, dies wäre so gewesen. Wie ich denn auf so etwas komme, willst du wissen? Nun, nehmen wir mal an, du hast in Mathe und Latein immer miese Zensuren bekommen. Das war schlecht. Deswegen konntest du nicht Medizin studieren, wie es deine Eltern gern gesehen hätten, sondern bist statt dessen Grafiker geworden, was du sowieso immer schon toll fandest. Das war gut für dich. Du hast also im Nachhinein betrachtet mit Erfolg deinen Schulweg so gestaltet, dass du Grafiker werden konntest. Verrückt!? Na ja, wie das Leben so spielt. Aber vielleicht bist du dir heute noch gram deswegen und fühlst dich minderwertig, weil du die Vieren und Fünfen bekommen hast. Dann wäre es an der Zeit, dir selbst mal diese Last von den gramgebeugten Schultern zu nehmen, auf dass du weniger zu schleppen hast, und dir auf selbige anerkennend zu klopfen. Du hast es nämlich gut hingekriegt, langfristig das Richtige für dich zu tun. Und das ist schon ein dickes Lob wert.

Wenn du mit den Ergebnissen deiner Handlungen nicht zufrieden bist, überlege dir sorgfältig, ob es daran liegt, dass sie nicht (ausreichend) für die Befriedigung deiner Bedürfnisse taugen, ob du die Wertmaßstäbe anderer über deine setzt oder ob dir nicht vielleicht durch die unerwünschten Ergebnisse etwas viel Unerfreulicheres in der Zukunft erspart wird oder worden ist (siehe obiges Beispiel). Wenn du es schaffst, immer wieder Leistungen zu vollbringen, die in dem derzeitigen Rahmen deines Lebens keine Anerkennung und keinen Erfolg nach sich ziehen, überlege doch einmal, ob es andere Lebenssituationen gibt, die geradezu nach diesen Ergebnissen verlangen. Ob das Resultat einer Handlung als »Erfolg« oder als »Versagen« gewertet wird, hängt davon ab, in welchem Zusammenhang es betrachtet wird. Mehr dazu findest du in dem Kapitel über »Reframing«.

13. In kleinen Portionen schmecken Probleme besser.

Jedes Problem lässt sich bewältigen, wenn die Schritte zur Lösung klein genug gewählt werden. Was meinst du, kannst du einen ganzen Apfelkuchen in einem Stück auf einen Schlag essen? Wenn dein Mund ähnlich gebaut ist wie meiner, wird es wohl nicht funktionieren. Genau so gehen aber viele Menschen mit ihren alltäglichen Schwierigkeiten um. Schaffen sie es nicht, ein großes Problem ganz schnell und vollständig zu bewältigen, schließen sie oft daraus, sie könnten es überhaupt nicht schaffen. Um auf die Apfeltorte zurückzukommen: Wenn du jeden Tag ein, zwei Stück davon isst, wirst du sie locker in wenigen Tagen niedermachen können – und viel Spaß dabei haben. Probiere diese Strategie doch auch einmal bei der Überwindung deiner Probleme. Mach nicht alles auf einmal, sondern zerlege die ganze Sache in so kleine Schritte, dass dir die Bewältigung der vorher immens erscheinenden Hindernisse auf deinem Lebensweg leicht fällt und sogar Spaß macht. In der NLP-Fachsprache wird diese Aufteilung in kleine Schritte »Herunter-chunken«[5] genannt. Die taoistische Philosophie, von der ich viele wichtige Dinge gelernt habe, sagt dazu: »Die längste Reise fängt mit dem ersten Schritt an!«

Bekommst du mit der Zeit mehr Übung, kannst du ja deine Problemkuchen in größeren Portionen verdrücken. Dies wird als »Heraufchunken«[6] bezeichnet.

14. Hinter jedem problematischen Verhalten verbirgt sich eine gute Absicht.

Manche Menschen, die rauchen und damit aufhören wollen, behandeln den Teil ihres Selbst, der dafür zuständig ist und sie in ihrer Abhängigkeit

[5] Sinngemäße Übersetzung: »Etwas in kleinere Einheiten aufteilen.«

[6] Sinngemäße Übersetzung: »Etwas zu größeren Einheiten zusammenfügen.«

von den Glimmstengeln hält, wie einen Feind. Meiner Erfahrung nach geht das an den Tatsachen weit vorbei. *Langfristig* ist Rauchen sicherlich schädlich. *Kurzfristig* kann es helfen, Stress zu reduzieren, Unlustgefühle zu dämpfen, soziale Kontakte aufzunehmen und zu pflegen – achte doch mal auf die Rauchergrüppchen in den Pausen von Seminaren oder bei der Arbeit –, sich Ruhezeiten zu verschaffen und vieles mehr. Der für das Rauchen zuständige Teil des Unterbewusstseins hat also eigentlich gar nichts Böses im Sinn. Er wird nach der Erfahrung vieler Therapeuten auch gerne andere, langfristig gesündere Wege zur Befriedigung der gleichen Bedürfnisse wählen, *wenn* diese mindestens genau so gut funktionieren, gleich leicht erreichbar und mindestens genau so einfach gangbar sind. NLP geht davon aus, dass *jedes* noch so unsinnig anmutende Verhalten aus der Perspektive des unbewussten Teils eines Menschen, der dafür verantwortlich ist, das zur Zeit sinnvollste ist, was er tun kann, um *kurzfristig* das Leben bewältigen zu können. Wird in einer Therapie diese positive Absicht unterstellt, wird das Unterbewusstsein wesentlich kooperativer in Bezug auf die Lösung des Problems sein, als wenn es als Feind behandelt wird. Was du liebst, ist dein Freund. Was du hasst, fürchtest und verachtest, ist dein Feind. Immer!

Ergänzende Grundsätze des Spirituellen NLP

15. Je mehr du wahrnimmst, desto mehr kannst du für dich nutzen.

Es mögen an deinen täglichen Wegen noch so schöne Blumen blühen – wenn du in Gedanken versunken oder auf ein Ziel fixiert an ihnen vorbeirennst, wirst du dich nicht an ihnen erfreuen können. Wenn du nicht gelernt hast, einen Hammer und seinen Nutzen für die Befestigung von Nägeln zu erkennen, wirst du auch mit zehn Hämmern um dich herum weiter die Nägel für deine Bilder mit dem Schuhabsatz in die Wand hämmern. Achte auf das, was um dich herum passiert, und versuche den Sinn darin für dich zu erfassen. Das ist angewandte Esoterik[7]. Eine spirituelle Weisheit heißt: »Am Ziel bekommst du nur das, was du auf

---

[7] Esoterik heißt sinngemäß übersetzt: »Das, was verborgen ist.« Im Gegensatz dazu bedeutet Exoterik: »Das, was außen zu erkennen ist.«

deinem Weg dahin aufgesammelt hast!« Wer unterwegs nichts wahrnimmt, kann auch nichts mitnehmen und ist am Ende genauso dran wie am Anfang. Nur hat er womöglich viel Zeit und Kraft damit zugebracht, sich im Kreise zu drehen. Dies lässt sich allerdings, zum Beispiel durch NLP, auch im Nachhinein noch ändern. Denn das Unterbewusste eines Menschen ist wesentlich wachsamer als sein bewusster Teil. Mit Hilfe des Unbewussten können viele wichtige Geschenke des Weges doch noch am Ziel eingesammelt werden. Und so kann aus dem abgehetzten, frustrierten Verlierer auch hinterher noch ein strahlender Sieger werden, der zumindest eine bestimmte Lehre nicht mehr vergessen wird: »Bewusstsein ist der Schlüssel zum Glück!«

16. Je mehr du liebst, desto mehr Macht hast du.

Liebe im spirituellen Sinne bedeutet, wie schon weiter oben beschrieben, in Resonanz mit anderen sein, sich in ihnen wiedererkennen, mit ihnen fühlen. Wenn du so mit einem anderen verschmelzen kannst – ohne dich in irgendeiner Form aufzugeben, das ist ein wichtiges Geheimnis[8] –, dass du ganz mit ihm schwingst, kannst du ihn so beeinflussen, wie du dich beeinflussen kannst. Auch hier liegt natürlich dann die Kraft im Umfang der eigenen Entwicklung. Viele große Heiler und geistige Lehrer arbeiten auf diese Weise. Je mehr ein Therapeut mit seinem Klienten fühlen kann, desto besser kann er ihm helfen, zu sich zu kommen[9], in sich wieder eins und damit gesund zu werden. Liebe ist die größte Macht – und die einzige, die nicht missbraucht werden kann. Denn wer ganz mit einem anderen schwingt, nimmt selbst Schaden, wenn er diesen verletzt. Um noch einmal auf das eben angesprochene Geheimnis zurückzukommen – bevor ein Mensch sein Herz ganz für andere öffnen kann, muss er erst einmal mit sich selbst klarkommen,

---

[8] Na ja, jetzt nicht mehr ...

[9] In der NLP-Sprache wird der Vorgang des In-Resonanz-Kommens mit dem Wort »Pacing« beschrieben. In Resonanz sein heißt »Rapport« und jemand, mit dem man einen starken Rapport aufgebaut hat, zu etwas bewegen, was er allein nicht für sich tun kann, wird als »Leaden« bezeichnet. Gutes Pacing, starker Rapport und kompetentes, integres Leaden zeichnen einen guten Therapeuten aus und ermöglichen jede Art von Entwicklungsprozess.

also lernen, sein »Ich« anzunehmen, zu entwickeln und es sinnvoll zu gebrauchen. In der Esoterik wird dieser Sachverhalt dadurch deutlich, dass das sogenannte Solarplexuschakra[10], ein wichtiges Zentrum der Identität, der Abgrenzung von anderen Teilen der Schöpfung ist, das in der Reihe der Energiezentren direkt vor dem Herzchakra, dem Zentrum des Annehmens und Mitschwingens, liegt. Es ist nur ein scheinbarer Widerspruch, dass wirkliche Liebe zu anderen nur mit einer starken Verwurzelung in der eigenen Persönlichkeit und ihren Fähigkeiten zur Gestaltung des »Inputs« entsprechend den eigenen Bedürfnissen möglich ist. Stell dir vor, du solltest jemanden mit deinen Kenntnissen heilen helfen, schwingst ganz mit ihm, vereinigst dich ganz mit ihm – und bist er! Jetzt kannst du all das nicht mehr, was du konntest, als du noch du warst. Statt dessen haben nun zwei ein Problem.

17. Je mehr du die Verantwortung für das, was dich betrifft, übernimmst, desto freier wirst du.

Jeder, der von sich als armem, machtlosem Opfer der Umstände denkt, wird wenige Möglichkeiten haben zu bekommen, was er braucht, um glücklich zu sein. Er ist auf Wohl und Wehe den vermeintlich mächtigeren »anderen« ausgeliefert. Die Politiker, die Eltern, die Kinder, die Gesellschaft, die Industrie, das Karma, die »negativen Kräfte« können über dich verfügen, und du bist ihnen ausgeliefert – wenn du dich dafür entscheidest. Denn mit deiner Entscheidung zur Machtlosigkeit schaffst du ein Machtvakuum. Und die Natur bemüht sich darum, jedes Vakuum möglichst schnell wieder zu schließen. Es ist also nicht die Schuld der »anderen«, wenn du die Kontrolle der *Eigenverantwortlichkeit* für dein Leben aufgibst. Natürlich ist es auf eine Art bequem, ein Sklave zu sein. Aber willst du das wirklich? Wenn nicht, entscheide dich für dich, deine Individualität und Freiheit! Hole deine Macht zurück und begin-

---

[10] Das Wort »Chakra« kommt aus der altindischen Sprache Sanskrit und bedeutet übersetzt soviel wie »Scheibe« oder »Rad«. Hellsichtige Menschen sehen diese feinstofflichen Energiezentren, die die verschiedenen Bereiche des menschlichen Seins organisieren und repräsentieren, als leuchtende, rotierende Scheiben. Mehr darüber findest du in dem Kapitel über »F.E.S.T. – Die feinstoffliche Entwicklungsstrategie«.

ne damit, dein Leben selbst in die Hände zu nehmen. Ich kenne niemanden, der dies getan hat und nicht schon bald wesentlich zufriedener war als in den alten, selbstverantwortungslosen Zeiten. *Du bist die Meisterin, der Meister deines Lebens.* Nur wer das ihm von der Schöpferkraft in die Wiege gelegte Geschenk der persönlichen Entscheidungsfreiheit annimmt und nutzt, kann mit Gott zusammenarbeiten und die Entwicklung des Lebens im spirituellen Sinne fördern. Die anderen reden sich derweil damit heraus, dass sie – weil machtlos – eh für nichts zuständig sind.

18. Du bist nur dann wirklich erfolgreich, wenn du glücklich bist und Glück verbreitest.

Dein Bankkonto kann noch so prall gefüllt sein, dein Lebensstil noch so prächtig wirken, deine Ausbildungsnachweise können Wände füllen – wenn du mit dem, was du hast, nicht rundum glücklich bist, ist dein Leben ein Misserfolg. Wenn du dich selbst zwar gut fühlst, aber nicht mit deinem Überfluss anderen in den Sattel hilfst, sie nicht unterstützt in ihrem eigenständigen Streben nach Glück, ist dein Leben ebenfalls im ganzheitlichen Sinne erfolglos. Du trägst in einem solchen Fall nicht zur Entwicklung deines Umfeldes und damit eines größeren Bereiches der Schöpfung bei. Wer die Schöpfung fördert, den fördert die Schöpfung – wenn er es zulässt[11].

19. Wenn du Konflikte lösen willst, finde die gemeinsamen übergreifenden Ziele aller Konfliktparteien und hilf ihnen, sie gemeinsam, sich gegenseitig unterstützend, zu verfolgen.

Konflikte zwischen verschiedenen Menschen oder auch innerhalb eines Menschen – zwei oder mehr Seelen wohnen, ach!, in meiner Brust – entstehen dadurch, dass jeder am Konflikt Beteiligte bestimmte, für ihn sehr wichtige Bedürfnisse hat und es erst einmal so aussieht, als ob nicht alle zusammen zum Zuge kommen könnten, sondern sich statt dessen sogar gegenseitig in ihren Ansprüchen ausschließen. Wird nun versucht,

---

[11] Vergleiche dazu auch »Das Tao des Geldes«, Windpferd Verlag.

wie leider meist noch üblich, irgendein Ziel gegen den Widerstand der anderen Beteiligten und auf deren Kosten durchzudrücken, wird der Streit nur zeitlich oder räumlich verlagert, nicht aber gelöst. Jeder, der mit seinen Bedürfnissen niedergemacht wurde, wartet nur darauf, endlich selber einmal absahnen zu können. Natürlich wieder, indem anderen die Befriedigung ihrer Bedürfnisse verweigert wird, die dann ihrerseits versuchen werden ... Das ist ein Teufelskreis, wie ihn jeder täglich in den Nachrichten mitverfolgen kann.

Es gibt einen erprobten ganzheitlichen Lösungsansatz im Makrobereich der Gesellschaft und im Mikrobereich des einzelnen Menschen mit seinen vielen verschiedenen Pesönlichkeitsanteilen. Dabei wird das übergreifende gemeinsame Ziel, das alle Einzelziele der verschiedenen Parteien beinhaltet -im NLP: Metaziel – herausgesucht und dann zusammen mit vereinten Kräften verfolgt. So verliert niemand, und es gibt keine Verlagerung und Verschleppung des Konflikts. Diese Art der Konfliktbewältigung wird auch Win/Win-Methode genannt, weil es so keine Verlierer gibt.

Einige Leute haben zum Beispiel das Problem, abnehmen zu wollen und »kämpfen« mühsam gegen die Pfunde. Natürlich funktioniert das nur unter Opfern und meist auch nicht für lange. Warum? Nun, der für das Übergewicht verantwortliche Teil möchte vielleicht etwas ganz Wichtiges bewirken, zum Beispiel einen *kurzfristigen* Stressausgleich, damit das Nervensystem nicht überbelastet wird. Der für den Wunsch des Abnehmens zuständige Teil möchte vielleicht ebenfalls eine Krise verhindern, die sich *langfristig* aus dem veränderten Aussehen, der Überbelastung des Kreislaufs und der inneren Organe ergibt. Genau genommen wollen beide also etwas Gutes. Werden nun diese unbewussten Persönlichkeitsanteile – zum Beispiel durch eine NLP-Methode – miteinander ins Gespräch gebracht, wird sich einiger Stress lösen, weil beide *die gute Absicht des jeweils anderen* verstehen lernen. Akzeptieren sie sich und ihre gegenseitigen Wünsche erst einmal grundsätzlich, kann es weitergehen. Mit einer NLP-Technik, die »Verhandlungsreframing« genannt wird, können *beide zusammen* mit eventuell weiterer Hilfe nach einer übergreifenden realistischen Lösung suchen, die alle Absichten befriedigt.

20. Heilung und Entwicklung sind zwei Bezeichnungen für denselben Prozess.
Wenn du krank oder unglücklich bist, hängst du irgendwie in Schwierigkeiten fest, die deine bisher erworbenen Fähigkeiten zur Lebensbewältigung übersteigen. Willst du diese Probleme lösen, gibt es nur *einen* nachhaltig wirksamen Weg: Lernen.

Oder Lernen lernen und dann lernen.

Wie auch immer. Wenn du den Weg der Entwicklung gehst, bist du irgendwann ein gutes Stück über den Rand der Grube hinausgewachsen, in die du, als du noch klein warst, hineingefallen bist. Jetzt kannst du bequem heraussteigen und deinen Weg weitergehen.

Sei aber sicher, es kommen noch mehr! Die Kunst ist, aufmerksam und kenntnisreich vor deine Füße zu schauen. Nicht hinter dich, nicht dorthin, wo du gerade deine Füße hast, nicht zu weit nach vorne. Gerade auf die Stelle, wo du als Nächstes deinen Fuß hinsetzen willst. Findet sich dort wieder einmal ein großes Loch, setz dich an seinen Rand, begutachte es, lerne aus dieser sicheren Position heraus und wachse. Bis du zu groß bist, um in das Loch fallen zu können. Dann kannst du gefahrlos weitergehen – bis zur nächsten Fallgrube. Aber nun kennst du das Spiel ja schon und hast vielleicht sogar eine Menge Spaß daran.

21. Jeder Mensch besteht aus vielen Funktionskreisen (Teilpersönlichkeiten). Je mehr von ihnen bei der Lebensgestaltung berücksichtigt werden, desto stärker, flexibler, gesünder und glücklicher ist ein Mensch.
Wir entwickeln im Laufe unseres Lebens eine riesige Anzahl von meist im Unterbewusstsein arbeitenden Spezialisten. Für den Umgang mit bestimmten schwierigen Menschen einen; einen für das Tangotanzen; einen zum Skifahren; einen zum Zärtlichsein und so weiter. Manche von ihnen werden nicht ihren Fähigkeiten gemäß geachtet und vegetieren am Rande der Persönlichkeit als verkannte, oft ungeliebte Genies. Wenn du bewusst und liebevoll mit dir und deinen Fähigkeiten umgehst, werden diese Underdogs mit der Zeit wieder auftauchen und mit ihren Spezialkenntnissen dein Leben erleichtern. Lies dazu auch das Kapitel über »F.E.S.T. – die feinstoffliche Entwicklungsstrategie«.

22. Wer lernt und lehrt, lebt.

Lehren und Lernen unterscheidet sich nur darin, dass ein bestimmter, für die Beteiligten wichtiger Sachverhalt aus verschiedenen Perspektiven erfahren und durchlebt wird. Der Lehrer braucht die Schüler genauso für seine Erfahrungen wie die Schüler ihn für die ihren. Es ist ein gemeinsamer Weg, der dann am besten begehbar ist, wenn die Gemeinsamkeit in den unterschiedlichen Perspektiven des Erlebens nicht vergessen wird.

Das Leben ist in seiner Essenz Lehren und Lernen. Dafür sind wir hier auf dieser Existenzebene. Dadurch entwickeln wir uns und wirken an dem Wachstum der gesamten Schöpfung mit, wenn wir wollen. Wer meint, nichts mehr lernen zu brauchen, hat sich im Grunde für den Tod, den Abschied von dieser Welt entschieden. Denn er möchte ja nicht mehr weiterwachsen. Und was nicht mehr wächst, stirbt. Das ist jeden Tag in der Natur zu beobachten. Wer nicht lehren möchte, will sich nicht an der Entwicklung des gesamten Systems der Schöpfung mit seinen Lebenserfahrungen, seinem Wissen und seinem Engagement beteiligen. Also ist ihm das System egal. Denn was keine Früchte trägt, hilft nicht bei der Ernährung anderer und hilft auch nicht bei der Erhaltung des Lebens durch Fortpflanzung mit. Und wer das Wachstum nicht fördert, obwohl er könnte, ist irgendwo davon überzeugt, dass es nicht wichtig sei, das System weiter zu erhalten. Denn wenn es ihm wichtig wäre, würde er sich ja darum kümmern ...

Das System in seiner Gesamtheit ist nun wiederum diese Ebene der Schöpfung. Wer sich nicht auf sie einlassen will, hat sich, aus welchen Gründen auch immer, fürs Gehen entschieden. Na, vielleicht braucht er ja einfach ein wenig Ruhe, bevor er sich wieder voll motiviert ins Getümmel stürzt. Das kann zum natürlichen Ausgleich der Gegensätze gehören. Welche Entscheidung du auch immer triffst, sei sicher, dass du das willst, was sich als Konsequenz daraus ergibt, und dann steh zu deinem Entschluss. Denn du bist die Meisterin, der Meister deines Lebens.

23. Benutzt das flexibelste Wesen in einem lebendigen System seine Macht unter Berücksichtigung der drei grundlegenden spirituellen Prinzipien »Bewusstseinsentwicklung«, »Förderung der Liebesfähigkeit«, »Stärkung der Eigenverantwortlichkeit«, fördert es damit die spirituelle Entwicklung des gesamten Systems.
Dass der Mensch mit den meisten Wahlmöglichkeiten für sein Verhalten am anpassungsfähigsten und damit am besten in der Lage ist, sein Leben und seine Umwelt für sich sinnvoll zu gestalten, hatten wir schon weiter oben besprochen. Doch ist jede Form des Gebrauchs der Macht, die sich aus dieser Fähigkeit ergibt, spirituell? Meiner Ansicht nach nur dann, wenn die Macht unter der Berücksichtigung der drei spirituellen Prinzipien »Liebe«, »Eigenverantwortlichkeit« und »Bewusstsein« gebraucht wird. Fördert die Anwendung der Macht bei jedem Betroffenen diese drei Eigenschaften, wird um den ursprünglichen Machtträger ein Umfeld von Menschen entstehen, die durch seine Förderung ihre eigenen Fähigkeiten entwickeln und im spirituellen Sinne nützlich einsetzen.

Wenn du Macht hast und nicht allein mit der Last für das System auf deinen Schultern dumm herumstehen möchtest, nutze sie, um die Menschen um dich, die willens sind zu wachsen, im Sinne der drei spirituellen Prinzipien zu fördern, bis sie allein gehen können. Dies fördert auch gleichzeitig die Stabilität und die Effektivität des Systems.

24. Krankheit bedeutet Getrenntsein –
Heilung bedeutet Einheit herstellen.
Nach den esoterischen Gesetzen des Hermes Trismegistos, eines großen Lehrers des Altertums, ist »Was innen ist, auch außen« und »Was oben ist, auch unten«. Dementsprechend findet sich in jedem Menschen die gesamte Schöpfung wieder. Und in der Schöpfung finden sich alle Teile eines Menschen. Ein Hinweis auf die Wahrheit, die in diesen Aussagen liegt, hat die Wissenschaft gefunden, indem sie erforschte, dass jede winzig kleine Zelle des menschlichen Körpers die Informationen für den Aufbau des gesamten Menschen beinhaltet. Die Welt ist ein Hologramm.

Wird etwas in der Außenwelt abgelehnt, findet sich ein Echo dieser Trennung im Körper. Je stärker die Ablehnung, der Hass, der Ekel, der

Neid, desto stärker der Rückschlag, die Trennung von einem Teil des eigenen Selbst. Alles, was von der Gesamtheit des Körpers abgelehnt wird, bekommt natürlich Angst und kämpft um sein Leben, seine Anerkennung. Trennung im Körper geschieht durch Verspannung, Verkrampfung. Diese ziehen automatisch eine geminderte Versorgung durch das Blut und so auch mit Nährstoffen nach sich. Ebenso findet eine geringere Entsorgung von Schlacken und Giften statt. Wer nicht mehr durchs Leben gehen will, bekommt vielleicht Durchblutungsstörungen in den Beinen. Wer nichts mehr (er-)tragen will, verspannt die Schultermuskulatur.

Auf diese Weise begünstigt Trennung jede Art von Erkrankung. Über die liebevolle Annahme des abgespaltenen Teils werden die Voraussetzungen für jede Art von ganzheitlicher Heilung geschaffen. Der Betreffende lernt, Einheit herzustellen und wächst durch diesen Prozess der bewussten Aufgabe der Trennung in eine höhere Stufe der Liebesfähigkeit hinein.

Vielleicht werden deswegen so oft Schamanen, die großen Heiler der Naturvölker, durch die Überwindung einer eigenen schweren Krankheit in ihre heilerischen Fähigkeiten eingeweiht. Ich habe viele starke, reife, liebevolle Persönlichkeiten aus der ganzheitlichen Heilung schwerer Krankheiten und der spirituell orientierten Bewältigung von großen Lebenskrisen hervorgehen sehen. Kennst du auch solche Erfahrungen?

Natürlich lässt sich, hat man/frau erst einmal diese Zusammenhänge verstanden, einige wirkungsvolle Vorsorge betreiben. Wenn du gesund bist und zur Zeit mit deinem Leben recht gut klarkommst, achte darauf, ob dir plötzlich häufig Dinge aus der Welt präsentiert werden, die du zutiefst ablehnst, vor denen du dich vielleicht ekelst, sie einfach schrecklich, überflüssig, sinnlos oder angsteinflößend findest. Ist das der Fall, lerne Einheit mit ihnen herzustellen, ohne dich selbst dabei zu verlieren. Dann wirst du um größere »Zwangsentwicklungskrisen« gut herumkommen.

25. Ein Mensch mit hoher gefühlsmäßiger Motivation für eine bestimmte Veränderung seiner Lebensweise lernt diese schneller und leichter zu vollziehen als jemand mit niedriger Gefühlsbeteiligung.

Aus rein sachlichen Gründen ändert niemand tiefgreifende Dinge in seinem Leben. Denn dazu gehört eine Menge Energie. Und die Mobilisierung von Lebensenergie ist Sache der Gefühle. Da sind sich ausnahmsweise die moderne Wissenschaft und die uralten spirituellen Lehren einig. Wenn Gefühle stark werden, hat unser Unterbewusstsein gemerkt, dass da etwas Wichtiges vor sich geht. Jetzt ist eine Sache nicht mehr »objektiv wichtig« und subjektiv staubtrocken, sondern von persönlichem Interesse. »Hier«, hat das Unterbewusstsein beschlossen, »gibt es etwas Nettes für mich zu holen!« Oder es denkt auch: »Vorsicht, hier könnte mir etwas Angenehmes verloren gehen. Ich könnte verletzt werden!« Wie auch immer, es wird jetzt Gefühlskraft mobilisiert, um mit dieser Situation umgehen zu können. Wenn du lernen möchtest zu wachsen, vergiss nicht, deine Gefühle auf dem Weg der Entwicklung mitzunehmen. Nett behandelt, werden sie dich die steilsten Bergpfade sicher und flink hinauf- und hinuntertragen!

Der nächste und letzte Punkt ist sehr komplex und möglicherweise nicht ohne weiteres leicht verständlich. Er ist aber zum Verständnis der Techniken des NLP sehr wichtig und hilft dir, selbst schöpferisch damit zu arbeiten. Verlange nicht von dir, den nächsten Punkt sofort zu begreifen. Du kannst dieses Buch und NLP auch ohne ihn nutzen. Lies ihn aber immer wieder einmal durch. Nach und nach wirst du ihn verstehen und damit NLP noch besser anwenden können.

26. Eine als abgeschlossen beurteilte Erfahrung (Erfahrungscluster) wird im Gedächtnis als zusammenhängend gewertetes[13] Muster aller damit verbundenen Informationen gespeichert.

a) Im Einzelnen besteht so ein Cluster aus:

I. Einzelinformationen aus den fünf Sinneskanälen: Sehen, Hören, Riechen, Fühlen, Schmecken;

II. Angaben zum zeitlichen Ablauf (schnell/langsam; wie lange; wann; wiederkehrend oder einmalig; Rhythmen);

[13] »gewertet« bedeutet in diesem Zusammenhang eine subjektive Einstufung in Bezug auf die grundsätzliche Wichtigkeit der Erfahrung für das Überleben, bestimmte Lebensbereiche, emotionale und moralische Kriterien, die aus irgendeinem Grund zur Beurteilung von Informationen eingesetzt werden.

III. Angaben zum räumlichen Ablauf (von wo nach wo sich bewegend; in welcher Position zum wahrnehmenden Menschen; in welcher Position zu anderen wichtigen Bezugspersonen/Objekten);
IV. Angaben zu den dadurch ausgelösten inneren Reaktionen (Assoziationen, also Querverbindungen zu anderen Erfahrungsclustern, sowie die Wichtigkeit der einzelnen Assoziationen; Gefühle in Art, Intensität und Folge des Auftretens);
V. Angaben zu durch die Erfahrung ausgelösten äußeren Reaktionen (Handlungen), die dann meist unbewusst veranlasst und gesteuert werden, und zu der Energie der unter IV genannten Gefühle (größte Kraftentfaltung) oder zu der Energie von Gefühlen, die durch assoziative Verbindung mit anderen Erfahrungsclustern (geringere Kraftentfaltung, abhängig von der Stärke der assoziativen Verbindung) mobilisiert werden. In den Angaben dieses Punktes ist auch oft eine Sperranweisung für den Fluss der unter IV genannten Gefühle unter bestimmten äußerlichen Umständen enthalten. Wird eine Entladung der direkten Gefühle in die Außenwelt über Körperbewegungen als für das Überleben gefährdend eingestuft, werden allenfalls die wesentlich schwächeren sekundären Gefühle aus anderen Erfahrungsclustern ausgedrückt. Also zum Beispiel statt Wut Angst. Die in jedem Fall mobilisierten direkten Gefühlsenergien werden dann zwischengespeichert, bis eine Entladung als ungefährlich betrachtet wird;
VI. Angaben zu den mit diesem Erfahrungscluster durch subjektive Wertung verbundenen großen Lebensthemen wie Überleben, Macht, Liebe und so weiter[14].

Alles, was unter Punkt I. aufgeführt ist, bezeichne ich als primäre Daten der Erfahrung. Diese primären Daten müssen gleichermaßen aus allen fünf Sinnesbereichen stammen, damit eine nachhaltige Speiche-

[14] Näheres zu den großen Lebensthemen erfährst du im Kapitel über F.E.S.T. in der Darstellung der Chakren, die diese großen Lebensthemen organisieren.

rung stattfindet. Dabei ist es nicht wichtig, ob nur ein Sinn über eine Erfahrung in der Außenwelt Informationen erhält (zum Beispiel beim Lesen eines Buches), solange diese sofort assoziativ mit erinnerten Informationen der anderen Sinne aus geeigneten, im Gedächtnis gespeicherten Erfahrungsclustern verknüpft werden. Wird also etwas gelesen, ohne dies in der Innenwelt durch assoziative Verknüpfung mit Erinnerungen der anderen Sinne nachzuerleben, werden keine Gefühle und damit keine Kraft zur Bewegung sachlicher Inhalte in diesem Bereich mobilisiert. Das Unterbewusstsein/der Körper beteiligt sich dann nicht an dieser Erfahrung. Die Folge: leichte Ermüdbarkeit, geminderte Erinnerungsfähigkeit an das so Erfahrene und Konzentrationsschwäche, weil die vom Unterbewusstsein gesteuerte Aufmerksamkeit die von der Außenwelt aus anderen Erfahrungsbereichen aufgenommenen Informationen der vier übrigen Sinneskanäle für wichtiger erachtet und darauf assoziativ reagiert. Wenn dann mit diesen etwas Interessantes, das heißt Gefühle Auslösendes, wahrgenommen wird, ist ein überwiegender Teil der unterbewussten Informationsverarbeitungskapazität nicht für die Verwertung der über das Sehen beim Lesen aufgenommenen Daten frei. Ohne die primären Daten ergeben die zugeordneten sekundären Daten der Punkte II. bis VI. keine vom Unterbewussten als mit dem wirklichen Leben zusammenhängend eingestuften Informationsmuster. Sie sind für das körperlich-sinnlich orientierte Unterbewusste ohne Belang für das Überleben und die Befriedigung von Bedürfnissen in der realen Welt und setzen deswegen keine emotionalen Energien in Bewegung, die letztlich den Handlungen Kraft verleihen und den im Gedächtnis abgelegten Daten die hohe Wichtigkeitseinstufung geben, durch die sie leicht erinnert werden können.

Die unter II. und III. aufgeführten Informationen bezeichne ich als Prozessdaten. Mit diesen werden Handlungsmuster aufgezeichnet, durch die sich ähnliche oder gleiche Vorgänge in der Zukunft besser im voraus einschätzen lassen. Außerdem können diese in der Umwelt beobachteten Ablaufmuster genutzt werden, um daraus eigene Handlungssequenzen abzuleiten. Dies ist der bekannte Nachahmeffekt, der neue Gewohnheiten schaffen hilft, die unser Bewusstsein von häufig gebrauchten gleichen oder ähnlichen Handlungsfolgen befreien. Damit kann es sich um die Bewältigung ungewöhnlicher Lebenssituationen kümmern, für die es noch keine automatischen Reaktionen gibt. Gewohnheitsmuster werden im wesentlichen unterbewusst organisiert und angewendet.

Die unter Punkt IV. genannten Informationen bezeichne ich auch als primäre energetische Daten. Sie stellen die Kraft für unbewusste Reaktionen bereit. Vom Bewusstsein können sie genutzt werden, wenn es sich nicht gegen den Strom der Gefühle stellt, sondern statt dessen geschickt Gefühle der richtigen Art zum richtigen Zeitpunkt durch Lenkung der Aufmerksamkeit auf geeignete Wahrnehmungen auslöst[15], ohne dabei dem Sinn der unterbewussten Überlebensprogramme entgegenzuwirken. Im Mentaltraining wird dieser bewusste Einsatz von Gefühlsenergien als »Selbstmotivation« bezeichnet. Der von vielen Naturvölkern bekannte Kriegstanz vor einer aggressiven Auseinandersetzung ist ein Beispiel dafür.

Die unter V. beschriebenen Informationen bezeichne ich auch als Lösungsdaten. Werden die unter IV. bereitgestellten Energien nicht durch geeignete Handlungen nach außen entladen, weil dies als gefährlich eingestuft wird oder durch andere Umstände, wie Handlungsunfähigkeit durch Überlastung, nicht möglich ist, müssen sie im Körper zwischengespeichert werden. Dies ist nur über den Aufbau von Spannungen und damit Reaktionsträgheit in und um die zur Speicherung verwendeten Bereiche möglich. Dieser Vorgang bindet noch zusätzliche Energie. Die so aus der Vernetzung tendenziell ausgegrenzten Erfahrungscluster können nicht mehr voll zur Bewältigung von Lebenssituationen und zur Erinnerung genutzt werden (partielle Amnesie bei schweren Traumata oder Unfällen, bei denen zu viel von zu großer Wichtigkeit für das Überleben zu schnell geschieht, als dass die dadurch ausgelösten Gefühlsenergien in entsprechendem Umfang in der Situation direkt ausgedrückt werden könnten). Der durch diese Blockaden bewirkte fehlerhafte Zugang zu bestimmten Erfahrungsclustern und die mangelhafte Entladung von Gefühlsenergien erzeugt neue sekundäre Spannungen durch die Bemühungen des Systems, die fehlenden Möglichkeiten zu simulieren und Reize zu umgehen, die die blockierten Gefühlsenergien auslösen

[15] Vergleiche dazu das Kapitel über das Ankern.

könnten oder, wenn das nicht möglich ist, deren Wahrnehmung zu unterdrücken. Da die Energie der sekundären Spannungen leichter zu entladen ist, aber auch immer wieder neu durch die zugrunde liegenden blockierten Muster aufgebaut wird, kann es regelmäßig zu Gefühlsausbrüchen oder psychosomatischen Symptomen kommen, die als entlastend gewertet werden, es aber nur oberflächlich betrachtet wirklich sind, da die grundlegenden Blockaden erhalten bleiben. Natürlich bemüht sich das Unterbewusste um die Lösung der strukturellen Probleme und versucht deswegen ständig, in Kontakt mit den damit zusammenhängenden Lebensthemen und -situationen zu bleiben, um vielleicht doch noch unter veränderten Umständen eine Chance zu bekommen, die blockierten Energien in als sicher eingestuften Handlungen auszudrücken und so die Blockaden zu lösen. Je überlebensgefährdender die Gefühlsenergien eingestuft werden, desto sicherer muss das Unterbewusste in Bezug auf die Umweltbedingungen für die Auslösung dieser unterdrückten Handlungen sein. Diese Reaktionen wurden ja blockiert, weil das Unterbewusstsein der Ansicht war, dass diese die Umwelt zu existenzbedrohenden Verhaltensweisen für das Individuum veranlassen würden. Nun muss zwar zur Lösung der Blockaden eine ähnliche Situation geschaffen werden, sie darf gleichzeitig aber nicht als das Überleben gefährdend eingestuft werden. Deswegen ziehen bestimmte Menschen immer wieder gleiche Schwierigkeiten an – egal, wohin sie kommen und mit wem sie zusammen sind.

Beispiel: Als du zum ersten Mal richtig verliebt warst, hattest du bestimmt mit deinem Partner auch ein besonderes Lied. Euer Lied. Wenn du lange nach dem Ende der Beziehung dieses Lied hörst, denkst du an diesen Menschen zurück, mit dem du einmal sehr glücklich und tief verbunden warst. Beide Erinnerungen sind zusammen gespeichert worden und werden auch zusammen erinnert. Hat dich dein früherer Partner sehr verletzt, wirst du dich später, wenn du aus Versehen mal wieder »Euer« Lied hörst, traurig oder verstimmt werden, obwohl du früher, als du mit diesem Menschen noch glücklich warst, durch das Lied in eine gute Stimmung gekommen bist. Da sich die interne Bewertung einer Teilinformation des Erfahrungsmusters geändert hat, zog das ganze Muster mit und wurde in allen Bereichen entsprechend umgewertet.

Diese Wirkungsmechanismen lassen sich auch gebrauchen, um nicht ständig unter bestimmten Erinnerungen in der Gegenwart zu leiden. Es wäre doch schön, zum Beispiel gute Musik genießen zu können, ohne damit ständig bestimmte vergangene Ereignisse, die leidvoll waren, zu verbinden. Denn in Wirklichkeit hat ja das eine mit dem anderen nichts zu tun. Außerdem lässt sich so auf Abruf ein guter innerer Zustand in beinahe jeder äußeren Situation hervorrufen. Vergleiche dazu die Beschreibung des sogenannten »State of Excellence« in dem Kapitel über das Ankern.

Doch dieser Punkt bietet noch andere, viel weitreichendere Möglichkeiten. Kombinierst du die durch ihn beschriebenen Gesetzmäßigkeiten mit dem Wissen, dass Entspannungszustände[16] uns ab dem Alphabereich mit den verschiedenen Anteilen unserer Persönlichkeit enger verbinden und damit ihre Beeinflussung ermöglichen, werden die therapeutischen und pädagogischen Effekte des Autogenen Trainings, der Hypnose und auch verschiedener Techniken des NLP erklärbar. Je tiefer die Entspannung wird, zum Beispiel wenn der als Theta bezeichnete Schwingungsbereich des Gehirns vorherrscht, desto mehr Einheit (Verbindung, Kontakt und Kontrolle) ist mit weiteren Bereichen der Schöpfung möglich. Dies wiederum bietet die Voraussetzung dafür, Veränderungen auch unter bestimmten Voraussetzungen für andere Wesen, Gruppen oder Gegenstände zu bewirken, mit denen sich der tief Entspannte in Resonanz befindet. So wird die Wirkung von Magie, schamanischen Ritualen und vielen Formen der Energiearbeit, aber auch der Funktionshintergrund von Orakeln verständlich. Dieses Verständnis kann weitreichende, wichtige Folgen für dich haben, wenn du es praktisch umsetzt.

b) Die Veränderung der Qualität einer Teilinformation innerhalb eines Erfahrungsclusters ändert tendenziell die Qualitäten aller anderen damit verbundenen Teilinformationen, die unter den Punkten I. bis IV. aufgelistet sind, weil andere assoziative Verknüpfungen aus jedem Teilbereich zu anderen Erfahrungsclustern stattfinden oder die Assoziatio-

[16] Siehe dazu den Exkurs am Ende des 2. Kapitels

nen in einer anderen Reihenfolge und damit Wertigkeit geordnet werden. Eine Veränderung findet nur unter als sicher für die Erhaltung des Überlebens und der Befriedigung wichtiger Bedürfnisse eingestuften Bedingungen statt und bedarf einer großen gefühlsmäßigen Motivation. Denn für die Lösung der Struktur (Verwirrung, Desorientierung) und ihren Neuaufbau (Lernen) muss Energie in erheblichem Umfang eingesetzt werden.

c) Ein Erfahrungscluster ist mit anderen Erfahrungsclustern vernetzt. Und zwar durch in beiden ähnliche Prozessdaten. Die Verbindung zwischen zwei oder mehreren Erfahrungsclustern ist um so schwächer, je weniger Prozessdaten gleich sind, und um so stärker, je mehr davon übereinstimmen. Auch diese Zuordnungen sind änderbar.

d) Die Erinnerung an bestimmte Erfahrungscluster ist um so leichter, je höher *erstens* der dieser Erinnerung zugeordnete Überlebenswert[17] ist und *zweitens* je mehr die dieser Erinnerung zugeordneten Themen im Vergleich mit den zur Zeit im Brennpunkt der Aufmerksamkeit des Unterbewusstseins vorhandenen Themen übereinstimmen. Die Höhe des Überlebenswertes ist aber entscheidend.

e) Kommt das Unterbewusstsein zu dem Schluss, dass der Verstand diesen Überlebenswert nicht vollständig akzeptiert oder zumindest toleriert, wird das so bewertete abgeschlossene Erfahrungsmuster tendenziell schwer oder im Extremfall gar nicht durch den Verstand bewusst erinnerbar.

f) Die durch die Erinnerung dieses Musters und die damit zusammenhängende Mobilisierung seiner emotionalen Energien ausgelösten inneren und äußeren Reaktionen werden ebenfalls an der bewussten Wahrnehmung (Bewusstsein) vorbeigeleitet.

---

[17] Der Überlebenswert bezeichnet die Wichtigkeit einer Erinnerung für die Erhaltung der Existenz.

g) Solange die Ausschlusswertung in Bezug auf den Verstand nicht geändert werden kann, kann auch der so bewertete Erfahrungscluster nicht direkt geändert werden. Die dafür nötige Bewusstseinserweiterung wird auf den unterbewussten Wächterprogrammen blockiert werden.

h) Ist eine Änderung vom bewussten Verstand erwünscht, muss das Unterbewusstsein durch sinnliche Erfahrungen zu dem Schluss gelangen, dass dieser *den Sinn des abgeschlossenen Erfahrungsmusters für das Überleben vollständig und bedingungslos akzeptiert und es nur dann ändern würde, wenn ein zumindest gleichwertiges und mit gleich geringem Aufwand nutzbares Muster statt dessen zur Verfügung steht.*

Zu guter Letzt ...

fragst du dich vielleicht, wie du das alles kapieren und in dein Leben einbeziehen sollst. Nun, so schwer ist es nicht. Lies dieses Kapitel immer wieder, wenn dein Interesse daran, dein gefühlsmäßiges Engagement sich meldet. Dann wirst du schnell und gut lernen. Probiere es aus.

Vieles wird dir auch beim Lesen der nächsten Kapitel noch klarer und in seiner Tragweite fassbarer werden. Schlage dann vielleicht noch einmal zurück und lies die entsprechenden Passagen nach. Dieses Buch soll dir für längere Zeit ein guter Helfer sein, deswegen habe ich mich bemüht, viel hineinzugeben. Es dauert dann natürlich auch eine Weile, alles auszupacken.

Kapitel 2

Die Sprache der Träume

Lerne die Sprache der Fantasie und der Träume verstehen – um dir neue Kräfte in der Wirklichkeit zu erschließen

Jeder Mensch träumt. Nachts und oft auch tagsüber. Immer, wenn du mal mit deinen Gedanken »woanders« weilst. Wenn du einen Moment »in Gedanken versunken« bist. Und auch, wenn du erst »einen Augenblick überlegen« musst, bis du weißt, was du tun wolltest. Tagträume, Luftschlösser, Wunschträume, Erinnerungen an schöne Momente, werden ausgelöst[18] durch Begebenheiten in der Gegenwart, die dich für eine Weile in deine Innenwelt abtauchen lassen. Schriftsteller, Künstler und andere Menschen, die kreativen Tätigkeiten nachgehen, gebrauchen ihre Fähigkeit zu träumen, um nützliche Ideen zu bekommen, Schönheit und wirklich Neues aus ihrer Innenwelt in die Realität zu holen. Über systematisch und mit dem richtigen Fachwissen aufgebaute Fantasiereisen lassen sich Tiefenentspannung, Selbstheilung und die kreative Lösung von Schwierigkeiten wirksam unterstützen. Viele alternative Heiler, die im lebensenergetischen Bereich arbeiten, wie zum Beispiel Schamanen, nutzen bewusst die Kraft ihrer Träume zur Harmonisierung körperlicher oder seelisch-geistiger Disharmonien für sich selbst und ihre Klienten.

Der Zustand, in dem Träume, Innenwelterfahrungen und Fantasiereisen möglich werden, wird als »Trance« bezeichnet. Trance bedeutet nicht unbedingt den Verlust oder die Minderung des Bewusstseins und der Selbstkontrolle, der Fähigkeit, die Realität wahrzunehmen und auf sie folgerichtig und unter Berücksichtigung der eigenen Wünsche zu reagie-

[18] Diese Auslöser für Erinnerungen und Gefühlszustände werden in der NLP-Fachsprache auch als »Anker« bezeichnet. Mehr darüber erfährst du im 8. Kapitel.

ren. Bestimmte Formen der Trance erweitern das Bewusstsein, die Sinneswahrnehmungen, die Fähigkeit des logischen Denkens und der Selbstkontrolle sogar enorm. Dieses Ziel wird direkt zum Beispiel in vielen Formen des Yoga, im Zen oder anderen Formen der Meditation verfolgt. Werden Selbstkontrolle, Bewusstsein und Realitätsbezug reduziert, wird dieser Zustand »hypnotische Trance« oder kurz »Hypnose« genannt. Mittels fachkundig angewandter Hypnose lassen sich mitunter Schmerzen wirksam bekämpfen, bei denen sogar die stärksten Schmerzmittel versagt haben. Psychisch Kranke und Menschen mit psychosomatischen Leiden haben über Hypnose schon oft große Hilfen bekommen. Bei einer von einem Psychiater diagnostizierten Psychose ist sie allerdings kontraindiziert. Das heißt, Trancen aller Art dürfen bei Psychotikern nicht oder nur von besonders geschulten Medizinern angewendet werden.

Über Träume können also unser Glück, unsere Gesundheit und unser Erfolg auf vielfältige Weise gefördert werden. In unserer Zeit ist das allgemeine Interesse an diesen nützlichen Möglichkeiten wieder erwacht, und so werden viele alte Erkenntnisse über die heilenden Kräfte der Träume wieder entdeckt und neue gewonnen. Auch die Entwickler des NLP waren sehr an diesen wunderbaren Anwendungen geistiger Fähigkeiten zur Heilung und Persönlichkeitsentwicklung interessiert. Ihr diesbezügliches Vorbild war Milton Erickson, der wohl erfolgreichste Fachmann für Heilung mit Trancen und Hypnose in unserer Zeit. Dieser ungewöhnliche Therapeut hatte in jahrzehntelanger Arbeit einen umfangreichen Trance-Werkzeugkasten entwickelt, den Bandler und Grinder auf eine für jeden zugängliche Art neu sortierten und beschrieben. Später wurden Ericksons Methoden noch weiterentwickelt und stellen heute einen Grundpfeiler des NLP dar. Auf welche Art NLP Träume zur Lösung kleiner und großer Schwierigkeiten verwendet, erkläre ich weiter unten genau.

Die Schattenseiten der Träume

Doch Träume können auch unangenehme Seiten haben. Viele Menschen flüchten in die Welt ihrer Fantasie, um auf die als Last empfundenen Herausforderungen der Realität nicht reagieren, sich unangenehmen Auseinandersetzungen nicht stellen zu müssen. Diese Fluchtversuche erfolgen in den allermeisten Fällen unbewusst und können deswegen nicht kontrolliert werden. Passiert etwas, das diese »Fluchtträumer« aus ihrem Wolkenparadies auf den harten Boden der Tatsachen zurückholt, reagieren sie leicht mit Angst oder Aggression auf den »Wecker«. Therapeuten, die einen Klienten, der nicht mehr mit seinem Alltag, seinen Beziehungen und Aufgaben zurechtkommt, aufwecken müssen, um ihm wieder die Wahrnehmung und damit auch die sinnvolle Gestaltung der Gegenwart zu ermöglichen, bekommen diese Panik und Wut deswegen auch oft zu spüren und müssen gelernt haben, mit solchen Widerständen auf dem Weg zur Heilung sinnvoll umgehen zu können[19].

Solange Menschen nicht gelernt haben, zwischen Traum und Wirklichkeit zu unterscheiden, werden sie immer wieder auf äußere Anlässe mit dem unbewussten Abtauchen in ihre inneren Filme, ihre Projektionen, Wunschvorstellungen und Erinnerungen reagieren. Sie verwechseln Fantasie und Wirklichkeit miteinander und haben deswegen weniger Chancen zur erfolgreichen Bewältigung der alltäglichen Anforderungen ihres Lebens, ihrer kleinen und großen Konflikte mit Mitmenschen und Situationen. Es gibt nur einen Ort und eine Zeit, in der ein Mensch die Möglichkeit hat, sein Leben zu gestalten, wie es seinen Bedürfnissen entspricht, und sein Glück zu genießen – der Ort ist »hier« und die Zeit ist »jetzt«! Alles andere kann günstige Voraussetzungen für den sinnvollen Umgang mit der Gegenwart schaffen, aber es ist eben nicht die Gegenwart. Vom sinnvollen Umgang mit der Traumkraft, auch unter Berücksichtigung dieser Tatsachen, handelt dieses Kapitel.

Was gibt es Nützliches für dich in diesem Kapitel?

Durch die Kenntnis der Sprache der Träume und ihrer Wirkung auf das Innenleben eines Menschen kannst du lernen, so zu träumen, dass deine Gegenwart lebenswerter wird. Du wirst schneller in der Lage sein, hypnotische Zustände bei dir zu erkennen und dadurch möglicherweise entstehende Probleme bewältigen zu können. Auch bei anderen kannst

[19] Mehr zu dem Thema »Widerstände« erfährst du im Anhang 1.

du wahrnehmen, wann sie den Kontakt mit der Realität verlieren, und ihnen dann helfen, diesen wiederherzustellen[20]. Mit Hilfe der Sprache der Träume lassen sich schöne und nützliche Fantasiereisen gestalten. Werden Märchen auf die richtige Art erzählt, können sie viel Gutes bewirken. Auch dies ist eine sinnvolle Anwendung der Traumsprache, um die Kraft des Geistes für die Gestaltung deines Lebens zu verwenden.

Wie lassen sich Träume bewusst hervorrufen?

Eine ganze Reihe von äußeren Vorgängen können Menschen in die Welt ihrer Träume und damit in Kontakt zur Innenwelt bringen. In der Fachsprache wird dies auch als *Tranceinduktion* bezeichnet. Die folgenden Punkte sollen dir einen Überblick über die wichtigsten und im Alltag am häufigsten vorkommenden Tranceauslöser geben.

a) Frustvermeidung
Eine starke Motivation zur Vermeidung der Realitätswahrnehmung, weil diese als zu leidvoll erlebt wird oder wurde.

Beispiel: Die Träume von einem idealen Menschen als Partner, die echte Beziehungen mit wirklichen, aber nun mal unvollkommenen Menschen als unattraktiv erscheinen lassen. Wer kann schon gegen einen Traummann oder eine Traumfrau im Vergleich bestehen?! Diese Strategie wird unterbewusst oft angewendet, weil in der Vergangenheit im Zusammenhang mit Partnerschaft schmerzliche Erfahrungen gemacht wurden. Um weitere seelische Verletzungen zu vermeiden, wählt das Unterbewusste sich die Vorliebe für aus irgendwelchen Gründen unerreichbare oder schwer erreichbare Partner (Menschen, die weit weg wohnen, die aus beruflichen oder privaten Gründen sehr wenig Zeit für die Beziehung haben, krank oder selbst mit vielen Näheängsten beladen sind) oder die Vorstellung aus, auf den Traumprinzen, die Traumprinzessin warten zu müssen. So ist die Wahrscheinlichkeit für konkrete Beziehungen sehr verringert und die Näheängste sind beruhigt.

---

[20] In diesem Zusammenhang ist auch das folgende 3. Kapitel sehr interessant. Es ergänzt sinnvoll deine Kenntnisse über die Sprache der Träume durch die Mittel der Sprache des Bewußtseins.

Ein anderes Beispiel kennst du vielleicht auch: Ein Mensch lebt in den Tag hinein, gibt regelmäßig mehr Geld aus, als er hat, betreibt keine Vorsorge, nimmt seine Aufgaben an seinem Arbeitsplatz nicht ernst – und ist dann total überrascht, wenn ihn die Konsequenzen seiner Lebensgestaltung irgendwann eiskalt erwischen. So etwas ist meist kein Zeichen von Dummheit, sondern eines von Trance. Dieser Mensch lebte in den behaglichen Luftschlössern seiner Innenwelt und vermied aus irgendeinem Grund den Wahrnehmungskontakt mit der als unangenehm empfundenen Realität. So konnte er auch nicht auf sie reagieren und die Folgen seiner realen Handlungen abschätzen.

b) Sinnsuche

Verwirrung durch nicht in die gewohnte Weltvorstellung passende Ereignisse und die dadurch in der Erinnerung ausgelöste Suche nach passenden Erklärungsmodellen, Vergleichserfahrungen oder auch das krampfhafte Nachdenken über die Wahrnehmung, um doch noch irgendwie den Sinn der Angelegenheit verstehen zu können.

Beispiel: Ein prominenter Esoteriker erzählt dir während eines öffentlichen Vortrages eindrucksvoll von der Lenkung deines Schicksals durch überirdische Kräfte. Beeindruckt von dieser für dich neuen Sichtweise und vielleicht auch beunruhigt von den sich daraus ergebenden Schlussfolgerungen, falls diese Erzählungen wahr sein sollten, kramst du deine Erinnerung nach dazu passenden Erfahrungen durch. Dann überlegst du, ob du so was überhaupt willst und welche Gegenargumente es geben könnte. Ist dieser Vorgang abgeschlossen, kehrst du wieder aus deiner Innenwelt zurück und musst deinen Nachbarn fragen, was weiter passiert ist, weil du während dieser kurzen Trance deine Aufmerksamkeit eben in dir und nicht bei den Vorgängen in der Gegenwart hattest.

c) Langeweile

Komplettes oder teilweises Abschalten der Außenwahrnehmung wegen zu monotoner oder als uninteressant eingestufter Vorgänge in der Gegenwart.

Beispiel: Wohl jeder kennt die Tagträume im Schulunterricht, die durch die fehlende Begeisterung der Schüler für das Thema hervorgerufen werden. Das unsanfte Wecken des so Träumenden durch den Lehrer, meist begleitet von einer peinlichen Frage wie: »Würdest du bitte eine kurze Zusammenfassung des Stoffes der letzten fünf Unterrichtsminuten geben!« und das darauf folgende unangenehme Schweigen wegen fehlender Erinnerung künden dann von der Tiefe der unbewussten Trance, in der der Schüler war. Während eines solchen Zustandes ist der größte Teil der Aufmerksamkeit nun mal in der Innenwelt eines Menschen und nicht außen, wo etwa staubtrockene Matheformeln gelernt werden sollen.

d) Worthülsen

Hört jemand Worte, die nicht eindeutig von dem Sprecher in ihrer Bedeutung erklärt sind, also Freiraum für Interpretationen lassen, wird das Unterbewusstsein versuchen, in der Erinnerung etwas zu finden, was das genaue Verständnis des Gehörten ermöglicht. Oft finden sich mehrere mögliche Deutungen, und dann muss auch noch eine als passend eingestufte ausgewählt werden. Sind die einzelnen Worte mit Sinn gefüllt, müssen sie innerhalb des Satzes, des Themas und der anderen damit zusammenhängenden Eindrücke der Situation an ihren richtigen Platz gestellt werden, damit insgesamt für den Menschen verständlich wird, wie er das Erlebte einordnen, bewerten soll.

Beispiel: Wenn du hörst, dass von einem Baum gesprochen wird, ist es wichtig zu wissen, ob damit eine Pflanze, ein Maibaum, ein Kabelbaum oder der Mastbaum eines Schiffes gemeint ist, weil sonst der Rest der Geschichte nicht mit dem Wort zusammenpasst.

Menschen sind grundsätzlich stark motiviert, irgendeinen Sinn in ihren Erfahrungen zu erkennen. Ohne ein wie auch immer geartetes Verständnis ihrer Erlebnisse fühlen sie sich bedroht und bekommen Angst. Tieferes Verständnis erzeugt ein besser anwendbares Modell der Wirklichkeit und erweitert die Wahrnehmung für Gefahren, Nützliches und Überflüssiges. Außerdem ermöglicht es in gewissem Umfang einen Überblick und damit mehr Kontrolle über die weitere Entwicklung einer Situation. Dies trägt zur Existenzerhaltung und ganz allgemein zur Lebensbewältigung bei. Weil die Sinnsuche sehr wichtig ist, wird sie sogar, falls nicht anders möglich, am Bewusstsein vorbei von unterbewussten Anteilen erledigt, die dann später per »Eingebung« oder »plötzlicher Erkenntnis« etwas ihnen passend Erscheinendes dem Bewusstsein präsentieren.

Dieser Hang zur unbewussten Interpretation von nicht eindeutigen Worten und Sätzen sowie der dadurch ausgelösten Hinwendung der Aufmerksamkeit in die Innenwelt des Erinnerns und Denkens wird bei Fantasiereisen, Literatur und von guten Märchenerzählern systematisch benutzt, um Menschen in die Welt ihrer Träume zu entführen. Tiefe Formen der Entspannung, Aktivierung der Selbstheilungskräfte auf körperlicher und seelisch-geistiger Ebene können dann eingeleitet werden. Aber auch Erfahrungen spiritueller Art oder Bewusstsein und damit Kontrolle über vorher unbewusste Prozesse lassen sich einfacher erlangen. Letztlich kann es ein natürliches Stilmittel sein, um einfach eine Geschichte plastisch miterleben zu können.

e) Überlastung

Wird versucht, mehr als sieben plus/minus zwei Informationen zur gleichen Zeit mit dem Verstand bewusst zu verarbeiten, überschreitet das die Verarbeitungs- und Filterfähigkeiten des Gehirns[21]. Jede weitere Information wird am Bewusstsein, seinen Kontroll- und Reaktionsmöglichkeiten vorbei direkt vom Unbewussten ausgewertet und abgespeichert. Je mehr Informationseinheiten[22] ein Mensch über die »magische Grenze« sieben plus/minus zwei hinaus wahrnehmen und verarbeiten

[21] Willst du zum Beispiel gleichzeitig Musik hören und darauf achten, was der gesungene englische Text auf Deutsch heißt, einen Wagen steuern und auf Straßenschilder aufpassen, dich mit deinem Beifahrer über ein abstraktes Thema unterhalten, dabei seine Mimik wahrnehmen, darüber nachdenken, was du wohl morgen essen und dafür einkaufen willst, und dich schon mal gedanklich mit deinem Urlaub beschäftigst, wirst du sehr schnell in Trance sein, also bestimmte Wahrnehmungen in Bezug auf den Verstand ausblenden.

[22] Die sieben plus/minus zwei Informationseinheiten können sich aus einzelnen Informationen – ein Streichholz – oder mehreren Einzelinformationen, die zu einer Informationseinheit zusammengefaßt werden, – zehn Streichhölzer in einer Streichholzschachtel – zusammensetzen. Die Zusammenfassung von Teilinformationen in als Einheit eingestuften Gruppen erweitert also in gewisser Beziehung die Informationsverarbeitungskapazität.

will, desto eher geht er wegen Überlastung seiner geistigen Verdauungsfunktion in Trance. Er zieht sich mit seinem Bewusstsein von der stressigen Umwelt zurück in seine gemütliche, reizarme Innenwelt, um das Überangebot von Sinneseindrücken in Ruhe verdauen zu können. Sein Unterbewusstsein wird jetzt auf Suggestionen ohne die sonst stattfindende Kontrolle des Bewusstseins eingehen, wenn es auf die richtige Weise angesprochen wird und sich dabei sicher und gut angeleitet fühlt. In moderner Sprache ist für diese Art der Trance-Induktion der Ausdruck »Reizüberflutung« geprägt worden.

Beispiel: Wenn dein Chef mal sehr hektisch ist und dir viele Aufgaben aufhalst, die am besten alle sofort mit höchster Dringlichkeit fehlerfrei erledigt werden sollen, kann es sein, dass du dich, wenn ein bestimmtes Maß an verschiedenen Anforderungen überschritten wird, plötzlich beim Tagträumen erwischst. Du hast einfach einen Moment abgeschaltet und auf einen Punkt im Raum oder aus dem Fenster gestarrt und warst in deiner Innenwelt.

Das Prinzip der extremen Reizüberflutung und der sich daraus ergebenden stärkeren Beeinflussbarkeit – mit einem Fachausdruck »Suggestibilität« genannt – wird auch bei den gefürchteten Gehirnwäschen von diktatorischen Regimen in Kombination mit systematischer körperlicher Überlastung und Schlafentzug zur Reduzierung der verfügbaren Energie angewandt. Das arme Opfer wird dabei solange mit hohem psychischen Druck zu vielen verschiedenen, sinnlosen Leistungen gleichzeitig angehalten, bis die Kontrolle des Bewusstseins durch Überforderung dauerhaft zusammenbricht. Danach ist der Betreffende beinahe willenlos jeder Beeinflussung nachhaltig ausgeliefert. So geschädigte Menschen brauchen selbst mit qualifizierter medizinischer und psychotherapeutischer Hilfe oft Jahre, um sich von den durch die Gehirnwäsche ausgelösten Schäden zu erholen.

f) Verlockung

Wird ein Mensch, der unter bestimmten Lebensumständen sehr leidet oder nach bestimmten Dingen aus ihm wichtigen Gründen sehr stark verlangt – also gierig ist –, mit der Möglichkeit konfrontiert, im ersten Fall zu vermeiden, im zweiten Fall zu bekommen, auf was er seine Aufmerksamkeit gerichtet hat, werden damit zusammenhängende starke Gefühle wach. Diese können sein Bewusstsein zeitweilig so sehr beschäftigen, dass es in seiner Verarbeitungsfähigkeit überlastet wird und deswegen, wie im vorigen Punkt beschrieben, in eine Überforderungstrance geht und leichter beeinflussbar wird. Ein weiterer Grund für eine solche Trance kann auch sein, dass die Motivation des Unterbewusstseins, etwas zu vermeiden oder etwas zu bekommen, so hoch ist, dass alle sonst funktionierenden Kontroll- und Filterfunktionen des Bewusstseins zeitweilig ausgeschaltet werden, damit es sich nicht einmischen und vom Unterbewusstsein als wichtig eingestufte Handlungen behindern kann.

Beispiel: Ich habe es leider immer wieder erlebt, dass sonst sehr verantwortungsbewusste und lebenserfahrene Menschen auf Sekten, abstruse Lehren oder bestimmte »Lehrer« hereinfielen, die ihnen sichere Auswege aus ihrem Leid versprachen oder sie mit Macht, physischer Unsterblichkeit und Reichtum köderten. Sicher hast du schon einmal in deinem Umfeld ähnliche Erfahrungen gemacht. *Betrachte die Fähigkeit von Menschen wie Hitler, Göbbels oder Saddam Hussein, ansonsten durchaus erwachsen handelnde Leute zu beeinflussen und für ihre Zwecke auszunutzen, doch auch einmal unter diesem Gesichtspunkt.*

g) Erinnerung an gefühlsintensive Erfahrungen

Äußere Anlässe oder eine bewusste Anstrengung können Erinnerungen in das Bewusstsein rufen. Wenn du dich gedanklich zurückversetzt in intensive Erlebnisse, werden die damit verbundenen Gefühle, Bewusstseinszustände und Körperwahrnehmungen auch wieder auftauchen[23]. Wichtig ist dabei die bewusste Erinnerung an die Wahrnehmungen der fünf Sinne. Was hast du genau gehört, gesehen, gerochen, geschmeckt, was fühltest du körperlich als direkt in die Erfahrung Einbezogener?

Probiere diese Methode einmal aus und versetze dich zurück in eine entspannte Urlaubssituation, rufe dir alle Wahrnehmungen einzeln in das Bewusstsein, nimm eine entsprechende Körperhaltung ein. Wie geht es dir jetzt?

---

[23] Vergleiche dazu meine Ausführungen in Kapitel 1, Punkt 26.

Dann erinnere dich auf genau dieselbe Weise an eine Situation, in der du Angst hattest. Wie fühlst du dich nun?

Zum Abschluss erinnere dich genauso nur an den Moment, in dem du zum ersten Mal richtig verliebt warst. Na, wie fühlt sich das an? Für mich jedenfalls »obersahnetortenmäßig« gut. Fantasiereisen nutzen diese Methode, um bestimmte Erfahrungen in der Innenwelt für die verschiedensten nützlichen Zwecke wachrufen zu können. Die moderne Werbung verwendet dieses Wirkprinzip, um dem »mündigen Konsumenten« bestimmte Waren unterzujubeln. Allerdings kann nur der auf diese Weise leicht beeinflusst werden, der nicht bewusst mit seinen Sinneswahrnehmungen umgeht. Und du weißt ja jetzt, was los ist, und kannst dich da raushalten, wenn du willst.

Die Muster der Traumsprache

Welche Worte, welche Satzkonstruktionen sind es nun im Einzelnen, die Trancen auslösen können? In dem folgenden Abschnitt gebe ich dir hierzu einige Beispiele:

a) Alle Worte, die keine für jeden gleiche objektive Bedeutung haben und nicht inhaltlich konkret von dem, der sie verwendet, definiert sind. Zum Beispiel Glück. Jeder möchte es gern erfahren, aber wenn du bei 10 Menschen nachfragst, was sie im Einzelnen real erleben müssen, um sich glücklich zu fühlen, wirst du viele verschiedene Antworten bekommen. Der eine fühlt sich vielleicht glücklich, wenn er seinen geliebten Partner in den Armen hat, der andere, wenn er eine bestimmte Zahl auf der Habenseite seines Bankauszuges sieht und so weiter.

Wer das Wort Glück hört, wird also in seine Innenwelt gehen und es dann aufgrund seiner Erfahrungen, Abneigungen und Vorlieben mit Inhalten füllen, um es für sich verständlich zu machen. Weitere Worte dieser Art – ich nenne sie auch Etiketten, da du von einem Etikett auf einer geschlossenen Dose auch nicht wirklich weißt, ob das drin ist, was drauf steht – sind zum Beispiel: Liebe – Licht – Reichtum – Esoterik – Spiritualität – Gott – Kräfte – Energie – Leben – Leid – Schönheit –

Beziehung – Sicherheit – Geborgenheit – Bedrohung – Gefahr – Wachstum – Fähigkeit – Erfahrung – Lösung.

du kannst sicher jetzt selbst diese Liste fortsetzen. Grundsätzlich lässt sich dieses »Traumvokabular« darüber definieren, dass das, was ein entsprechendes Wort benennt, nicht angefasst werden kann.

b) Tätigkeitsworte, die keine genaue Beschreibung der Tätigkeit darstellen. Zum Beispiel: verändern, lieben, heilen, verstehen, lösen, spüren, erfahren, lernen. Auch hier muss der Hörer zum Beispiel das Wort »heilen« mit einem seinen Erfahrungen, Wünschen und Abneigungen entsprechenden Inhalt füllen, um es konkret verstehen und auf Sinneswahrnehmungen zurückführen zu können. Klärende Fragen dazu können sein: Was genau hat sich verändert? Auf welche Weise hat es sich verändert? Was hast du gesehen, gehört, gefühlt, gerochen, geschmeckt und dann als Veränderung bezeichnet?

c) Ein ungenauer inhaltlicher Bezug. Zum Beispiel »man«. Wer weiß schon genau, wer »man« ist? Um das herauszufinden, kannst du darüber nachdenken, welche Personen wohl im Gesamtzusammenhang zu »man« passen. Dazu musst du auch in deine Innenwelt mit deiner Aufmerksamkeit. Weitere Worte dieser Art sind: dies und das – etwas – jenes – besondere Wahrnehmung – bestimmte Erfahrung.

d) Auslassungen, also das Fehlen von zum Verständnis notwendigen Satzteilen. Beispiel: »Jetzt wird sicherlich, vielleicht noch unbewusst, langsam ein bestimmter Wunsch in dir wach werden ...« Hier fehlt die inhaltliche Beschreibung des Wunsches. Welcher Wunsch genau? Weitere Beispiele: »Ihnen ist es doch bestimmt auch wichtig, zu wachsen ...« Wohin zu wachsen? Auf welche Art genau? Warum soll es wichtig sein?

e) Die Schaffung subjektiver, nicht-logischer Zusammenhänge zwischen etwas, was gerade tatsächlich passiert, und einer Sache, die passieren soll. Beispiel: »du hörst die Geräusche der Umwelt und entspannst dich immer mehr.« Oder auch: »Während du dem Schlag deines Herzens nachspürst, beruhigen sich deine Gedanken immer mehr.« Und: »Der Fluss deines Atems bewirkt eine immer umfangreichere Entspannung deines Körpers.«

f) Worte, die zu *Entscheidungen* oder **Selbstwahrnehmung** auffordern. Zum Beispiel: »*Vielleicht* **spürst** du jetzt bereits **bewusst** *oder* **unbewusst** eine Veränderung deines **Körpergefühls** in deinem **Oberkörper** *oder* deinem **Unterleib** *oder* deinen **Armen** und **fühlst** immer mehr eine gewisse **Stimmung**, die dir helfen kann, noch weiter in das Reich deiner Fantasie zu reisen, so dass du jetzt immer deutlicher auf eine *besondere* Weise **wahrnimmst** und **entdeckst**, wie dies deinen Körper beeinflusst, während du *vielleicht* bereits **erkennst**, dass dies eine Erfahrung ist, die du *möglicherweise* schon einmal *so oder anders* **empfunden** hast.«

Diese Einführung in die Sprache der Träume kannst du vertiefen, wenn du dir bewusst Texte von Pop-Songs, Werbeslogans und Fantasiereisen, die heute in Hunderten von Variationen auf dem Markt sind, anhörst. Es gibt noch eine Reihe von weiteren sprachlichen Möglichkeiten, um Menschen dazu zu bringen, ihre Aufmerksamkeit ihrer Innenwelt zuzuwenden. Darüber ließe sich ein eigenes Buch schreiben. Da du alle wesentlichen Prinzipien, die dafür gebraucht werden, aber kennengelernt hast, lohnt es sich jetzt eher, statt noch mehr »Theorie zu pauken«, deine neuen Kenntnisse in der Praxis auszuprobieren und eigene Erfahrungen damit zu sammeln. Damit meine ich nicht, dass du losgehen und deine unwissenden Freunde hypnotisieren sollst, so dass sie um 12 Uhr »Kuckuck!« rufen oder als Zombie-Haussklaven deine Wohnung schrubben. So einfach lassen sich Menschen wiederum – Gott sei Dank! – auch nicht ihrer Selbstbestimmung berauben. Und außerdem kannst du viel Nützlicheres und Spannenderes mit diesem neuen Wissen für dich und die Menschen in deiner Umgebung beginnen. Zum Beispiel ...

Metaphern – Geschichten, die ein Leben verändern können

Das Wort »Metapher« bezeichnet ein Gleichnis, eine bildhafte Umschreibung. Statt etwas direkt zu benennen, wird ein ähnlicher Sachverhalt zur Beschreibung des Gewünschten verwendet. Einige Informationen in diesem Buch sind vielleicht so neu und aufregend für dich wie die

Reise in ein fremdes, exotisches Land. Der letzte Satz ist zum Beispiel eine Metapher. Doch was kannst du mit ihnen anfangen? Nun, mit ihrer Hilfe bist du in der Lage, einem Freund etwas verständlich machen, was er so noch nicht erfahren hat, indem du etwas Ähnliches, das *ihr beide* kennt, zur Beschreibung deiner ihm unbekannten Erfahrung verwendest. Nach einem Urlaub in Thailand erzählst du ihm dann vielleicht: »Weißt du, die Landschaft in Nord-Thailand wirkte auf mich so wie das Allgäu, und das Essen erinnerte mich oft an das in dem China-Restaurant vorne an der Ecke.« So weiß er zwar nicht *genau*, was du erlebt hast, weil er nun mal noch nicht in diesem weit entfernten Teil der Welt war, aber durch deine ihm bekannten Vergleiche hat er *einen Zugang* zu der ihm fremden Erfahrung bekommen. Da jeder Mensch ein etwas anderes Modell von der Wirklichkeit hat, ist es für reibungslose Verständigung häufig notwendig, etwas, das nicht in der Landkarte eines anderen eingezeichnet ist, durch eine Entsprechung, die auf beiden Karten vorkommt, zu beschreiben.

»Was meinst du mit dem Wort ›Gott‹?« fragte der Indianerhäuptling den Missionar. »Na, das, was die Pflanzen wachsen lässt, das, wo alles Leben einmal hergekommen ist, das, was die Welt so gestaltet hat, wie sie ist, und was dafür gesorgt hat, dass die Äpfel zur Erde fallen, wenn sie sich vom Baum lösen. Das, was uns alle verbindet und uns hilft zu hoffen, wenn wir keinen Weg mehr sehen!« Jetzt wurde der Häuptling ganz aufgeregt und rief: »Ach so, du meinst Manitu, den Großen Geist!«

Märchen und Fantasiereisen, aber auch spirituelle Geschichten wie viele Erzählungen Jesus, des Christus, etwa das Gleichnis von dem verlorenen Sohn, sind sehr aufwendige und oft vielschichtige Metaphern, die Menschen helfen sollen, ihrem Alltag mehr Lebensqualität zu verleihen, ihm Sinn zu geben, Trost zu schenken oder auch Toleranz und Respekt zu entwickeln. Probleme und mögliche Lösungswege werden in ihnen so verfremdet und ohne direkten logischen Zusammenhang mit der Realität, aber in den verwendeten Handlungs- und Bedeutungsmustern im Kern übereinstimmend mit der Wirklichkeit dargestellt, dass das Bewusstsein sie nicht ausfiltern kann, weil es den Zusammenhang nicht mitkriegt. So erreichen die Botschaften das Unterbewusstsein, und da dieses wesentlich besser als der bewusste Verstand Ähnlichkeiten in Mustern[24] und so auch in den gleichen Strukturen von Metapher und Wirklichkeit erkennt, kann es diese verwenden, um gesündere Gewohnheiten statt der alten, krankmachenden zu formen. Es ist auf diese Weise in der Lage, neue nützliche Betrachtungsweisen von als Schwierigkeit erlebten Tatsachen einzuführen oder Verständnis für Andersartigkeit zu entwickeln und vieles Gutes mehr.

Grundsätzlich werden die Botschaften einer Metapher aber, wie übrigens andere Suggestionen auch, vom Unbewussten zurückgewiesen, wenn diese Verhaltensweisen auslösen würden, die den übergreifenden Zielen der Lebensgestaltung eines Menschen widersprechen. Auch muss sich ein Mensch grundsätzlich vom Erzähler der Metapher gefühlsmäßig angenommen, verstanden und respektiert fühlen. Nur dann ist das Unterbewusstsein für die Botschaft einer »heilenden Geschichte«, wie ich eine Metapher metaphorisch auch nenne, aufgeschlossen. Über diese wichtige Resonanz, die Herzensbrücke, die Lehrer und Schüler verbinden muss, kannst du in dem Kapitel über Pacing, Leading und Rapport mehr erfahren.

Der Metapherbaukasten – wie du selbst Metaphern basteln kannst

Das ist gar nicht so schwer, und ich bin davon überzeugt, dass du diese Kunst sogar schon etliche Male angewendet hast, denn unser Alltag ist voll von Vergleichen, Geschichten, Beispielen, Umschreibungen. Ich möchte dir mit dem folgenden Baukasten für Metaphern dabei helfen, deine schon vorhandenen Fähigkeiten *bewusst* anzuwenden, sie damit vielseitiger gebrauchen zu können und weiter auszubauen. Kinder wer-

[24] Die Wissenschaft hat heute herausgefunden, dass die linke Gehirnhälfte besser mit logischen Schlußfolgerungen und direkten sachlichen Übereinstimmungen umgehen kann, während die rechte Gehirnhälfte eher in Mustern und Entsprechungen denkt. Wir benutzen in unserer westlichen Kultur zur Zeit noch eher die linke Gehirnhälfte mit ihrem männlich-abstrakt orientierten Bewußtsein. NLP ist ein ganzheitliches System, das die besonderen Fähigkeiten der rechten Gehirnhälfte zum Erkennen und Verarbeiten symbolischer Übereinstimmungen mit in die Entwicklungsarbeit einbezieht – zum Beispiel durch Metaphern.

den es übrigens lieben, wenn du Metaphern erzählst. Sie mögen nun mal Märchen – und mancher Erwachsene, der das Spielen, Entdecken und die Faszination an der Traumwelt noch nicht auf dem »Friedhof der Sachzwänge«[25] begraben hat, auch.

Wie du einfache Metaphern entwerfen kannst

Die folgenden einfachen Metaphern beziehen sich auf häufig vorkommende Lebenssituationen. Aus diesem Vorrat kannst du für deine Vorhaben schöpfen, zum Beispiel Lebensberatungen oder Fantasiereisen, und sie natürlich auch als Beispiele für eigene kreative Umschreibungen verwenden. Selbstverständlich lassen sich viele in der Betonung und Wertung des Inhalts unterschiedliche Gleichnisse je nach der beabsichtigten Reaktion zu ein und demselben Thema erstellen. Mehr über diese Kunst des systematischen Umdeutens erfährst du in dem Kapitel über Reframing.

– *Verliebtheit* ist so wie ein Zündfunke im Feuerzeug. Er brennt hell und geht ohne Nachwirkungen schnell aus, wenn kein Gas aus dem Tank strömt, das er zu einer großen, heißen Flamme entzünden kann.
– *Tod* ist so wie ein langer Urlaub. Du hast Angst, deine Wohnung unbeaufsichtigt zu lassen, findest es blöd, deine Freunde lange nicht mehr zu sehen, fürchtest die strapaziöse Reise und weißt noch nicht, was dich in dem fremden Land, das du zum ersten Mal besuchen willst, eigentlich erwartet. Aber du weißt ja: dasselbe hast du vor den letzten Urlauben auch gefühlt, und dann war es doch ganz toll. Und als du später zurückkamst, erholt und entspannt durch die viele Zeit für dich, konntest du dich auch wieder voller Freude in deinen Alltag stürzen.
– Das *Leben* ist so, wie wenn du Disneyland besuchst. Voller Begeisterung gehst du durch den Eingang und musst dir erst einmal einen Überblick über alles verschaffen. Wenn du weißt, wie der

[25] Wieder eine Metapher.

Hase hier läuft, geht es richtig los: du kannst den Rest des Tages die verrücktesten Spiele spielen, verlieren, gewinnen, über die tollen Einfälle des Architekten staunen und die reibungslose Organisation hinter den Kulissen bewundern. Wenn du das alles nicht so ernst und verbissen nimmst, wirst du dich mit den anderen Menschen zusammen prächtig amüsieren, vielleicht neue Freundschaften knüpfen, die über diesen Tag hinausreichen oder auch nicht. Vielleicht findest du alles so toll, dass die Ordner dich bei Betriebsschluss richtig durch den Ausgang schieben müssen und du dich noch mit ihnen anlegen willst, um noch mehr Spaß in dem Vergnügungspark haben zu können. Aber wenn du dann auf dem Weg nach Hause merkst, wie müde gespielt, überreizt von all den Eindrücken und voller Sehnsucht nach Ruhe du eigentlich bist, entspannst du dich langsam und freust dich auf einen langen erholsamen Schlaf, bevor es wieder in die nächste Runde geht.

- *Krankheit* ist so, wie wenn sich eine dicke Wolke vor die Sonne schiebt.
- *Gesundheit* ist so wie Strom aus der Steckdose. Wie wichtig er für dich ist, merkst du erst, wenn bei einer Netzstörung die Lichter ausgehen.
- *Liebe* ist so wie der Zement, der die Steine eines Gebäudes zusammenhält. Ohne ihn fällt alles hoffnungslos zusammen.
- *Trennung* ist so, wie einen leeren Magen zu haben. Das gute daran ist, dass du ihn jetzt angenehm füllen kannst, wenn du etwas Leckeres zu essen siehst.
- *Lebensfreude* ist so wie die Gewürze, die ein Gericht so lecker schmecken lassen, dass dir bei dem Gedanken daran schon das Wasser im Munde zusammenläuft.
- *Entspannung* ist so, wie wenn eine Maschine aus dem Betrieb genommen wird, um sie mal gründlich warten und überholen zu können, bevor sie wegen Überlastung mitten im Arbeitsprozess kaputtgeht. Danach kann man sich wieder auf ihre Belastbarkeit verlassen.
- Eine *Wohnung* ist so wie das Nest für einen Vogel. Er weiß, wo er sich in Sicherheit ausruhen kann, und hat einen bequemen Platz, um Eier legen und sie bebrüten zu können.

- *Faulheit* ist so wie eine zu schlaffe Seite auf einer Gitarre. Sie klingt einfach nicht.
- *Arbeitssucht* ist so wie eine von einem unerfahrenen Musiker zu straff gespannte Seite auf einer Gitarre. Er denkt, sie klingt so besser, aber er weiß nicht, dass sie jeden Moment reißen kann.
- *Hass* ist so wie Königswasser[26]. Es zerfrisst mit der Zeit jedes Gefäß, in dem es gelagert wird.
- *Trauer* ist so wie ein dichter Nebel vor der Landschaft deines Lebens. Erst wenn er sich verzogen hat, kannst du dich wieder zurechtfinden.
- *Angst* ist so wie eine Glatteismeldung im Verkehrsfunk. Wenn du sie beherzigst und vorsichtig fährst, wirst du sicher an dein Ziel kommen.

Wie du dir komplexe Metaphern erarbeitest

Schritt 1: Notiere, wie der derzeitige Zustand genau ist, den du durch die Metapher ändern möchtest. Wer macht was, wann, wo, mit wem, auf welche Weise? Beispiel: dein Partner ist angespannt, nervös und erschöpft.

Schritt 2: Notiere, welchen Zustand du gerne durch die Metapher vermitteln möchtest. Wer macht was, wann, wo, mit wem, auf welche Weise? Beispiel: dein Partner soll *entspannt*, *ausgeglichen* und *erholt* sein.

Schritt 3: Finde allgemein bekannte Erfahrungen für diese Inhalte oder welche, von denen du weißt, dass die Menschen, für die du die Metapher entwirfst, sie bereits früher gemacht haben. Es ist nicht erforderlich, dass sie die Erfahrung, die du in der Fantasiereise vermitteln willst, genau so, in derselben Reihenfolge der Ereignisse schon einmal durchlebt haben. Wenn du aus vielen Teilerfahrungen, die du in einer für den Zweck passenden Folge anordnest, eine heilende Geschichte aufbaust, reicht das völlig. Beispiel: Erinnere dich an einen erfolgreichen, langen

[26] Eine sehr starke Säure.

Ich muß mir ne Metapher beißen – dieser Spinner!

Arbeitstag. Du hast alles geschafft, was du wolltest. Nun gehst du zufrieden nach Hause; noch etwas angespannt von den vielen Ereignissen und voller Gedanken über deine Arbeit, aber schon in der angenehmen Gewissheit, jetzt gleich zu Hause richtig ausruhen und für dich da sein zu können. Nachdem du in deiner Wohnung angekommen bist, gönnst du dir erst einmal etwas Gutes: ein schönes Duschbad. Du rekelst dich wohlig seufzend unter dem angenehm heißen Wasserstrahl und spürst, wie die Anspannung mehr und mehr von dir fortgespült wird. Deine Muskeln lockern und lösen sich in der Wärme, die sie umströmt. Du genießt es, das Vergangene langsam loszulassen und dich ganz dieser angenehmen Gegenwart hinzugeben. Deinen Körper zu spüren, zu fühlen, wie es ihm besser und besser geht, und dich daran zu freuen. Es ist so schön, dich jetzt vom Alltag lösen zu können, die Gewissheit zu spüren, heute alles getan zu haben, und nun nur noch ganz für dich da sein zu können. Deine Gedanken sind frei für deine Freizeit und nutzen den Raum, um sich vielleicht immer mehr mit angenehmen Dingen zu befassen. An Deinen Armen und Beinen läuft das warme Wasser herunter, und du merkst, wie entspannend das für sie ist. Die Muskeln deines Beckens werden immer lockerer, und du weißt nicht genau, welcher Körperbereich schon gelöster ist, dein Bauch, dein Oberkörper oder die Schultern. Du wendest dein Gesicht dem angenehm temperierten Wasserstrahl zu und nimmst wahr, wie die warme Strömung Haare und Kopfhaut, Gesicht, Hals und Nacken umspült. Und während du dies spürst, wandern deine Gedanken vielleicht zu einem Erlebnis im Urlaub zurück, als du einmal die warme Sonne auf deiner Haut spürtest und wohlig träge vor dich hinträumtest. Du weißt, dass dein Körper solche Ruhephasen nutzt, um sich zu erholen und seine Kräfte zu regenerieren. Ohne dass du etwas dazu tun musst, sorgt dein Unterbewusstsein für alles, was du brauchst, um deine Reserven wieder aufzufüllen. Während dir klar wird, wie gut es ist, so umsorgt zu werden, kannst du vielleicht angenehmen Gedanken nachhängen und spüren, wie es ist, dich wohler und wohler zu fühlen. Irgendwann fühlst du vielleicht den Wunsch wach werden, wieder etwas Bestimmtes zu tun. Dadurch wird dir klar, wie sehr dein Körper und dein Geist sich schon entspannt und erholt haben. Gestärkt und voller Zuversicht, Kraft und Vorfreude auf die kommende Zeit wendet sich deine Aufmerksamkeit wieder deiner Umgebung zu. Und während du die Gegenstände hier im Raum wahrnimmst, atmest du einige Male tief durch und bist wieder ganz hier in der Gegenwart.

Schritt 4: Erzähle so eine Geschichte in einer ruhigen Atmosphäre und sorge vorher dafür, das es keine Störungen gibt. Oder vermittele die Metapher gleich in Form einer Fantasiereise. Dazu sollte sich dein Publikum am besten bequem hinlegen können, eine Decke zum Einkuscheln und ein Kopfkissen haben. Das Licht in dem Raum sollte nicht zu hell sein, aber es sollte auch keine Finsternis herrschen. Teile jedem mit, was passieren wird und welches Thema du gewählt hast. Die Augen während der Traumreise zu schließen, kann hilfreich für die Hinwendung der Aufmerksamkeit in die Innenwelt sein. Eine Geschichte wird besonders packend erzählt, wenn der Vortragende sie dabei in seiner Vorstellung miterlebt und sich selber mit in die Traumwelt begibt.

Wie Metaphern noch besser werden ...

Sammele erst mit einfachen Metaphern Erfahrungen und baue darauf auf, wenn du komplexere heilende Geschichten entwirfst. Hier ist noch ein weiteres Element für deinen Metapherbaukasten, das ihn noch effektiver machen kann und dir vielleicht einige Arbeit ersparen hilft.

Der New-Behaviour-Generator – eine ganz besondere Art, Träume zu nutzen

Der NBG ist eine Nachbildung – ein Modell, wie NLPler sagen – der Lernstrategie von Kindern. Ein als nützlich eingestuftes Verhalten anderer Menschen in der Realität, im Film, in der Literatur, aber auch von Comicfiguren wird genau beobachtet. Dieses Verhalten wird als Tagtraum oder/und im symbolischen Spiel assoziiert nachvollzogen und in die eigene Lebensgestaltung eingebaut. Wie geht das nun im Einzelnen?

Schritt 1: Überlege dir eine Situation, in der du gern ganz anders handeln können möchtest. Erlebe sie noch einmal als Fantasiereise, als Tagtraum, unter Einbeziehung der Wahrnehmung aller Sinne nach. Danach öffne die Augen wieder, atme ein paarmal tief durch und verändere deine Körperhaltung[27].

Schritt 2: Finde ein Modell, einen lebenden Menschen, eine Figur aus der Literatur oder im Film, der so handeln kann, wie du es gerne auch können willst. Sieh dir jetzt als Beobachter auf deiner inneren Kinoleinwand einige Situationen an, in denen dein Vorbild so handelt, wie du es gern lernen willst. Öffne wieder die Augen, geh ein paar Schritte umher, atme einige Male tief durch.

Schritt 3: Versetze dich wieder unter Einbeziehung aller fünf Sinneskanäle in einen Tagtraum und stell dir dabei vor, wie *du* alles tust, was dein Held vorher im Film getan hat. Aber in den gleichen Situationen. Wenn du dich dabei wohl fühlst, kann der nächste Schritt kommen. Wenn nicht, wähle ein anderes, passenderes Modell aus und gehe alle Schritte noch einmal durch.

Öffne wieder die Augen, schau dich um, atme tief durch und wechsle die Körperhaltung.

Schritt 4: Gehe wieder in einen Tagtraum und stell dir jetzt vor, dass du selbst so handelst wie dein Vorbild, aber in zukünftigen Situationen deines Lebens. Überlege auch, wo du noch auf die alte Weise handeln möchtest, und finde Kriterien für die Auswahl des jeweiligen Verhaltensmusters heraus. Wer muss was wie wo mit wem tun, damit du auf die alte Art oder auf eine neue handeln willst? Präge dir die jeweiligen entscheidenden Situationen ein, indem du sie in deiner Vorstellung mehrmals durchlebst, und gestatte dir, die Beteiligten jedesmal etwas anders handeln zu lassen, um zu testen, was du jetzt tun kannst, um

[27] Diese Handlungen nach einer Trance sollen dich stimmungsmäßig von der vorherigen Erfahrung lösen, damit du dich auf eine neue einlassen kannst. Vergleiche dazu auch die Erklärung des Separators in dem Kapitel über das Ankern.

zurechtzukommen. Zum Abschluss spanne alle Muskeln einige Male kurz an, atme tief durch, öffne deine Augen – und freue dich auf die nächsten Male, wo du deine neuen Möglichkeiten anwenden wirst.

Exkurs: Trance und Wachheit

Eine kurze Beschreibung verschiedener Bewusstseinszustände und ihrer besonderen Qualitäten

Als *Beta-Zustand* wird der Schwingungsbereich der Gehirnwellenaktivität von 40 Hertz bis etwa 14 Hertz[28] bezeichnet. In diesem Frequenzspektrum ist der Zustand des aktiven Wachbewusstseins angesiedelt; es geht hier um *Handeln* im weitesten Sinne. Zeit und Raum sind die wesentlichen Bezugssysteme. Die über die fünf Sinneskanäle von der Außenwelt[29] vermittelten Informationen sind sehr wichtig. Am oberen Ende dieses Bereiches – gegen 40 Hz – ist ein Mensch im Zustand der Panik, sehr gestresst und weit entfernt von einer Beurteilung seiner Situation mit »kühlem Kopf«. Wird häufiger oder längere Zeit im oberen Gebiet des Beta-Zustandes gelebt, bekommt der Körper Schwierigkeiten wegen Überstressung. So entwickeln sich zum Beispiel leicht nervöse Erschöpfungszustände, Magenentzündungen, Schwächung des Immunsystems, Verdauungsbeschwerden, Kreislaufprobleme, Schock sowie psychische Traumata, Schlafstörungen und andere geistig-emotionale Disharmonien durch Überlastung des Nervensystems. Das Gefühl der Trennung von der Welt, von der Eigenwahrnehmung des Körpers ist hier am größten. Der Geist bewegt sich von der Materie weg. Das Bewusstsein orientiert sich praktisch nur noch an der Außenwelt, weil es sich durch sie bedroht fühlt. Die Schamanen, die ich auch als Ur-NLPler betrachte, beschreiben dies mit den Worten: »Die Seele fühlt sich im Körper, in der Welt, in den Lebensumständen nicht mehr zu Hause.« Sie würden zur Heilung solcher Probleme auf »Soul Hunting«,

---

28 1 Hertz ist die Maßeinheit für eine Schwingung pro Sekunde.

29 »Außenwelt« heißt in diesem Zusammenhang alles, was der Geist nicht mit sich selbst identifiziert. Je höher die Frequenz, desto weniger wird dabei der Körper mit in die Wahrnehmung einbezogen, desto weniger wird die eigene Befindlichkeit und Reaktionsweise reflektiert.

sogenannte »Seelenjagd« gehen, um den geistigen Anteil, der sich ganz oder teilweise von dem ihm zugehörigen Körper zurückgezogen hat, wieder aufzuspüren und ihm dabei zu helfen, sich mit dem Körper aufs neue zu vereinen. Dann würden sie versuchen, ihren Klienten zu einer Änderung seiner Lebenssituation zu bewegen, damit seine Seele auch weiterhin Freude daran hat, in der materiellen Welt ihre Erfahrungen zu machen.

Am unteren Ende dieses Schwingungsbereiches – gegen 14 Hz – lässt sich entspannt leben und arbeiten, ohne dass Körper und Geist Schaden nehmen. Hier befindet sich ein Mensch schon in einem relativ ausgeglichenen Zustand, ist aber noch mit weiten Teilen seiner Aufmerksamkeit in der Außenwelt. Lust- und freudvolle Erwartungen sowie Erfahrungen ohne Gierelemente begünstigen diesen Schwingungsbereich. Gegen 13 Hz wird die Innenwelt, also Körperwahrnehmung, Träume und dergleichen, als genauso wichtig betrachtet wie die Vorgänge in der Außenwelt. Die Umwelt wird grundsätzlich emotional als angenehm und freundlich angesehen, der Körper geschätzt und in seinen Bedürfnissen berücksichtigt. Wer darauf achtet, den Alltag nicht nur äußerlich, sondern auch innerlich überwiegend in diesem Bereich zu durchleben, wird grundsätzlich belastbarer, kreativer, glücklicher und gesünder sein. Vielleicht nimmt bei Spitzenmanagern das Entspannungstraining deswegen heute einen so hohen Stellenwert bei ihrer Arbeitsvorbereitung ein. Echte feinstoffliche Energiearbeit ist erst ab etwa 15 Hz nach unten langsam möglich. Deswegen müssen Menschen, die Energiearbeit erlernen und ausüben wollen, zuerst mit ihren Ängsten harmonisch umgehen können und ihren Körper mit all seinen Bedürfnissen und Eigenheiten als gleichwertigen Bestandteil ihres menschlichen Seins akzeptieren. Dieser Zustand muss nicht immer vorherrschen, aber sozusagen »auf Abruf« für den Betreffenden verfügbar sein. Für das sogenannte »Pacing«, das Einlassen auf einen anderen Menschen, um zum Beispiel Wissen vermitteln oder NLP-Methoden anwenden zu können, ist er ebenfalls notwendig. Mehr darüber erfährst du in dem entsprechenden Kapitel.

Als *Alpha-Zustand* wird der Schwingungsbereich von 13 bis 8 Hertz bezeichnet. Die Hauptaktivität ist hier das Denken. Es ist auch die Schwingungsebene, in der die Außersinnliche Wahrnehmung (ASW) und die feinstoffliche Handlungsfähigkeit erwachen. Je weiter die Frequenz der Gehirnströme gegen 8 Hertz geht, desto weniger Zeitwahrnehmung hat der Betreffende. Unter 13 Hertz findet umfangreichere Entspannung in Körper, Geist und Seele statt. Gegen 8 Hertz wird ein Mensch schläfrig, das heißt, er driftet so weit in seine Innenwelt ab, dass der Kontakt zur Außenwelt und das zum Umgang mit ihr notwendige, strukturierte und folgerichtige Denken immer weniger Energie bekommen. Im Alpha-Zustand ist er bereits in einer leichten Trance. Das Autogene Training, Reiki und die Silva-Mind-Methode zum Beispiel nutzen den Alpha-Bereich auf vielerlei Weise zur Förderung der Gesundheit, des Persönlichkeitswachstums, für spirituelle Erfahrungen und zur Bewältigung von Lebensproblemen. Es ist ein leider häufiges Missverständnis, dass der Alpha-Zustand und Bereiche noch langsamerer Gehirnschwingungen *grundsätzlich* das Bewusstsein der Umwelt sowie schnelles, folgerichtiges Denken und Handeln ausschalten. Dieser Zusammenhang trifft nur auf untrainierte Menschen zu. Kampfsport-Meister beispielsweise nutzen diese tief entspannten Zustände, um unglaubliche Reaktionsgeschwindigkeiten, Kraftleistungen und körperliche Widerstandsfähigkeit zu erreichen. Künstler und andere Kreative arbeiten im wesentlichen im Alpha-Bereich. Schamanen, Qi-Gong-Meister und Yogis sind sogar im Theta- und Delta-Bereich, noch langsameren Schwingungszuständen des Gehirns, zu Kontakten mit der Außenwelt über ihre fünf Sinne, folgerichtigem Denken und Handeln[30] in der Lage, ja laufen sogar hier erst zu ihrer Spitzenform in Bezug auf Heilungskräfte, spirituelle Fähigkeiten und Energiearbeit im weitesten Sinne auf.

Wie kommen diese ungewöhnlichen Fähigkeiten zustande? Wenn ein Mensch verstanden und in seine Persönlichkeit integriert

[30] »Folgerichtig« wird allerdings hier im ganzheitlichen Sinne verstanden.

hat, dass er selbst und die Welt im Grunde ein und dasselbe sind, wenn er weiß, dass er nicht wirklich bedroht werden kann, weil Geburt und Tod nur eine Art Kleider- und Bühnenwechsel bedeuten und nicht ein wirkliches Ende der Existenz. Wenn er sich dessen bewusst ist, in allem immer nur wieder sich selbst zu begegnen. Mit einem Satz: Wenn er der letzten einen Wirklichkeit hinter den vielen Kulissen des Lebens nahe gekommen ist, dann gibt es keinen Unterschied in seinem Bewusstsein mehr zwischen seinem Geist und seinem Körper, zwischen seiner Innenwelt und der Außenwelt. Es gibt keine Unterschiede mehr zwischen Aktion und Reaktion, Denken und Fühlen, Bewegung und Stillstand.

Wenn sich dies alles etwas kompliziert für dich anhört ... nun, das ist es auch. Es ist nicht wirklich möglich, diese Art des Bewusstseins mit Worten zu beschreiben, weil viele Menschen keine oder nur wenige Vergleichserfahrungen dazu haben und so anhand ihrer Erinnerung den Inhalt der Beschreibung nicht zuordnen können. Vielleicht liest du aber zwischen den Zeilen heraus, um was es geht, und verstehst bestimmte Erlebnisse, die du vielleicht einmal gemacht hast, etwas besser. Grundsätzlich ist jeder Mensch dazu in der Lage, zumindest zeitweise einen Zustand relativ umfassender Einheit zu erfahren. Wird dieser Zustand auf Abruf verfügbar, lässt es sich wesentlich angenehmer leben. NLP kann dir auf diesem Weg einige wesentliche Hilfen geben. Schau dich dazu doch mal zum Beispiel in dem Kapitel über das Ankern um.

Als *Theta-Zustand* wird der Schwingungsbereich des Gehirns von etwa 7 bis 4 Hertz bezeichnet. Es ist die Ebene, in der Schlaf – gegen 7 Hertz – und Tiefschlaf – gegen 4 Hertz – stattfindet. Körper, Geist und Seele können sich hier umfangreich regenerieren. Je niedriger die Frequenz der Gehirnaktivität wird, desto mehr bewegt sich das individuelle Sein des Menschen an den Pol der Einheit heran. Je höher die Schwingungsrate, desto mehr befindet sich der Betreffende in der Nähe des Poles der Trennung vom Rest der Schöpfung und damit auch von der Schöpferkraft. Tiefe Entspannung verbindet mit dem Universum und mit der Quelle des Lebens, aus der alle Wesen ihre Kraft beziehen und aus der alles entstanden ist. Tiefe Entspannung im Bewusstsein der Einheit fördert die spirituelle Entwicklung und das eigenverantwortliche Zusammenwirken eines einzelnen Wesens mit der Schöpferkraft und ihren Plänen zum eigenen Wohl und dem aller Beteiligten.

Als *Delta-Zustand* wird der Bereich unter 4 Hertz bis 0,5 Hertz bezeichnet. Gegen 4 Hertz sind bestimmte Tiefschlafphasen angesiedelt. Je weiter es aber nach unten geht, desto kritischer wird der Zustand eines Menschen im Allgemeinen. Ein als unkontrollierte Reaktion auf äußere Umstände erreichter tiefer Delta-Zustand stellt ein Koma im medizinischen Sinne dar. Geht die Schwingung gegen 0,5 Hertz, wird aus medizinischer Sicht ein klinischer Tod diagnostiziert.

Spirituelle Meister, die sich in den oberen und tiefen Delta-Bereich versetzen und wieder heraus in Zustände schnellerer Gehirnaktivität bewegen können, verwenden diese Fähigkeit, um in tiefster Entspannung Samadhi, den Zustand der Einheit mit der gesamten Schöpfung, zu erfahren.

Kapitel 3

Die Sprache des Bewusstseins – das Metamodell

Wie im letzten Kapitel bereits erklärt, ist die Sprache der Träume zwar in vielen Zusammenhängen sehr nützlich, jedoch kann es Schwierigkeiten geben, wenn Traum und Wirklichkeit in entscheidenden Situationen verwechselt werden. Deswegen geht es in diesem Kapitel darum, *die Sprache des Bewusstseins*, ihre Möglichkeiten und Grenzen zu verstehen.

Was dir dieses Kapitel Nützliches bietet

Du kannst dir mit Hilfe der Sprache des Bewusstseins auf einfache Weise einen Zugang zur Wirklichkeit hinter dem Schleier der Illusionen, der Ängste und der Gier verschaffen. Dadurch, dass du zwischen Traumsprache und Bewusstseinssprache nach Belieben umschalten kannst, steigert sich deine Fähigkeit, andere wirklich zu verstehen und dich verständlich zu machen. Durch das Metamodell, wie die Sprache des Bewusstseins im NLP-Jargon genannt wird, kannst du herausfinden, wo genau die Wurzeln von Problemen liegen, warum Menschen unzufrieden sind und was ständige Missverständnisse zwischen Partnern, Freunden, Arbeitskollegen bewirkt. Und du bist in der Lage, das alles zu ändern! Planungen, Zielbeschreibungen, Arbeitsanweisungen – alles wird einfacher und praktischer durch die Verwendung der Möglichkeiten des Metamodells.
Zusammengefasst kann das Metamodell ...

- sprachlich vermittelte abstrakte Informationen wieder auf die dahinter liegenden konkreten Erfahrungen zurückführen,
- helfen, für spätere Handlungen wichtige genaue Informationen zu beschaffen,

- die Bedeutung von Worten klären und präzise Definitionen geben,
- begrenzende Vorstellungen im Welt- und Selbstbild eines Menschen identifizieren und flexibler gestalten,
- in Entscheidungssituationen für mehr und sinnvollere Wahlmöglichkeiten sorgen.

Wie die Sprache des Bewusstseins funktioniert

Im Grunde ist alles ganz einfach[31]. Kehre alles um, was du über die Sprache der Träume gelernt hast – dann hast du die Regeln, nach denen sich die Sprache des Bewusstseins aufbaut. Anstatt möglichst ungenau, bildhaft, symbolisch zu reden, möglichst viele Interpretationsmöglichkeiten offenzuhalten, benenne exakt, was du willst, oder verwende diese Strategie, um von einem anderen genau zu erfahren, was er will.
Die folgenden Fragewörter können dir dabei helfen:

1. wer ... (Menschen, Tiere, Pflanzen, anderes)
2. was ... (Handlungen, die die Beteiligten unter 1. ausführen, ausführten oder ausführen werden)
3. wo ... (Ort oder Orte der Handlungen)
4. wann ... (Zeit oder Zeiten, an denen die Handlungen der unter 1. genannten Akteure stattfanden, stattfinden oder in Zukunft stattfinden werden)

Die Sprache des Bewusstseins soll helfen, alle zur Beurteilung eines Sachverhalts nötigen Informationen ausschließlich aus einer Analyse der jeweiligen Vorgänge in der Realität zu beziehen, anstatt einen Teil der Informationen aus der Wirklichkeit zu nehmen und an diese Assoziationen und Erinnerungen aus der eigenen Innenwelt zu knüpfen und damit eine verzerrte Darstellung der Tatsachen zu bekommen.

[31] ... sagte er und hielt einen zweitägigen Vortrag, um die Voraussetzungen für das Erlernen der Grundlagen zu schaffen.

Ein Beispiel dazu ...

Du hörst im Bäckerladen das Gespräch zweier anderer Kunden teilweise mit. Es geht darum, dass Herr Meier seine Frau geschlagen hat. Du kennst Herrn Meier, der bei dir gegenüber wohnt, vom Sehen und denkst: »Na ja, ein bisschen brutal sah der ja immer schon aus. Zu was Männer so fähig sind. Den verurteilt natürlich wieder keiner. Ist ja klar. Eigentlich sollte dem mal jemand richtig die Meinung sagen!« Im Rausgehen hörst du dann noch den Satz: »Na ja, aber das war auch mal Zeit nach den vielen Tennistrainingsstunden, die er genommen hat. Da musste er ja mal irgendwann ein passabler Spieler werden.«

Alles klar?!

Die größten Fehler bei der Anwendung des Metamodells und wie du sie vermeiden kannst

Es gibt drei große Fettnäpfchen, die du bei der Anwendung des Metamodells dringend im Auge behalten solltest und die du durch die Anwendung der vier oben besprochenen Fragewörter – wer, was, wann, wo – vermeiden kannst. Immer, wenn die Frage »Was meinst du damit genau?« nötig ist, weil du dir sonst viele Informationen durch Vermutungen, Füllen mit eigenen Erfahrungen und Assoziationen, Nachdenken, Reinspüren und dergleichen besorgen müsstest, ist mindestens einer der drei Fehler, die im folgenden Text besprochen sind, aufgetreten. Wenn es wichtig ist, um bestimmte Ziele zu erreichen und nicht nur schön zu träumen, achte auch auf die Anwendung der Sprache des Bewusstseins bei Hypnosewörtern, die in der Kommunikation bestimmter Kreise »selbstverständlich« gebraucht werden, wie »Liebe«, »Licht«, »Energie«, »Schwingung«, »Blockade«, »Entwicklung«.
Die drei Fehler sind ...

1. Fehlen von Informationen, die zum Verständnis einer Erfahrung notwendig sind. → Dieses Problem lässt sich durch Nachfragen – wer, was, wann, wo – lösen.

2. Einschränkungen im Welt-Modell, durch
   a. Verallgemeinerungen (Universalquantoren) und
   b. eingeschränkte Wahlmöglichkeiten.
   → Hier hilft bei a. Die Lenkung der Aufmerksamkeit auf noch nicht beachtete, ergänzende Erfahrungen, die die Landkarte der Realität höher auflösend[32] und größer gestalten. Damit entwickelt sich auch das Bewusstsein.
   Bei b. ist es wichtig, die tatsächliche Notwendigkeit eines Verhaltens zu überprüfen. Wird in diesem »Als-ob-Rahmen«, wie diese Vorgehensweise auch genannt wird, realistisch eine Reihe von bisher noch nicht in Erwägung gezogenen Handlungsalternativen gedanklich durchgespielt, wächst die Bereitschaft, neue Wege, die sich auf diese Art als möglich und sinnvoll herausgestellt haben, auszuprobieren. Viele Spitzensportler, Künstler, Manager und Politiker nutzen heute diese Technik, um sicherer und flexibler mit ihren täglichen Anforderungen umgehen zu können.

3. Eingeschränkte Erfahrungsfähigkeit (Semantische Fehlgeformtheit), dass heißt einseitige und oft unzusammenhängende Deutungsweisen von Wahrnehmungen, die einen lebendigen Umgang mit der Wirklichkeit verhindern.
   → Hierbei ist es notwendig, durch Logik, Vergleich mit abweichenden Interpretationen und praktische Überprüfung der Deutungen das starre Verhalten wieder realistischer und vielseitiger zu gestalten.

Diese drei Überbegriffe lassen sich noch weiter aufschlüsseln. Zum Verständnis des folgenden Abschnitts: Die Punkte »Beispiele« und »Klärende Fragen« beziehen sich auf die Verwendung der Sprache des Bewusstseins als Möglichkeit, die Realität differenzierter zu verstehen, also Bewusstsein zu schaffen. Der Punkt »Wofür es im Alltag gut sein kann« bezieht sich auf Situationen, in denen es nicht nötig oder sogar hinderlich für eine Verständigung ist, wenn durch die obengenannten »Klärenden Fragen« versucht würde, Einzelheiten herauszuarbeiten.

---

[32] Als Beispiel: aus 1 000 Metern Entfernung sehen alle Menschen gleich aus, aus einem Meter Abstand sind die individuellen Unterschiede leicht feststellbar.

1 **Fehlen von Informationen**

1.1 Einfaches Fehlen von Informationen

Beispiele: Er ist der Beste. Mir ist viel bewusst geworden. Ich habe Angst.

Klärende Fragen: Wovor genau hast du Angst. Was siehst, hörst, fühlst, riechst, schmeckst du, wenn du diese Angst bekommst?

Wofür es im Alltag gut sein kann: Das Fehlen von Informationen in der sprachlichen Verständigung ist nur dann problematisch, wenn die fehlende Information dem Empfänger nicht bekannt ist oder auch dem Sender eigentlich nicht klar ist, was er genau mitteilen will. Wenn beide bestimmte Informationen verfügbar haben, wäre es sehr umständlich, zeitraubend und wenig unterhaltsam, das Bekannte noch ständig mit in die Kommunikation einzubauen. Eine Tilgung kann also auch sehr nützlich sein.

1.2 Fehlender Bezug

Beispiele: *Man* sollte *das* nicht tun! *Es* ist nicht gut! *Niemand* mag mich.

Klärende Fragen: Wirklich niemand? Welche konkreten Erfahrungen hast du gemacht, aus denen du das schließt? Was müsste passieren, damit du weißt, dass jemand dich mag? Wer genau mag dich nicht?

Wofür es im Alltag gut sein kann: Auch hier kann es die Verständigung erleichtern, wenn allen Beteiligten die nicht in die Kommunikation einbezogenen Informationen bekannt und bewusst verfügbar sind.

1.3 Tätigkeitsworte, die einen Vorgang ungenau beschreiben

Beispiele: Ich *empfinde* dadurch viel. Das hat mich tief *berührt.* Ich *nehme* viele Energien *wahr.*

Klärende Fragen: Was passiert genau im Bereich des Sehens, Hörens, Fühlens, Schmeckens, Riechens, wenn du diese Energien wahrnimmst.

Wofür es im Alltag gut sein kann: Bewirkt ebenfalls eine gestraffte Kommunikation unter den genannten Voraussetzungen. Über objektiv Unwichtiges muss nicht ausführlich nachgedacht werden.

1.4 Eingefrorene Prozesse/Hauptworte, die etwas bezeichnen, was sich nicht in eine Schubkarre packen lässt (Nominalisierungen)
Beispiele: *Liebe* ist sehr wichtig für mich! Ich habe damit *Probleme.* Ich wünsche mir eine *Beziehung.*
Klärende Fragen: Mit wem möchtest du eine Beziehung? Was wünschst du dir an konkreten Erfahrungen in dieser Beziehung? Zu welchen Zeiten möchtest du diese Beziehung leben?
Wofür es im Alltag gut sein kann: Gestraffte Verständigung und über objektiv Unwichtiges nicht lange nachdenken müssen.

2 Einschränkungen im Welt-Modell

2.1 Verallgemeinerungen (Universalquantoren)
Beispiele: Die Jugend ist heute degeneriert. Nie hilfst du mir. Jeder weiß das.
Klärende Fragen: Hast du ausnahmslos die Erfahrung gemacht, dass jeder Mensch, den du danach gefragt hast, es wusste? Welche Menschen, in welchem Alter hast du kennengelernt, die du als degeneriert eingestuft hast? Wie muss sich jemand verhalten, den du als degeneriert bezeichnest?
Wofür es im Alltag gut sein kann: Verallgemeinerung hilft Menschen, aus einzelnen Erfahrungen Anwendungen in anderen Situationen zu schaffen. Wenn jemand gelernt hat, dass eine Lampe über einen Schalter zum Glühen gebracht werden kann, verallgemeinert er diese Lernerfahrung und ist dadurch in der Lage, andere Lampen mit anders aussehenden Schaltern ein- und auszuknipsen. Eine nützliche Verallgemeinerung ist es auch, wenn du mal ein bestimmtes Raubtier näher kennengelernt hast und feststelltest, dass sein mächtiges Gebiss ein wesentliches Werkzeug für es ist. In Zukunft kannst du deine Überlebensfähigkeit deutlich steigern, wenn du dich gegenüber allen Tieren mit mächtigen Gebissen sehr vorsichtig verhältst. Denn wer ähnliche Werkzeuge hat, nutzt sie mit einiger Wahrscheinlichkeit auch ähnlich. Außerdem kann es nützlich sein, über wirklich Unwichtiges nicht mit viel kraftverbrauchender Genauigkeit nachdenken und reden zu müssen.

2.2 Scheinbare Notwendigkeit

Beispiele: Es ist wichtig, sich anständig anzuziehen. Ich kann mit dieser Arbeit nicht aufhören. Ich muss diese Ehe weiter führen!

Klärende Fragen: Was würde tatsächlich passieren, wenn du anders handelst?

Wofür es im Alltag gut sein kann: Tragfähige Lebensstruktur (Moral; Ethik; Werte und Normen) schaffen, damit die Orientierung bei Entscheidungen im Sinne der Gruppenregeln vorgenommen wird und die Menschen in der Umgebung nicht gegen die Handlung oder die Person opponieren. Wenn die anderen aber wesentlich flexibler sind, als angenommen wird, keine objektiven Sachzwänge für bestimmte Entscheidungen bestehen oder das soziale Umfeld mit Gewinn ganz oder teilweise ausgetauscht werden kann (neuer Freundeskreis, anderer Arbeitsplatz, Wahlfamilie statt Pflichtfamilie), gibt es keine Gründe für diese »Verhaltenszwangsjacke«.

3 Eingeschränkte Erfahrungsfähigkeit/ Semantische Fehlgeformtheiten

3.1 Unrealistische Verknüpfung von Ursache und Wirkung

Beispiele: Ich bin total verzweifelt, weil er mich verlassen will. Dein Verhalten macht mich nervös.

Klärende Fragen: Was passiert im Einzelnen in dir, wenn du daran denkst, dass er dich verlässt? Was genau tue ich, das dich ärgert?

Wofür es im Alltag gut sein kann: Wirkungszusammenhänge zwischen Außenwelt und Innenwelt in die Planung der eigenen Aktivitäten einbeziehen. Wenn ich weiß, dass mich jemand wirklich durch ein bestimmtes Verhalten in einen Stresszustand bringt, kann ich ihm aus dem Weg gehen oder ihn bitten, dieses Verhalten wegzulassen, bis ich gelernt habe, damit umzugehen.

3.2 Gedankenlesen

Beispiele: Der macht das nur, um mich zu ärgern! Er weiß genau, was ich fühle. Er denkt einfach nicht an mich.

Klärende Fragen: Woher weißt du, dass er so handelt, um dich zu ärgern? Aus welchen Sinneswahrnehmungen schließt du, dass er weiß, was du fühlst?

Wofür es im Alltag gut sein kann: Andere dazu bringen, ihre Handlungen zu erklären oder sich Gefühlsenergien verschaffen, um handeln zu können. Manchmal beruhen diese Statements auf realen Erfahrungen und eignen sich dazu, Handlungen besser planen zu können. Außerdem können so manchmal aus real zu wenig Informationen Handlungsdirektiven abgeleitet werden, die sinnvolle Ergebnisse bringen.

3.3 Verallgemeinerte Urteile

Beispiele: Wer nicht so wie ich denkt, denkt falsch! Es ist nicht gut, auf andere angewiesen zu sein.

Klärende Fragen: Was kann jemand, der anders denkt als du, praktisch nicht tun, was du an seiner Stellen tun könntest? Welche praktischen Auswirkungen hätte es für jemanden, wenn er nicht so denkt wie du? Was genau meinst du mit falsch? Welche Situationen meinst du genau, und was bewirkt deine Art zu denken und zu handeln in diesen Situationen konkret? Für wen ist es unter welchen Umständen nicht gut, auf andere angewiesen zu sein?

Wofür es im Alltag gut sein kann: Aufstellen von allgemeinen Werten und Normen, die die Handlungen der Mitglieder einer Gruppe für alle in Bezug auf ihre Bedürfnisbefriedigung in akzeptable Strukturen einbinden. Ein Beispiel dafür sind die Verkehrsregeln. Auch diese Verhaltensweise kann genutzt werden, um aus im Grunde zu wenig Informationen funktionierende Handlungs- und Bewertungsdirektiven ableiten zu können. Verschwommene Bilder werden mit dieser Fähigkeit und einigen anderen in diesem Zusammenhang beschriebenen im Geist vervollständigt, um ihren Inhalt verstehen zu können. Jeder Unternehmer braucht diese Techniken, um Entscheidungen treffen zu können, für die in der Praxis nur selten ausreichend Informationen als Entscheidungsgrundlage vorhanden sind.

Noch eine Hürde ...

Ein weiterer häufig auftauchender Fehler bei dem sinnvollen Gebrauch der Sprache des Bewusstseins ist die Inkonsequenz. »Ich weiß aber nicht mehr! Ich will Liebe, reicht das denn nicht?! Das muss doch jeder normale Mensch verstehen!!« kommt dann zum Beispiel. Und wie du beim Lesen dieses Kapitels gemerkt hast, reicht es eben durchaus nicht, wenn bestimmte konkrete Probleme gelöst werden sollen, sich allein über die Sprache der Träume verständigen zu wollen. Jeder versteht unter Liebe etwas anderes, und jemand, der von seinen Mitmenschen »Liebe« will, muss schon genau beschreiben, was er damit meint – siehe die Fragen zu Beginn dieses Kapitels –, sonst sind die anderen überfordert. Wer selbst nicht weiß (nicht wissen will), was ihm eigentlich wichtig ist, wird auch selten etwas für ihn Passendes bekommen. Und selbst wenn es ihm über den Weg läuft, wird er das Ersehnte nicht erkennen. Gib dich deswegen nie mit oberflächlichen Antworten zufrieden, wenn es wichtig für den Erfolg ist, genau herauszubekommen, um was es geht. Erkläre Menschen, die lieber in der Traumwelt als auf der Erde sind, diese Zusammenhänge. Gib ihnen dieses und das letzte Kapitel zu lesen und sprich mit ihnen darüber. Mache mit ihnen die Übungen am Ende dieses Kapitels und diskutiere sie. Frage, ob sie auf die alte Weise nachhaltig Befriedigung im Leben gefunden haben. Wenn nicht, sollten sie etwas Neues ausprobieren. Vielleicht das Metamodell?!

Reaktionen auf die Suche nach der Wirklichkeit

Bei der Anwendung des Metamodells solltest du beachten, dass die meisten Leute[33] nicht sehr viel Spaß an deinen bohrenden Fragen (siehe oben) haben werden und unter Umständen recht gereizt reagieren. Die Sprache der Träume ist da schon wesentlich beliebter ...

Mach aus der Benutzung der Sprache des Bewusstseins keine Ideologie und schon gar keine Inquisition. Verwende sie, wenn es nötig ist, im

[33] Schon wieder so eine blöde Verallgemeinerung!

Dies ist kein Wort auch
kein Begriff. Trinken kannst
Du auch nicht daraus.
Was ist <u>dies</u>?

Rahmen der zu klärenden Themen – sonst nicht! – und bei den Menschen, die offen für neue Perspektiven sind[34]. Sind die präzisen Fragen nötig, kläre den so Interviewten über Sinn und Zweck der Sache auf, damit er sich nicht querstellt, sondern mit bei der Hebung des Schatzes der Wahrheit hilft. Außerdem lassen sich sogenannte »Entschärfer« für die Fragerei verwenden: »Ich bin neugierig, was du genau erlebt hast!«, »Mensch, das ist ja toll, erzähl doch mal näher!«, »Meinst du das so und so oder wie sonst?«, »Einzelheiten, ich will Einzelheiten!« sind einige bewährte Möglichkeiten, das Metamodell auf menschlich-verträgliche Weise anzuwenden.

Die Sprache des Bewusstseins in deinem Leben

Zum Schluss noch eine nette kleine Übung, die dein Leben umkrempeln kann, wenn du sie ernst nimmst. Ich habe im folgenden Text zentrale Begriffe, um die die Lebensgestaltung vieler Menschen kreist, aufgeführt. Sie stammen samt und sonders – wen wundert's – aus der Sprache der Träume. Zu Anfang habe ich einige Beispiele beigefügt, um dir das Prinzip des Metamodells noch einmal zu demonstrieren. Viele andere Verwirklichungen sind natürlich ebenfalls denkbar. Lies dir das Ganze in Ruhe durch und schreibe dann hinter jeden Begriff eine den Regeln des Metamodells entsprechende konkrete Ausdeutung, die dir entspricht. Achte dabei auf die Vermeidung der drei großen Fehler (siehe oben) bei der Anwendung der Sprache des Bewusstseins. So kannst du dir sehr schnell darüber klar werden, was du *wirklich* von deinem Leben und deinen Mitmenschen erwartest und was *tatsächlich* mit dir und um dich herum passiert. Mit der Zeit werden dir weitere für dich sinnvolle Konkretisierungen dazu einfallen, und das ist auch gut so. Auf diese Art und Weise schaffst du dir mehr bewusste Wahlmöglichkeiten. Das heißt, wenn dir die eine konkrete Befriedigung nicht möglich ist, nimmst du eben eine andere zur Zeit machbare. So wird dein Leben

[34] Die Konsumenten einer bestimmten Zigarettenmarke meine ich damit nicht generell.

insgesamt wesentlich angenehmer. Sollten in deiner Umgebung einige Leute vor Neid erblassen, weil du plötzlich weißt, was du willst, und es dir auch noch verschaffst, kannst du ihnen ja ein Paar Tips geben ...

Achtung: Um genauere Beschreibungen erstellen zu können, verwende auch die Kenntnisse aus dem nächsten Kapitel über Submodalitäten.

Liebe

Beispiel: Jemand fühlt sich geliebt, wenn er unerwartet ein Geschenk (welche Art von Geschenk, wie wertvoll und auf welche Weise verpackt?) bekommt, ihm bei der Übergabe zärtlich in die Augen[35] geschaut wird und er hört, wie der andere mit warmer Stimme[36] sagt: »Dies ist für dich, weil ich dich liebe!« Er muss dabei an mindestens einer Körperstelle (welche genau? Oder ist es wirklich egal, wo?) sanft[37] berührt werden.

Ich fühle mich geborgen, wenn ...

Beispiel: Jemand fühlt sich geborgen, wenn er in einem 38 °C warmen Fichtennadelschaumbad (welcher Duft genau? Duft ausprobieren! Wieviel Schaum?) liegt und bis zum Hals im Wasser ist. Die Badezimmertür muss geschlossen sein, das Lied »Silent night, holy night ...« muss erklingen und mindestens eine weiße Kerze auf einem mit Blumen verzierten Keramikfuß (wie geformt? welche Farben?) brennen.

Ich fühle mich mächtig, wenn ...

Beispiel: Jemand empfindet Macht, wenn er spürt, dass sein Auto (welches Modell, wie genau aussehend?) auf die Betätigung des Gaspedals reagiert (wie reagiert es genau? Beschreiben oder dem, der so handeln oder die Aussage verstehen soll, demonstrieren!) und rasant (wie stark

---

[35] Was in diesem Fall unter »zärtlich« verstanden wird, muss dem, der der so handeln oder die Aussage verstehen soll, demonstriert werden!

[36] Was unter »warmer Stimme« zu verstehen ist, muss vorher dem, der so handeln oder die Aussage verstehen soll, demonstriert werden!

[37] Was »sanft« im Einzelfall bedeutet, wird durch Berührungsbeispiel vorher dem, der so handeln oder die Aussage verstehen soll, demonstriert.

genau? Vorführen!) beschleunigt. Dabei muss eine bestimmte Musik (welche?) in einer bestimmten Lautstärke (welche? Vorführen!) über die Stereoanlage (wie muss die Klangqualität sein?) des Wagens abgespielt werden.

Ich bin glücklich, wenn ...
Ich weiß, dass ich Erfolg habe, wenn ...
Ich spüre Befriedigung, wenn ...
Ich empfinde Zärtlichkeit, wenn ...
Entwicklung meines Bewusstsein ist für mich, wenn...
Ich habe Angst, wenn ...
Ich gerate in Panik, wenn ...
Ich fühle mich unsicher, wenn ...
Ich spüre Kraft, wenn ...
Ich habe Vertrauen, wenn ...
Wachstum ist für mich, wenn ...

Kapitel 4

Submodalitäten – die Sprache der feinen Unterschiede

In diesem Kapitel geht es um die Erweiterung und Vertiefung der Wahrnehmung durch genauere Beschreibung der Informationen, die du über die fünf Sinne – Sehen, Hören, Fühlen, Riechen, Schmecken – erhältst. Das abstrakte Wort »Submodalitäten« steht für die feinen Unterschiede in der Wahrnehmung. Ein Beispiel dazu: In dem Sinneskanal »Hören« nimmst du einen Ton wahr – eine mögliche Submodalität dieser Wahrnehmung ist, dass der Ton *schrill* ist.

Was dieses Kapitel dir Nützliches bieten kann

Durch die Vertiefung und Erweiterung deiner Wahrnehmung können deine Lebensqualität, deine Genussfähigkeit, deine Beobachtungsgabe und Sprachfähigkeit enorm gesteigert werden. Dichter nutzen seit Anbeginn der Menschheit Submodalitäten für lebendige, spannende Schilderungen. »Wind« sagt nicht viel aus. »Schneidend kalter, heulender Nordwind, der das braune, fleckige Herbstlaub von den Bäumen schüttelt.« schon mehr. Je mehr du es verstehst, deine sinnlichen Eindrücke in ihren unterschiedlichen Qualitäten zu beschreiben, desto interessanter und vielschichtiger wird die Welt für dich. Künstler müssen zu Beginn ihrer Ausbildung lernen, ihre Wahrnehmungen zu differenzieren. Denn diese Fähigkeit ist ihr Arbeitsmaterial.

Im NLP sind die Submodalitäten für beinahe alle Techniken wichtig. Zum Beispiel weil sich mit der systematischen Veränderung einzelner Feinunterscheidungen die subjektive Wertung ganzer Erinnerungs- oder Erfahrungsbereiche ändern lässt. Etwa von frustrierend zu aufheiternd oder zu gefühlsmäßig neutral. Zur Beschreibung der Wünsche eines Menschen sind die Submodalitäten der sinnlichen Wahrnehmung unbedingt notwendig. Sie präzisieren ein Ziel und stecken den Weg

„Was findest du so doll an ihr?"

dahin deutlich ab. Nur wer genau mitteilen kann, was er will und was nicht, hat eine gute Chance, es auch zu bekommen und zu merken, wenn es für ihn zur Verfügung steht. Wenn du den Geschmack deiner Lieblingserdbeeren eindeutig beschreiben kannst, wird dein Obsthändler sie für dich auftreiben können. Teilst du ihm einfach nur mit, du würdest gern leckere Erdbeeren haben, kann er wahrscheinlich nicht nachvollziehen, welche du genau meinst, und wird dir mit einiger Wahrscheinlichkeit Sorten präsentieren, die du weniger magst.

Die Praxis der Submodalitäten

Damit du dich auf praktische Art mit diesen Feinunterscheidungen innerhalb der großen fünf Wahrnehmungsbereiche näher anfreunden kannst, habe ich in den folgenden Listen eine Menge davon zusammengestellt. Schau dir alles in Ruhe an und überprüfe dann doch mal den Umfang deines Wortschatzes zur Beschreibung der Welt. Wieviele Möglichkeiten hast du zur Verfügung, um Geschmackserlebnisse, die Wahrnehmung von Düften oder körperliche Empfindungen zu beschreiben? Wie kannst du in Zukunft Gehörtes und Gesehenes mit deinem neuen Wissen noch mehr der wirklichen Erfahrung entsprechend sprachlich beschreiben? Probiere es aus! Schreibe kleine Texte. Erst ohne Submodalitäten. Dann zum selben Thema noch einmal mit mehr Feinunterscheidungen. Lass beide auf dich wirken. Welche Version fühlt sich lebensechter an? Welche löst mehr Gefühle in dir aus? Welche von beiden passt zu welchen Situationen in deinem Leben? Würdest du in der Unterhaltung mit deinen Arbeitskollegen gern viele Submodalitäten gebrauchen oder lieber die einfachere, oberflächlichere Form verwenden und warum? Wie ist es in romantischen Stimmungen mit deinem Partner? Wie sieht es bei Arbeitsanweisungen für andere aus? Sollten hier vielleicht eher möglichst genaue Angaben gemacht werden und warum?

Verwende die Beispiele aus den folgenden Listen auch für die Übungen am Ende von Kapitel 3 über das Metamodell – der Sprache des Bewusstseins. Sie werden dadurch wesentlich erleichtert. Auch in weiteren Abschnitten dieses Buches werde ich immer wieder auf das Wissen über die Submodalitäten zurückgreifen.

Liste der Submodalitäten

Die folgenden Feinunterscheidungen zu den sinnlichen Wahrnehmungen sind in der Praxis häufig völlig ausreichend. Es ist aber nur eine Auswahl. Fühle dich also frei, die Listen jederzeit zu erweitern und an deine Erfordernisse anzupassen. Je mehr du dies tust, desto besser und erfolgreicher wird deine Arbeit mit den Submodalitäten sein. Die Reihenfolge in der Liste ist willkürlich und nicht nach Wichtigkeit sortiert.

Sehen

Größe (klein, groß, unnatürlich groß – Maus in der Größe eines Pferdes – oder klein – Pferd in der Größe einer Maus)

Helligkeit (hell, dunkel)

farbig (wenn ja, welche Farben; leuchtend oder matt; durchscheinend oder deckend; natürlich/unnatürlich – gelbe Bananen sind natürlich, violette sind unnatürlich; Farbverläufe/konstante Farben; Farbwechsel/gleichbleibende Farben)

schwarz/weiß (gibt es auch grau oder Schwarz-Weiß-Verläufe?)

Positionen der Objekte im Raum (Entfernung vom Betrachter und zwischen den einzelnen Objekten)

Kontrast (sind die hell/dunkel-Unterschiede stark oder schwach? Wie ist es in dieser Hinsicht mit den Farben?)

Schärfe (klare Konturen oder verwaschene?)

Standbild oder Handlungsfolge (Dia oder Film)

Geschwindigkeit (natürlich/schneller/langsamer)

Richtung der Bewegungen: zweidimensional (flächig) oder dreidimensional (räumlich)

Oberflächenbeschaffenheit der Objekte (glatt; rau; Muster (welche?))

Perspektive des Betrachters

kleines Bild/großes Bild

gekippt/gedreht

Form des Bildumrisses

umrandet/freistehend

Symmetrie der Proportionen

Lichteinfall (wo sind die Schatten, wo die am besten ausgeleuchteten Bereiche?)

grobkörnig/feinkörnig (Auflösung)

Betrachter sieht sich selbst im Bild/nicht im Bild glitzernd/stumpf

Hören

Tonhöhe

Tonart (Dur/Moll)

Tempo

Lautstärke

Position der Klangquelle im Raum (rechts, links, hinten, vorn, oben, unten, nah oder entfernt) Vordergrund/Hintergrund

rhythmisch oder unrhythmisch (wenn es einen Rhythmus gibt – welchen?)

durchgehender oder unterbrochener Ton/Klang

Worte, Musik, Geräusche oder Stille

Dauer der Wahrnehmung

stereo/mono

klar unterscheidbare Töne (zum Beispiel eine Stimme) oder ineinander übergehende Töne (Gemurmel einer Menschenmasse)

Anzahl der Tonquellen – bleibt die Anzahl gleich oder ändert sie sich?

harmonisch/disharmonisch

natürliche/unnatürliche Töne

mit Hall/ohne Hall (oder Echo)

Klangfarbe (schrill/dumpf)

harte oder weiche Töne

Fühlen/körperliche Wahrnehmungen

Temperatur (heiß, kalt, wechselnde Temperatur)

Druck (Stärke, gleichbleibend, wechselnd)

Ort und Ausdehnung der Wahrnehmung (z. B. Fingerspitze oder ganze Hand oder wechselnd)

Anzahl der Wahrnehmungen

Bewegung (woher, wohin und auf welchem Weg?)

Stärke der Wahrnehmung (intensiv oder schwach?)

Oberfläche (weich, hart, seidig, haarig, rau, glatt, klebrig, feucht, trocken, spitz, stumpf, Muster (welches Muster? Tiefe oder flache Konturen)

Dauer (wie lange?)

einmal oder wiederholt (wie oft? In welchen Abständen?)

rhythmisch/unrhythmisch (wenn rhythmisch: welcher Rhythmus?)

Geschwindigkeit (schnell, langsam)

prickelnd vibrierend

Die Feinunterscheidungen der beiden Sinne »Riechen« und »Schmecken« sind sich sehr ähnlich. Das ergibt sich unter anderem aus der Tatsache, dass beide Wahrnehmungskanäle zum Teil die gleichen Nerven benutzen. Trotzdem ist es schon etwas anderes, einen Salat zu riechen oder ihn zu schmecken – was meinst du? Außerdem vermischen sich Geruchs- und Geschmackserlebnisse (vor allem letztere!) mit körperlichen Wahrnehmungen und ergeben oft erst in der Gesamtheit »Geruch-Geschmack-Körperempfindung« eine lebensechte Erfahrung. Erinnere dich zum Beispiel an dein letztes Essen. Wie du es gerochen hast, wie es sich im Mund anfühlte und welchen Geschmack es hatte.

Riechen und Schmecken

süß

sauer

salzig

bitter

scharf

fruchtig

blumig

erdig

aromatisch

frisch

verbrannt

muffig

stechend

metallisch

nussig

würzig/fade

verschiedene Aromen/ein Aroma

Stärke der Wahrnehmung

Dauer der Wahrnehmung

Nachhaltigkeit der Wahrnehmung

Erstgeschmack

Hauptgeschmack

Nachgeschmack

Kapitel 5

Wohlgeformte Zielbestimmung

In dem vorausgegangenen Teil des Buches hast du dir das nötige Handwerkszeug verschafft – hoffe ich jedenfalls –, um jetzt in eine entscheidende NLP-Methode eingeweiht werden zu können. Es dreht sich darum herauszufinden, was du wirklich willst, ob es wirklich für dich gut ist, wenn du es kriegst, und wie du es am einfachsten bekommst.

»Wir wissen zwar nicht, wo es lang geht, aber dafür bewegen wir uns mit Höchstgeschwindigkeit!" *(Dussel Duck, Entenhausen 1982)*

Um eine solche Geschichte zu vermeiden, bedarf es der Planung, der Zielbestimmung. Falls du esoterisch vorbelastet bist, könnte ich mir vorstellen, dass dir jetzt im Kopf herumgeht:

»Der Weg ist das Ziel.«

Damit hast du auch vollkommen Recht. Zielplanung auf NLP-Art berücksichtigt diese Maxime auf geradezu geniale Weise. Bevor du dich näher mit der Konkretisierung eines Ziels auseinandersetzt, geht es nämlich erst einmal um die Frage:

Was ist dein Metaziel?[38] Wofür soll es gut sein, wenn du bekommen hast, was du willst?

An einem Beispiel wird diese Frage sicher verständlicher. Angenommen, dich gelüstet es (insgeheim) nach einem roten Porsche – so etwas soll es ja selbst in alternativen Kreisen geben. Und jetzt überlegst du, wie sich wohl das nötige Kleingeld für den Kauf und die Unterhaltung des Wagens beschaffen ließe. Aber lassen wir diesen Kleinkram jetzt erst einmal beiseite und kümmern uns um die Herausarbeitung deines diesbezüglichen Metaziels. Angenommen, du hättest den Wagen und das nötige Geld für seinen Unterhalt schon, wofür wäre er gut, was würde er dir an Möglichkeiten verschaffen, die du vorher noch nicht hattest? Nun vielleicht meinst du, dass du dann attraktiver für gewisse Vertreter

---

[38] NLP-Ausdruck für »übergeordnetes Ziel«.

wohlgeformte Zielbestimmung.

des anderen Geschlechts wärst und endlich mit dem glitzernden Angelhaken »roter Porsche« zu einem passenden, tollen Partner kommen könntest. Okay, und nun stell dir mal vor, du hättest jetzt diesen Traumpartner bereits, wofür wäre er gut, welche Möglichkeiten hättest du mit ihm, die du vorher nicht hattest? Unter Umständen hast du den Gewinn daraus, dass andere Menschen jetzt mehr als vorher auf dich aufmerksam werden und dich wegen deines tollen Partners bewundern. Und nun mal angenommen, sie bewundern dich dann sehr und ständig – du ahnst es sicher schon – was gibt dir das, was du vorher noch nicht hattest? Welche neuen Möglichkeiten erschließen sich dir so? Vielleicht spürst du dann über diese Rückmeldung endlich dich selbst und bekommst ein Gefühl von Persönlichkeit, Individualität. Nun, angenommen, dies wäre das Ergebnis einer sogenannten *Outcome-Analyse*, also dem Ablauf, den wir jetzt gerade durchexerziert haben, könntest du dir dann nicht den Umweg über Porsche und Partner zum Vorzeigen sparen und gleich zu lernen beginnen, dass du ein wichtiger, liebenswerter und einzigartiger Mensch bist? NLP-Methoden könnten dabei helfen.

So eine Outcome-Analyse lohnt sich eigentlich immer, bevor ein größeres Projekt in Angriff genommen wird. Denn oft lässt sich das hintergründige, zu Beginn der Analyse noch unbewusste Ziel, das hinter dem oberflächlich bewussten verfolgt wird, wesentlich einfacher erreichen. Menschen, die unbedingt große Reisen machen wollen, vom gigantischen Lottogewinn träumen oder auf den tollen beruflichen Erfolg fixiert sind und deswegen große Anstrengungen unternehmen, könnten mit ein wenig Planung das, was sie wirklich wollen, mit viel weniger Aufwand und Zeit erreichen. Häufig wird so überhaupt erst ein Weiterkommen möglich. Denn auf einen Lottogewinn kann man mitunter recht lange warten ...

Die Kriterien der wohlgeformten Zielbestimmung

Wie geht es aber nun weiter, wenn eine Outcome-Analyse gezeigt hat, dass sich die Verwirklichung deines Ziels für dich lohnt? Dafür gibt es einen im Prinzip bei allen zu bearbeitenden Themen gleichen Ablauf zur Bestimmung deines Ziels und eines realistischen, effektiven Weges zu ihm. Und der geht so ...

1. Beschreibung des Ziels
   - Es sollte in positiven Begriffen ausgedrückt werden, also ohne Verneinungen und Vergleiche. »Ich will nicht mehr Rauchen!« funktioniert nicht. Ebensowenig »Ich will besser werden als ...!« Überlege dir also genau, was du willst, anstatt dich selbst damit auszutricksen, ständig darüber nachzudenken, was du nicht willst. Erst auf diese Weise wird Energie in eine neue Verhaltensweise gelenkt. Bei verneinenden Zielformulierungen bleibt die Kraft in dem Problemfeld gebunden. Ein Bach, der nach der Devise handelt »Ich will nicht auf diesen Berg fließen!« kommt deswegen trotzdem nicht auf dem kürzesten Weg zum Meer.
   - Das Metamodell, die Sprache des Bewusstseins, muss berücksichtigt werden. Benenne genau unter Vermeidung der Sprache der Träume, wer soll was, wann, wo tun?
   - Die Beschreibungen müssen sinnesspezifisch sein. Beschreibe dein Ziel über konkrete, mit den Sinnen direkt wahrnehmbare Punkte. Also nicht: »Ich will mehr Liebe!« Denn so versteht niemand, um was es dir eigentlich geht. Vielleicht noch nicht mal du selbst (siehe Kapitel 3). Statt dessen drücke deinen Wunsch beispielsweise so aus: »Ich möchte, dass mein Partner mir morgens beim Frühstück tief in die Augen schaut, meine Hand hält und zu mir mit warmer Stimme (dem, der dies verstehen oder danach handeln soll, demonstrieren, wie dies genau gemeint ist!) sagt, dass ich ihm sehr viel bedeute, und dass er sich bereits darauf freut, mit mir den Abend zu verbringen.« Das vorangegangene Kapitel über die Submodalitäten kann dir dabei sehr helfen.

- Die Bewegung zum Ziel hin wird vom Klienten eingeleitet und die ganze Zeit bis zum Ende eigenverantwortlich von ihm kontrolliert. Wenn du dich darauf verlässt, dass deine Großtante bis zu einem bestimmten Termin stirbt und du ihr Vermögen erbst, um endlich genug Geld zu haben, nach Indien zum großen Guru reisen zu können, hast du nicht sehr große Aussichten auf Erfolg. Wenn du dich statt dessen deiner eigenen Möglichkeiten bedienst, um zu Geld zu kommen und die Voraussetzungen für deine Reise zu schaffen, wirst du mehr Chancen auf die Verwirklichung deiner Wünsche haben.
- Herunter-chunken[39]: Aufteilung der Wegstrecke zum Gesamtziel in Teilziele (Etappen). Die größte Reise beginnt nie ohne den ersten Schritt und besteht aus vielen weiteren kleinen Schritten. Menschen verlieren vor Aufgaben, die nicht in gut einzuschätzende und leicht zu handhabende Teilaufgaben zerlegt sind, leicht den Mut. Da ragt dann die Arbeit wie ein Berg vor einem auf. Auch die größten Gebirge lassen sich jedoch in kleine Kieselsteine zerlegen. Handle so ebenfalls in Bezug auf deine Ziele. Untergliedere sie in kleine, leicht zu bewältigende Teilaufgaben. Dann wirst du lernen, Berge zu versetzen! Zu Beginn aber plane den ersten Schritt und definiere sinnesspezifisch, also unter Angabe der entsprechenden Wahrnehmungen aus den fünf Sinnesbereichen, woran du merken wirst, dass du auf der Reise zu deinem Ziel bist, und woran du merkst, dass du vorankommst.

2. Woran wirst du merken, dass du dein Ziel erreicht hast? Gib an, was du sehen, hören, riechen, schmecken und körperlich fühlen musst, um zu wissen, dass du dein Ziel erreicht hast. Wenn du nicht weißt, wann du da bist, wirst du vielleicht weiterlaufen, bis du umfällst. Vielen Menschen, die sich irgendwann mal vorgenommen haben, reich zu werden,

[39] »Herunter-chunken« ist ein Begriff aus der NLP-Sprache, der eine Aufteilung in kleinere Einheiten – das Schneiden von mundgerechten Käsehäppchen aus einem großen Käserad etwa – bezeichnet. »Herauf-chunken« ist das Gegenteil, wie beispielsweise das Zusammensetzen eines Puzzlebildes aus lauter kleinen Teilen.

geht es so. Sie haben nämlich vergessen zu bestimmen, *wie* reich eigentlich reich genug ist. Und so rennen sie wie in einer Hamsterlaufrolle immerzu weiter, bis sie nicht mehr können, ohne jemals eine Chance zu haben, ihren Erfolg anzunehmen und etwas Angenehmes mit ihren neuen Möglichkeiten zu beginnen. Es sei denn, sie lernen zum Beispiel irgendwann mal was über NLP ...

3. Öko-Check: Welche Auswirkungen hat das Erreichen des Ziels auf dein Leben, auf deinen Beruf, Familie, Gesundheit, Freunde, Hobbys, sonstige wichtige Lebensziele? Willst du diese Resultate? Es kann sein, dass du dir zwar ein tolles Ziel ausgewählt hast; nur wenn du es erreichst, hat dich deine Familie verlassen, weil sie seit Jahren sowieso kaum noch was von dir zu Gesicht bekommen hat. Deine Gesundheit ist ruiniert und du weißt nicht, was du jetzt mit deinem tollen Erfolg machen sollst. Deswegen ist es sehr wichtig, die Auswirkungen deines Planes auf die Gesamtheit deines Lebens sorgfältig und realistisch zu untersuchen.

4. Welche Hindernisse werden sich dir wahrscheinlich in den Weg stellen und was kannst du bereits im Vorfeld tun, um sie zu umgehen oder leicht zu beseitigen? Was brauchst du dazu? Wie kannst du es dir beschaffen und sicherstellen, dass es dir zur Verfügung steht, wenn du einem Hindernis begegnest? Ist der mit der Beschaffung dieser Mittel verbundene Aufwand vertretbar und im Sinne von Punkt 3 ökologisch?

5. Was hat dich bisher am Erreichen des Ziels gehindert? Stelle genau fest, welche Wege du bisher bereits erfolglos ausprobiert hast, damit du nicht nach sorgfältiger Planung träumenderweise »zufällig« wieder in die Straße des schon bekannten Misserfolges abbiegst und dann wie üblich in einer Sackgasse deines Lebens unsanft erwachst.

6. Future Pace[40]: Versetze dich mit allen deinen Sinnen in deine Zukunft, in eine Zeit, in der du dein Ziel schon erreicht hast. Nutze die Gelegenheit, einen Tag Revue passieren zu lassen, der geprägt ist von

---

[40] NLP-Ausdruck für das Erleben einer bestimmten zukünftigen Situation in der Vorstellung, um die Auswirkungen einer gegenwärtigen Veränderungsarbeit zu überprüfen und sie leichter als neues Verhalten verfügbar zu machen

den tollen Auswirkungen deines Erfolges. Die dabei entstehende Hochstimmung ist schon mal ein kleiner Vorgeschmack auf das, was du bald wirklich erleben wirst. Diese kleine Zeitreise wird dich gefühlsmäßig noch mehr motivieren, dein Ziel zu erreichen. Und deine positiven Gefühle bei einem Vorhaben schenken dir ja die viele Kraft, die du brauchst, um voranzukommen. Außerdem ist dies auch noch eine letzte Kontrolle. Du kannst nämlich beim Durchspielen deines zukünftigen Alltags immer noch einzelne Ergebnisse deines Vorhabens bemerken, die du so doch nicht willst und dann rechtzeitig deine Planung entsprechend ändern.

Wenn du diese sechs Punkte sorgfältig durchgearbeitet hast, sollte deinem Erfolg eigentlich nichts mehr im Wege stehen. Falls aber doch noch etwas dazwischenkommt, verwende die folgende oft erprobte Methode ...

Die Kraft deiner Intuition nutzen, um Stolpersteine aus deinem Weg zu räumen

Manchmal gibt es Schwierigkeiten auf einem noch so gut geplanten Weg zu einem verlockenden Ziel, die beim besten Willen nicht vorhersehbar waren und für die es erst einmal keine Lösung zu geben scheint. In diesem Fall kann dir die sogenannte *Intuitionsstrategie* helfen. Es ist eine systematische Nutzung der jedem Menschen auf den unterbewussten geistigen Ebenen zur Verfügung stehenden kreativen, intuitiven Fähigkeiten. Intuition ist ein nicht logisches Talent und deswegen auf direkte Weise nicht vom Bewusstsein nutzbar. Wenn du aber weißt wie, kannst du deinem Unterbewusstsein einen detaillierten Arbeitsauftrag geben, ihm die nötigen Hilfsmittel zur Verfügung stellen und es dann einfach machen lassen, während du dich bewusst mit anderen Dingen beschäftigen kannst. Nach einer angemessenen Zeit wird es dir einige so geniale Lösungswege präsentieren, dass du vor deiner eigenen Kreativität einen enormen Respekt bekommen wirst und in Zukunft noch mehr auf sie vertraust.

Du bist gespannt, wie das funktionieren soll? Okay – ich erkläre es dir gern.

Es gibt fünf verschiedene Stationen auf dem Weg zur intuitiven Problembewältigung. Gehe bitte immer in der angegebenen Reihenfolge der einzelnen Punkte vor und lasse keinen aus, sonst klappt es nicht.

1. Schritt: Problemdefinition und Arbeitsauftrag an dein Unbewusstes

a. Fertige eine möglichst genaue, schriftliche Beschreibung deines Problems und deines Wunsches, *was genau* bei der Bewältigung des Problems herauskommen soll, an. Verwende dabei das Metamodell und Submodalitäten. Denke daran: es geht nicht um das *wie*! Schreibe an das Ende: »Möge dies so oder auf eine bessere Weise zum Segen aller Beteiligten Wirklichkeit werden!« Verwende einen grünen Stift zum Schreiben und umrande das Ganze mit einem in den Farben Rot und Violett gehaltenen Rahmen.

b. Vergegenwärtige dir, bevor du das Nächste tust, was in deinem Leben alles Unangenehmes bleiben oder geschehen wird, wenn du das Hindernis nicht überwinden kannst. Mach dies so lange, bis du starke Gefühle dadurch ausgelöst hast. Sage dann laut und mit Nachdruck: »Ich will das nicht!« Lies dir daran anschließend den Text, in dem du dein Ziel formuliert hast, jeden Morgen direkt nach dem Aufstehen und jeden Abend direkt vor dem Einschlafen dreimal durch und sage zum Schluss laut: »Ja, so soll es geschehen! So will ich es! So ist es gut!« und unterstreiche das Gesagte mit entsprechenden Körperbewegungen. Führe diese Übung so lange durch, bis dein Vorhaben sich verwirklicht hat. Mit dieser Übung sendest du eine Botschaft in die geistige Welt, in der auf die rechte Art um Hilfe gebeten wird. Es heißt schon in der Bibel: »Bitte, und es wird dir gegeben.« Doch ohne dass wir unsere Eigenverantwortung und unser Bewusstsein fördern, dürfen uns geistige Helfer nicht unter die Arme greifen, auch wenn wir noch so inständig bitten. Schließlich sollen Menschen keine Marionetten werden. Deswegen kommt nun der ...

2. Schritt: Informationsbeschaffung

Sammele so viele Kenntnisse über dein Problem und alles, was mit ihm zusammenhängt, wie du kannst. Gehe durch deinen Alltag mit der Einstellung, dass dir alles mögliche über den Weg laufen wird, was zur Bewältigung deiner Schwierigkeiten nützlich werden kann. Stochere in jedem Erlebnis, in allem, was du siehst, hörst oder sonst irgendwie mitbekommst, nach diesen Mitteilungen herum, bis du dort jeweils mindestens eine gefunden hast. Es geht in diesem Stadium der Hindernisbeseitigung *noch nicht um das Finden einer Lösung*, sondern **um das Sammeln von Informationen**. Erweitere einfach deine Kenntnisse, sammele praktische Erfahrungen im Umfeld des Problems – sonst musst du nichts tun. Gehe dabei auch deiner Neugier nach und wende das Lustprinzip an. Also kümmere dich mehr um neue Gesichtspunkte und Ideen, die du irgendwie spannend findest. Gehe deswegen aber an anderen nicht ganz vorbei! Kümmere dich nicht darum, scheinbar widersprüchliche Aussagen klären zu wollen, und bemühe dich nicht, aus den Informationen schon jetzt eine Lösung zu bauen. Dies wäre aus der ganzheitlichen Perspektive nur hinderlich für ein wirkliches Herauswachsen aus dem Problem!

Wenn du dies eine Weile ausführlich gemacht hast, wird dir sicher der Kopf schwirren, und du weißt wahrscheinlich gar nicht mehr, was du nun tun sollst. Deswegen kommt jetzt der ...

3. Schritt: Sacken lassen

Beschäftige dich jetzt nicht mehr mit der Informationsbeschaffung, führe aber immer noch die in Schritt 1 beschriebene Übung durch. Verbringe deine Zeit mit irgendwelchen anderen Tätigkeiten oder, wenn du kannst, ruhe dich mehr aus als sonst. Geh mal wieder in die Sauna, lass dich massieren, lies einen spannenden Roman oder mach sonst etwas Schönes. Dein Unterbewusstsein wird jetzt, ohne dass du viel davon mitkriegst, die neuen Kenntnisse strukturieren und auf seine Weise versuchen, neue Muster und Lösungsmöglichkeiten mit seinen intuitiven Talenten zu schaffen. Gib ihm Gelegenheit dazu und belästige es nicht immerzu mit der Frage, »ob es denn nun schon endlich fertig sei?!«. Dies würde nur stören und die Bearbeitungszeit unnötig verlängern. Ein Samenkorn kann schließlich auch nicht zu einer großen Pflanze heranwachsen, wenn du es nach dem Einpflanzen jeden Tag ausgräbst, um nachzuschauen, wie groß es inzwischen geworden ist. Nach einiger Zeit erfolgt dann automatisch der ...

4. Schritt: Lösungsvorschläge

Du wirst aus »heiterem Himmel« eine Menge Einfälle und Einsichten bekommen, die irgend etwas mit dem Problem und dem zukünftigen Umgang mit ihm zu tun haben. Manchmal liegt dann die Lösung gleich unübersehbar auf der Hand. Meist musst du aber noch etwas Weiteres tun. Nämlich den ...

5. Schritt: Sortieren und an die Realität anpassen

Liste alle Ideen zur Problembewältigung auf, ohne bereits in »geht« oder »geht nicht« aufzuteilen. Dann prüfe sorgfältig jeden einzelnen Vorschlag auf seine Durchführbarkeit. Und verschaffe dir einen Überblick über das, was du für seine Anwendung benötigst. Ob du es zur Verfügung hast oder besorgen musst. Wie im Einzelnen ein Lösungsweg anzuwenden wäre und – natürlich – welcher von den vielen Geistesblitzen am erfolgversprechendsten und einfachsten zu sein scheint.

Und dann tu es!

Dieser Ablauf sieht vielleicht im ersten Moment recht komplex und lang aus. Wenn du diesen Weg zur Stärkung deiner Intuition aber einige Male gegangen bist, geht er dir in Fleisch und Blut über, wird alltägliche Gewohnheit und gar nicht mehr anstrengend. Du wirst mit der Zeit lernen, Schritte unbewusst vorzubereiten und auszuführen und nur noch den ersten und den letzten zum Teil bewusst erledigen müssen. Ich arbeite seit Jahren mit diesem System, verwende es zum Bücherschreiben, für die Vorbereitung von Seminaren und zur Börsenspekulation mit einer Menge Erfolg. Probiere es einmal aus – es wird sich auch für dich lohnen!

Die häufigsten Fehler bei der Anwendung der wohlgeformten Zielbestimmung

Der wohl am häufigsten auftauchende Fehler bei der Anwendung des NLP-Programms zur wohlgeformten Zielbestimmung ist die Inkonsequenz. Im Verlauf der Planung kommt heraus, dass alles doch nicht so leicht geht, wie man ursprünglich dachte, und das erzeugt Frust. Dann heißt es, die Methode sei für das Leben nicht geeignet und man wisse ja, wenn die Sache erstmal in Angriff genommen sei, klappt es schon »irgendwie«. Nun, erfahrungsgemäß ist das eine Illusion. Besonders bei größeren Vorhaben, die über längere Zeit durchgeführt werden müssen. International tätige Industrieunternehmen gehen bei ihren Planungen nach ganz ähnlichen Programmen wie den Kriterien der wohlgeformten Zielbestimmung vor, weil sie wissen, dass Fehler am Grünen Tisch noch leicht zu bereinigen sind. Während der Verwirklichungsphase können sie sehr teuer werden und andere unangenehme Konsequenzen haben. Natürlich lässt sich nie alles planen. Doch sollte ein Vorhaben immer so gut wie möglich durchdacht sein, um die Eigenverantwortung wahrzunehmen. Für den immer übrigbleibenden Rest an Unvorhersehbarem bleibt nur ein Mittel: beten und die letztliche Entscheidung der Schöpferkraft überlassen. Wenn du offen für ihre Botschaften bleibst, wird sie dir helfen.

Ein weiterer Stolperstein bei der Anwendung der wohlgeformten Zielbestimmung ist die Geschichte mit: »Wenn ich das immer mache, komme ich ja zu gar nichts mehr – so aufwendig wie das ist!« Nun, das stimmt. Aber dieses Programm ist auch gar nicht dafür gedacht, bei jeder kleinen Aktion *bewusst* angewendet zu werden. Hast du die dahinterstehende Idee erst einmal richtig verstanden, wirst du ganz automatisch und natürlich die Kriterien der wohlgeformten Zielbestimmung anwenden. Dazu ist allerdings zu Anfang etwas Training notwendig. Aber wenn du die anstrengenden Übungsstunden für das Lesen und Schreiben nicht in Kauf genommen hättest, könntest du keine Bücher lesen und keine Briefe verfassen ...

Bewusst und ausführlich sollte das Programm auf jeden Fall bei den großen Vorhaben deines Lebens angewendet werden. Denn hier sind Fehler unter Umständen teuer und verbauen dir viele Möglichkeiten.

Nützliche Zielbestimmungen für deinen Lebensweg

Zum Abschluss dieses Kapitels möchte ich dir noch ein paar lohnende Vorschläge für die Anwendung der wohlgeformten Zielbestimmung machen.

- dein nächster Urlaub
- Hausbau/Hauskauf
- Umzug
- Umschulung/Ausbildung
- Partnerwahl
- Vermögensbildung
- Autokauf
- Beschäftigung mit einem neuen Hobby
- Heilung einer Erkrankung
- Persönlichkeitsentwicklung

Kapitel 6

Reframing[41] Die Kunst, in jeder Lebenssituation ein Geschenk zu bekommen

Schneeflocken

Geschichten haben etwas Faszinierendes für mich. Deshalb sammele ich sie gern und erfinde auch mit Lust welche. Bei passenden Gelegenheiten hole ich sie hervor und freue mich zum Beispiel gemeinsam mit guten Freunden an ihnen. Von einem netten älteren Herrn, den ich vor mehr als zehn Jahren beim Après-Ski am lodernden Kaminfeuer in einer urigen Berghütte kennenlernte, während draußen ein so heftiges Schneetreiben war, dass sich das Ski-Fahren gerade nicht lohnte, hörte ich über einer Runde dampfendem Jägertee die folgende kleine Story:

»Dieses Schneetreiben draußen, vor dem wir hier herein geflüchtet sind, erinnert mich an ein Erlebnis in meiner lange zurückliegenden Jugend«, sprach er mich an, während er aus dem kleinen Butzenfenster links über ihm verträumt den wirbelnden, tanzenden Schneeflocken zuschaute. »Diese Sache bedeutet sehr viel für mich, und wenn ich daran denke, was sie eigentlich alles in meinem Leben an phantastischen Dingen bewirkt hat, fühle ich heute noch tiefe Dankbarkeit in mir. Wenn Sie wollen, erzähle ich Ihnen davon. Bei diesem Wetter kann man sowieso nicht mehr auf die Bretter. Haben sie Lust?« Gern stimmte ich zu. Ich hatte nichts dagegen, die wohlige Entspannung am Kamin nach einem langen, schönen Skitag noch durch eine interessante Geschichte versüßt zu bekommen. So lehnte ich mich in meinem gemütlichen Sessel behaglich zurück, nahm noch einen Schluck Tee und wartete gespannt auf das, was da nun kommen sollte.

---

[41] Reframing ist ein Fachbegriff der NLP-Sprache und bezeichnet die Kunst des systematischen Umdeutens und Umwertens von Verhalten, Geschehnissen und der Gebrauchsqualität von Gegenständen.

»Vor langer Zeit, ich war so etwa sechs Jahre alt, spielte ich mit Freunden im Schnee, der damals noch jeden Winter sehr reichlich fiel«, erzählte er mit tiefer, angenehmer Stimme, während er auf den Krug mit dem heißen, starken Getränk in seiner kräftigen rechten Hand herunterschaute, das schon so viele Skifahrer über schlechtes Wetter hinweggetröstet hatte. »Wir fuhren mit viel Lärm und Lachen auf unseren Schlitten immer wieder um die Wette einen recht steilen Hang hinunter und hatten einen Riesenspaß dabei.« Nachdem er einen Moment innegehalten und die schönen Bilder der Vergangenheit versonnen lächelnd an sich hatte vorüberziehen lassen, fuhr er fort: »Bei einer besonders rasanten Abfahrt wurde ich plötzlich aus der Kurve getragen, überschlug mich einige Male und kam dann in einer – Gott sei Dank – mindestens anderthalb Meter dicken Schneewehe zum Liegen, die meinen Sturz sanft abfing. Sehr weh hatte ich mir dabei nicht getan, aber ein gehöriger Schreck saß mir schon in den Knochen, wie Sie sich sicher vorstellen können. Während ich meinen Schock wegweinte, fiel mein Blick auf den frisch gefallenen, glitzernden Schnee, der mir viel näher vor Augen war als gewohnt, da ich jetzt mitten in ihm am Boden lag. Aus dieser Perspektive sah er ganz anders aus, als ich ihn vorher jemals wahrgenommen hatte. Ich konnte die einzelnen Kristalle in ihrer glitzernden, filigranen Struktur deutlich sehen. Bezaubert durch ihre überirdische Schönheit vergaß ich weiterzuweinen und betrachtete statt dessen andächtig die vielen immer wieder anders gewachsenen Muster.

Meine Freunde kamen derweil besorgt näher, um mir zu helfen, da ich gar nicht wieder aufstand, mich nicht bewegte und keinen Laut von mir gab. Als ich durch das Geräusch ihrer Schritte aus der Traumwelt des Schnees gerissen wurde, rappelte ich mich kurz auf und rief ihnen zu: ›Hey! Kommt her! Ich habe was Tolles entdeckt.‹ Und schon ließ ich mich wieder in diese andere wunderbare Welt fallen, um mehr von ihrer faszinierenden Schönheit zu entdecken. Erstaunt kamen meine Freunde heran. Die Neugierigsten sprangen zuerst neben mir in die Schneewehe, und durch ihre erfreuten Ausrufe überzeugt, kamen auch die anderen bald nach, um festzustellen, was es mit dieser verrückten Sache auf sich hatte. Bald lagen wir alle entrückt im wattigen Schnee und bewunderten seine vielgestaltige Pracht. Die Tür zu einer Märchenwelt hatte sich für uns aufgetan, und wir konnten nicht genug davon bekommen. Bestimmt eine Stunde verbrachten wir so. Wenn ich mich heute an diese Begebenheit erinnere, wird mir immer noch ganz warm ums Herz, und ich fühle das Staunen über die unbegreifliche Schönheit der Natur wieder in mir. Später am Abend, als ich zu Hause mit meinen Eltern beim Abendessen saß, erzählte ich noch ganz glücklich von meinen Entdeckungen. Meine Mutter und mein Vater hörten sich meine Erlebnisse aufmerksam an und freuten sich mit mir. Mein Vater nutzte dann die Gelegenheit, um mir eine verborgene Perspektive dieser Begebenheit zu zeigen. ›Schau‹, sagte er, ›was du erfahren hast, kann dir etwas sehr Wertvolles für dein ganzes Leben schenken. Du hast heute die unvergleichliche Schönheit des Schnees entdeckt, weil du ihn auf eine ganz andere, ungewohnte Weise gesehen hast. Wärst du gleich wieder aufgestanden, weil dir das Schlittenfahren wichtiger gewesen wäre, oder hättest du dich weinend deinem Schreck und Schmerz überlassen und dich nicht um das, was es dort unten in dieser ganz anderen Perspektive zu entdecken gab, gekümmert, wäre dir vollkommen entgangen, wie schön der Schnee ist, und du hättest dich später nur an das Unangenehme erinnert. Weil du aber aufmerksam warst, hast du ein großes Geschenk bekommen. Wenn dir später im Leben mal etwas misslingt, wenn du enttäuscht oder verletzt worden bist, erinnere dich an diese Geschichte, die du heute erlebt hast. Halte inne und betrachte die Erfahrung von nahem aus einer ganz anderen als deiner gewohnten Sichtweise. Sei so aufmerksam, wie du es heute warst, und du wirst immer wieder feststellen, dass da mindestens ein wundervolles Geschenk auf dich wartet, das dich für deine Mühe belohnt.‹ Ich hatte aufmerksam zugehört, und obwohl ich nicht genau wusste, ob ich wirklich verstanden hatte, was sie mir sagen wollten, fühlte ich mich plötzlich wie am Weihnachtsabend, als ich ganz aufgeregt und glücklich endlich meine Geschenke auspacken durfte. Irgendwie sah ich jetzt mein weiteres Leben vollkommen anders als vorher. So als ob immer Weihnachten sein könnte, wenn ich es nur wollte. Mit vielen tollen Überraschungen für mich, auf die ich mich schon jetzt immer mehr freute.

Dieses Gefühl der freudigen Erwartung hat mich seitdem, ob Sie mir es glauben oder nicht, nie mehr verlassen. Ob ich Erfolg im Leben hatte oder ob ich mal, wie es jedem aktiven Menschen von Zeit zu Zeit passiert, kräftig auf die Nase fiel, immer erinnerte ich mich, wenn es wichtig war, an dieses bedeutsame Erlebnis, das mir zur richtigen Zeit ein ganz neues Verständnis der Welt und meines Lebens geschenkt hatte. So ist aus einem unglücklichen Sturz eine Reise in ein Wunderland geworden, die mir zeigte, dass es unglaublich schöne und nützliche Geschenke für jeden bietet, der seine Erfahrungen auf die passende Art zu nutzen versteht. Später, als ich als Erwachsener mit den vielen Herausforderungen des Lebens zurechtkommen musste, habe ich viel von diesem Erlebnis und dem, was ich daraus lernte, profitiert. Ja, eigentlich ist auch mein geschäftlicher Erfolg, der mir nun einen komfortablen Lebensabend ermöglicht, im wesentlichen auf diesem Fundament gewachsen.« Einen Moment schwieg er, lächelte dann plötzlich verschmitzt und fügte hinzu: »Diese Sache hatte später für mich noch einen ganz direkten Gewinn. Wissen sie, ich bin nämlich recht wohlhabend geworden, weil ich Designertapeten, Stoffe und Fußbodenbeläge mit Schneeflocken- und Wasserwellenmustern entworfen und hergestellt habe. Viele haben mich gefragt, wie ich immer wieder so schöne neue Entwürfe zustande bekam. Sie konnten es sich nicht vorstellen. Dabei ist es so einfach: ich habe immer nur Schneeflocken mit starker Vergrößerung fotografiert oder dasselbe von einer Wasserfläche mit vielen interessanten Wellen gemacht und dann die abgelichteten Muster mit meinen grafischen Kenntnissen in Designs umgesetzt.« Er lachte herzhaft, und ich stimmte ein, angesteckt durch die natürliche Fröhlichkeit dieses bemerkenswerten Menschen.

Dann unterhielten wir uns über die Qualitäten der Pisten des Skigebietes, dass der Obstler nur in den Alpen richtig schmeckt und vieles andere, was so auf einer Berghütte erzählt wird. Ich denke gern an diese Begegnung zurück, denn mich hat die Gegenwart und die Erzählung dieses erfahrenen Mannes auf vielerlei Weise tief bewegt. Wir haben uns nie wieder getroffen, und ich weiß heute auch seinen Namen nicht mehr, doch er brachte mir mit dieser kleinen Geschichte einen Lichtstrahl, der irgend etwas in mir klarer machte und meinem ganzen Leben nach und nach eine vollkommen andere, viel mehr zu mir und meinen Bedürfnissen passende Qualität verlieh. Ich lernte, mein Glück zu finden. In den folgenden Jahren begriff ich die Tragweite seiner Botschaft immer mehr und wandte sie auf mein Leben an. Heute bin ich überzeugt, dass sie eines der wichtigsten Geschenke ist, die ich je bekommen habe.

Ich reiche es jetzt an dich weiter. Möge es dir Segen bringen.

Was kann dir die Veränderung der Wahrnehmungsperspektive Nützliches bieten?

Meiner Erfahrung nach eine ganze Menge, denn im Alltag eines jeden Menschen gibt es so viele Situationen, die auf den ersten Blick eher zum Weinen als zur Freude geeignet zu sein scheinen: Misserfolge, der Verlust eines geliebten Menschen, Trennungen, Enttäuschungen, Krankheiten und andere große und kleine Schicksalsschläge – du wirst sie genauso gut kennen wie ich. Doch wenn du lernst, die Perspektive zu wechseln, die Sache aus vollkommen anderen, oft ungewohnten Richtungen zu betrachten und zu bewerten, findest du immer neue wichtige Erkenntnisse, die dein Leben zum Besseren ändern können. Vielleicht merkst du aber auch bei näherer Betrachtung, dass dein Leid gar nicht von dem verursacht wird, was du im ersten Moment dafür verantwortlich gemacht hast, sondern von etwas ganz anderem. Weil du so die tatsächliche Wurzel des Übels entdeckt hast, kannst du nun auf die richtige Weise dafür sorgen, dass es dir nachhaltig besser geht, und verschwendest deine Energie nicht mehr bei dem bloßen Herumkurieren an Symptomen. Oder du merkst, nachdem du dein Problem aus einer anderen Perspektive betrachtest, dass es eigentlich viel weniger negative Einflüsse auf dich ausübt, als du dachtest, ja vielleicht sogar unerwartete positive Auswirkungen hat. Wie schade, wenn etwas von diesen Geschenken durch Unaufmerksamkeit oder fehlendes Wissen verlorengeht und nicht zur Bereicherung deines Lebens beitragen kann.

Wie kannst du diese Methode nun für dich praktisch anwenden?

Siebe zum Goldwaschen – systematisches Umdeuten

Es ist nicht sehr schwer. NLP bietet gerade hierfür eine Reihe von einfachen, vielfach erprobten Wegen. Ich nenne sie »Goldsiebe«. Wie ein Goldschürfer, der unterschiedlich beschaffene Siebe braucht, um aus dem Flusssand Goldklumpen verschiedener Größe herauszuwaschen, ist es auch für deinen Alltag wichtig zu wissen, welche Werkzeuge du einsetzen kannst, um die für dich bereitliegenden Geschenke durch systematische Änderung der Wahrnehmungsperspektive entdecken zu können.

Grundsätzlich gibt es zwei verschiedene Methoden, die angewendet werden können.

1. Kontext-Reframing

Die Sinnfindung durch die Platzierung eines bestimmten Verhaltens oder eines Gegenstandes aus einem Lebensbereich, in dem er wenig nützlich ist, in einen anderen, in dem er dringend gebraucht wird.

Beispiel: Ein junger Mann ist ganz wild darauf, seine körperlichen Kräfte mit anderen zu messen. Ginge er einer Büroarbeit nach, wäre dies sicher nicht sehr befriedigend für ihn. Wird er statt dessen Profisportler, kann er seine Leidenschaft ausleben, Geld damit verdienen und Anerkennung bekommen. Wie heißt es doch so schön: »Auf jeden Topf passt ein Deckel!« Man muss nur ein wenig suchen und offen für unkonventionelle Lösungen sein.

2. Bedeutungs-Reframing

Die Sinnfindung durch die Suche nach einer passenden Bedeutung oder Wertung eines Verhaltens, eines Vorkommnisses oder Gegenstandes (wo passt dieser Puzzlestein in das Gesamtbild?). Dazu ist es wichtig, zum Beispiel das äußere *Verhalten* eines Menschen von seinen *Absichten* zu trennen. Betrachtet man beides als Einheit, werden Missverständnissen und Vorurteilen Tür und Tor geöffnet. Denn wer weiß schon so ohne weiteres, *warum* sich jemand gerade auf eine bestimmte Weise verhält. Das folgende ***Beispiel*** macht dies vielleicht verständlicher:

Ein Schüler kommt reichlich zu spät in den Unterricht. Der Lehrer lässt ihn gar nicht zu Wort kommen und staucht ihn kräftig zusammen, weil dies nicht das erste Mal ist, dass er unpünktlich erscheint. Am nächsten Tag liest der Lehrer in der Tageszeitung, dass nur durch das mutige Eingreifen eben dieses Schülers einem Kind, das beim Schlittschuhfahren auf dünnem Eis eingebrochen war, das Leben gerettet werden konnte.

Natürlich nahm die Rettungsaktion einige Zeit in Anspruch. Der Lehrer ist nun bestürzt über seine Ungerechtigkeit, entschuldigt sich bei dem Schüler und stellt dessen Verhalten vor der Klasse als beispielhaft dar.

Ein und dasselbe Verhalten kann also vollständig verschieden gewertet werden – je nachdem, welche Rahmeninformationen[42] zur Beurteilung verwendet werden.

Eine alte spirituelle Weisheit sagt zu diesem Thema: »Niemand kennt die Wahrheit. Wir alle können immer nur den Teil von ihr berücksichtigen, der von unserem Standpunkt aus sichtbar ist.«

Aber wir können lernen, den Standpunkt zu wechseln und so immer mehr von der Realität zu erfassen.

Dieser Perspektivwechsel kann nach bestimmten Wahlkriterien systematisch vorgenommen werden. Dazu habe ich dir in dem folgenden Abschnitt einige spezielle Goldsiebe[43], die sich aus den beiden grundsätzlichen Wegen der Sinnfindung durch Umdeutung ableiten, aufgelistet und ihre praktische Anwendung beschrieben. Lass dich nicht davon verwirren, dass die einzelnen Goldsiebe sich oft gegenseitig ausschließen. Es geht hierbei um subjektive Sinnfindung. Und was für den einen gerade richtig ist, kann momentan für den anderen Unsinn sein.

Goldsieb 1 – Verallgemeinern

Sieb-Frage: *Ist deine Reaktion nach einer bestimmten Erfahrung wirklich durch diese verursacht worden oder verhältst du dich auch in anderen Zusammenhängen so und die bestimmte Erfahrung war nur einer von vielen Auslösern?*

Beispiel: du fühlst dich schon den ganzen Tag nicht richtig gut, merkst dies aber nicht sehr, weil du so viel zu tun hast, dass nicht mehr viel von deiner Aufmerksamkeit für deine Selbstwahrnehmung übrigbleibt. Dann geht mal eine Kleinigkeit schief oder jemand reagiert nicht ganz harmonisch auf dich und du gehst (natürlich nur deswegen) in die Luft oder ziehst dich nun total verstimmt von der Situation zurück. Wenn du

---

[42] »Frame« heißt auf deutsch »Rahmen«. Reframing ist also ein Umrahmen.

[43] Im NLP-Jargon werden solche Siebe als »Slide of Mouth Patterns« bezeichnet.

„Die Naßangst ist wie weggewaschen!"

aber durch die Anwendung dieses Goldsiebes merkst, dass du den ganzen Ärger der letzten Zeit auf einen Fleck gekippt hast, kann dir das helfen, die Wogen wieder zu glätten und die Bedeutung dieses Ereignisses für deinen Zustand wieder in den richtigen Größenordnungen zu sehen.

Merksatz: Aus Elefanten wieder Mücken machen.

Goldsieb 2 – Verantwortung für die eigene Befindlichkeit übernehmen
Sieb-Frage: Was kannst du in Bezug auf eine Belastung anders machen, damit du dich so schnell wie möglich wesentlich besser fühlst?

Beispiel: dein Freund hat kurzfristig ein Treffen abgesagt, und du bist sehr traurig, weil du dich schon so darauf gefreut hattest. Anstatt nun immer weiter um deine Trauer herumzuschleichen und immer miesere Laune zu bekommen, überlege dir, wie du dich am eigenen Schopf aus dem Sumpf deiner Missstimmung herausziehen kannst. Also: Was könntest du tun, womit könntest du dich beschäftigen, um dich schnell besser zu fühlen?
Merksatz: Sorge jetzt dafür, dass du dich wohl fühlst.

Goldsieb 3 – Prioritäten setzen
Sieb-Frage: Was genau ist für dich in diesem Zusammenhang wirklich wichtig?

Beispiel: du hast mehrere tolle Urlaubsziele im Katalog gefunden, und jetzt bist du total genervt, weil du dich nicht für eines davon entscheiden kannst. Anstatt aufzugeben und den Katalog in die Ecke zu pfeffern, nimm dir was zu schreiben und fertige eine Liste von dem an, was dir – realistisch betrachtet – am wichtigsten an einem Urlaub ist. Hast du alles aufgeschrieben, vergib Zahlen von 1 bis 4 für jeden Punkt.

- Was dir total unentbehrlich ist, bekommt eine 1.
- Nette Sachen, die du magst, aber nicht unbedingt haben musst, bekommen eine 2.
- Überflüssiges, aber nicht Störendes eine 3.
- Dinge, die dir den Urlaub vermiesen würden, eine 4.

Nach diesem Raster wählst du dann etwas Passendes für dich aus. Was die meisten Einsen und die wenigsten Vierer hat, wird das Richtige für dich sein.

Merksatz: du kannst dein Glück nur finden, wenn du genau weißt, wonach du eigentlich suchst.[44]

Goldsieb 4 – Positive Auswirkung

Sieb-Frage: Gibt es eine positive Auswirkung, die diese Situation auf dich haben könnte?

Beispiel: du hast bisher in einer gut bezahlten Position gearbeitet und dich mit vollem Einsatz sieben Tage in der Woche bis zu 16 Stunden am Tag für den Laden eingesetzt. Durch diesen Megastress hast du schon Ringe unter den Augen. An die gute Kondition aus deiner Jugendzeit erinnern nur noch einige Sportlerfotos, und vor lauter Nervosität verträgst du nur noch Flüssignahrung. Tja, und dann geht dein Brötchengeber aus heiterem Himmel pleite und du musst einige Zeit ohne Arbeit leben. Nachdem du die ersten Tage als Arbeitsloser eher im Schockzustand verbracht hast, merkst du vielleicht bald, dass dir die Beschäftigungslosigkeit ganz gut tut. Du schläfst wieder besser, triffst dich mit Freunden, die schon glaubten, du seist tot, und entdeckst dein Interesse am Tanzen und am anderen Geschlecht wieder, weil du endlich einmal Zeit hast. Kurzum: Die Katastrophe hatte durchaus auch Positives für dich zu bieten.

Merksatz: Wenn dich eine Katastrophe trifft, achte darauf, welche wunderbaren neuen Gelegenheiten sich dadurch für dich eröffnen.

Goldsieb 5 – Das Ziel auf den Menschen abstimmen

Sieb-Frage: Kannst du das, was du tust, um ein bestimmtes Ziel zu erreichen, auch für ein anderes Ziel nutzen, das besser zu deinen derzeitigen Möglichkeiten und Bedürfnissen passt?

Beispiel: du spielst in einer Fußballmannschaft als Halbprofi. Du bist nicht schlecht, aber auch nicht gut genug, um als Spieler wirklich nach oben zu kommen, obwohl du eine Menge Erfahrung hast. Irgendwann merkst du, dass es so nicht geht, und nutzt deine Kenntnisse und Beziehungen für eine erfolgreiche Karriere als Sportjournalist. Hättest du weiter versucht, gegen deine konstitutionellen Grenzen anzukämp-

---

[44] Vergleiche dazu auch das Kapitel über wohlgeformte Zielbestimmung.

fen, wäre deine Gesundheit bald ruiniert worden. Statt Erfolge hättest du Enttäuschungen gesammelt.

Merksatz: Alles, was du tust und besitzt, ist immer für das Erreichen mehrerer verschiedener Ziele zu gebrauchen.

Goldsieb 6 – Lernmöglichkeiten ergründen

Sieb-Frage: Wie kannst du möglichst viel aus einer Erfahrung lernen?

Beispiel: du studierst Betriebswirtschaft und arbeitest wie viele deiner Kommilitonen als Aushilfe in Gaststätten, um dein Bafög aufzubessern. Anstatt nur deinen Job zu machen und das Geld einzusammeln, sperrst du Augen und Ohren weit auf und bekommst so mit, welche Probleme und Möglichkeiten diese Branche bietet. Als du mit deinem Studium zu Ende gekommen bist, hast du genug gelernt und wirst Geschäftsführer in einem großen Restaurant, das gerne einen so qualifizierten und in der Praxis erfahrenen Menschen wie dich einstellt. Während die meisten deiner ehemaligen Mitschüler noch von der Arbeitslosenhilfe oder Gelegenheitsjobs leben müssen, hast du bereits einen guten Arbeitsplatz gefunden, weil du verstanden hast, deine Erfahrungen auf mehr als eine Weise zu verwerten.

Merksatz: Werte alle Erfahrungen sorgfältig solange aus, bis du wirklich alles für dich Nützliche wahrgenommen hast.

Goldsieb 7 – Die subjektive Wahrnehmungsperspektive wechseln

Sieb-Frage: Was würden Menschen, die auf ganz andere Art leben als du, zur Bewältigung deiner Probleme unternehmen, wenn sie du wären?

Beispiel: du hast ein Problem mit deinem Partner und weißt nicht, was du tun kannst, um es zu lösen. Wie wäre es, wenn du dich einmal in ganz andere Menschen hineinversetzt und dir aus ihrer Perspektive die Situation anschaust? Dabei wirst du so viele interessante Anregungen bekommen, dass du gar nicht weißt, welche du zuerst ausprobieren sollst. Einige Vorschläge dazu: Mahatma Gandhi; ein Eskimo; Muhammad Ali; ein Aborigine; Marilyn Monroe; ein Einwohner der Osterinsel; Jesus Christus; Albert Einstein; ein nepalesischer Bauer und Sigmund Freud. Natürlich bekommst du um so mehr an nützlichen Ergebnissen aus dieser Übung heraus, wie du Informationen über diese Leute hast.

Mach dich schlau, damit du wirklich aus ihrer Weltsicht heraus wahrnehmen kannst und nicht aus der Sicht deiner Vorurteile. Achte die so gewonnenen Einsichten und verwirf sie nicht gleich, weil sie dir zu fremd für dich vorkommen. Nutze zur praktischen Umsetzung deiner Erkenntnisse den am Ende des 2. Kapitels beschriebenen New-Behaviour-Generator.

Merksatz: Lerne von anderen, anstatt jedesmal das Rad neu erfinden zu wollen.

Goldsieb 8 – Ursachenforschung

Sieb-Frage: Woran könnte es noch liegen, dass du dieses Problem hast?

Beispiel: Ein Mensch bekommt in einem bestimmten Alter Kopfschmerzen, die mit der Zeit immer häufiger und schlimmer werden. Da dieses in seiner Familie häufig auftritt, glaubt er, es liege eben in seinen Erbanlagen, da ließe sich nichts machen, und schluckt schicksalsergeben Schmerztabletten. Eines Tages sieht er im Fernsehen eine Sendung über Gesundheitsprobleme, in der ein wichtig aussehender Professor mitteilt, Kopfschmerzen könnten auch aus einer Wirbelverlagerung der Halswirbelsäule entstehen. Unter diesem Gesichtspunkt hat unser Kopfschmerzpatient seine Symptomatik noch nie betrachtet. Bald sitzt er bei einem Feldenkraistherapeuten, der sich auf Leiden dieser Art spezialisiert hat und schnell herausfindet, dass ein HWS-Problem in diesem Fall wirklich vorliegt. Eine Woche später sind die Schmerzen weg und bleiben es auch.

Merksatz: Sei nie sicher, dass du wirklich weißt, woraus sich ein Problem entwickelt hat, damit du offen für kreative, bessere Lösungen bleibst.

Goldsieb 9 – Mit der Lupe suchen

Sieb-Frage: Welche Probleme hast du im Einzelnen genau?

Beispiel: dein Auto springt nicht mehr an. Nun hast du grundsätzlich zwei Möglichkeiten: a) du kannst dich darüber aufregen, dass der Wagen seinen Geist aufgegeben hat, oder b) allein oder mit fachlicher Hilfe herausfinden, woran es denn im Einzelnen liegt, dass der fahrbare Untersatz sich nicht mehr starten lässt, und diesen Fehler dann beheben. So banal ist das. Viele Menschen wären in ihren Beziehungen miteinander sehr viel glücklicher, würden sie dieses simple Prinzip für sich anwenden.

Merksatz: Je genauer du weißt, warum etwas nicht funktioniert, desto bessere Chancen hast du, die Funktion wieder herzustellen.

Goldsieb 10 – Den Überblick behalten

Sieb-Frage: Wie ist die Gesamtglücksbilanz deines Lebens im Verhältnis zu einem bestimmten kleinen Teil davon, der zur Zeit unbefriedigend ist?

Beispiel: Als Hobby betreibst du Bodybuilding. Und das ziemlich heftig! Die Muskeln sollen immer schön spuren und gewaltig wachsen. Nun, trotz intensiven Trainings bleibst du irgendwann auf einem bestimmten Leistungsniveau stehen. Mehr als 150 kg bekommst du im Bankdrücken einfach nicht hoch. Das macht dich stimmungsmäßig ganz fertig, und du läufst deswegen oft mit Schlechtwettermiene herum. Dabei hast du eine sehr harmonische Beziehung zu deinem gut zu dir passenden Partner, in deinem Beruf hast du, ohne dich zu überarbeiten, relativ viel Erfolg, und du erfreust dich bester Gesundheit. Würdest du mal Bilanz ziehen und dein Leben aus einer übergreifenden Sichtweise betrachten, wäre deine schlechte Stimmung bald vorbei und die Sonne würde wieder scheinen, weil du dir bewusst gemacht hast, wie gut es dir eigentlich geht.

Merksatz: Stecke öfter mal deinen Kopf aus den Bergen täglichen Kleinkrams, damit du nicht in ihnen erstickst und die großen Strukturen deines Lebens wieder wahrnehmen kannst.

Goldsieb 11 – Gegenbeispiel

Sieb-Frage: Warst du schon einmal in einer ähnlichen Situation und fühltest dich dabei ganz anders?

Beispiel: Heute läuft wirklich alles schief: du hast den Bus verpasst, dann war deine Lieblingszeitung ausverkauft, und du hast dein Frühstücksbrot zu Hause liegen lassen. Da kannst du dich ja nur schlecht fühlen! Oder?! Wie war das denn, als du gerade frisch verliebt warst und es dir mal ähnlich ergangen ist? Da hast du sogar noch beim Warten auf den nächsten Bus im Regen gestanden und fandest dein Leben irre schön.

Merksatz: Jede Lebenssituation kann viele verschiedene Gefühle auslösen – je nachdem, aus welcher Perspektive sie betrachtet wird. Tu, was erforderlich ist, um eine befriedigendere Perspektive einzunehmen!

Goldsieb 12 – Gute Eigenschaften/Fähigkeiten

Sieb-Frage: *Welche guten Eigenschaften/Fähigkeiten sind bei dir durch die Auseinandersetzung mit diesem Problem hervorgetreten?*

Beispiel: Um im Kaufhaus nicht so viele Treppen steigen zu müssen, fährst du mit einigen anderen Leuten im Fahrstuhl. Zwischen zwei Stockwerken bleibt der hängen. Dann rutscht er alle paar Minuten Zentimeter um Zentimeter mit Quietsch und Knarr nach unten. Die anderen Fahrstuhlinsassen werden dabei langsam panisch. Du bleibst dagegen cool, obwohl du auch Angst hast, und beruhigst geschickt die anderen, so dass sie nicht den Kopf verlieren. Als ihr nach einigen Stunden endlich aus eurem Käfig befreit werdet, gratulieren dir die Helfer zu deiner Gabe, in Krisensituationen so gut mit Menschen umzugehen. Jetzt könntest du dich darüber freuen, dass du eine tolle neue Fähigkeit an dir entdeckt hast, oder dir denken, dass das ganz normal war, und es wieder vergessen. Im letzteren Fall hättest du dann leider ein nützliches Talent weggeschmissen und eine Möglichkeit, deine Kraft zu spüren, vertan.

Merksatz: Achte in allen Situationen darauf, welche besonderen Stärken du hast, und baue diese Fähigkeiten gezielt aus, um dein Leben zu bereichern.

Goldsieb 13 – Zeitabhängigkeit

Sieb-Frage: *Tritt ein bestimmtes Problem unter Umständen nur zeitlich begrenzt in Erscheinung?*

Beispiel: Wenn du in einem fremden Land mit einer dir nicht geläufigen Sprache auf einer Urlaubsreise bist, stellt die Verständigung mit den dort lebenden Leuten ein Problem da. Sobald du aber wieder in heimatliche Gefilde zurückgekehrt bist, ist es – oh Wunder – verschwunden. So etwas gibt's auch im ganz normalen Alltag.

Merksatz: Viele Probleme lösen sich mit der Zeit von selbst!

Goldsieb 14 – Ortsabhängigkeit
Sieb-Frage: *Tritt ein bestimmtes Problem nur an bestimmten Orten auf?*

Beispiel: Seit dein Bett unter dem Fenster steht, wachst du morgens immer wie gerädert auf, bist häufiger erkältet und fühlst dich ohne besondere Gründe depressiv. Möglicherweise hat deine Befindlichkeitsstörung ihre Ursache in einer negativen Erdstrahlenzone, und wenn du dein Bett wieder an den alten Platz stellst, an dem du immer hervorragend geschlafen hast, geht es dir bald wieder gut. Viele Menschen haben von dieser Betrachtungsweise schon enorm profitiert.

Merksatz: Wenn du dich an einem Ort nicht wohl fühlst, gehe an einen anderen.

Goldsieb 15 – Personenabhängigkeit
Sieb-Frage: *Ist dein Problem möglicherweise mit bestimmten Personen/Wesen verknüpft?*

Beispiel: Mit allen Menschen kommst du gut zurecht, aber immer, wenn du in dieses bestimmte Restaurant in deiner Straße gehst, kriegst du schnell Krach mit einem bestimmten Kellner. Langsam verleidet dir das die ganze Lust am Essen-Gehen. Vielleicht ist es jetzt mal an der Zeit, dir eine andere Futterkrippe mit netterer Bedienung zu suchen.

Merksatz: Es gibt so viele Menschen auf der weiten Welt, dass du es dir ruhig leisten kannst, um die, mit denen du nicht zurechtkommst, einen großen Bogen zu machen, damit du Zeit für Beziehungen mit angenehmeren Zeitgenossen hast.

Goldsieb 16 – Transpersonaler Lernschritt
Sieb-Frage: *Hängt ein bestimmtes Problem mit einem grundsätzlichen Lernthema von dir zusammen?*

Beispiel: In letzter Zeit erlebst du immer wieder Sachen, die dir Angst machen. Mal fährt ein großer Lastwagen dicht an dir vorbei, dann liest du in der Zeitung davon, dass es bald zu einer umfassenden Klimakatastrophe kommen könnte. Nachts hast du öfter Alpträume. Dein Chef hat neulich gesagt, dass die Konjunktur schlecht läuft, und du fürchtest, dass du deswegen deine Stelle verlieren könntest. Du kannst dich jetzt natürlich um jedes Problem einzeln kümmern und davon ausgehen, dass das alles nichts miteinander zu tun hat. Doch viele Menschen sind sehr gut damit gefahren, dass sie solche nicht direkt kausal, aber indirekt thematisch miteinander verbundenen Schwierigkeiten als eine übergreifende Lernaufgabe (transpersonaler Lernschritt) für sich betrachtet haben. In diesem Beispiel wäre es also vielleicht angebracht, dass du dich mit deinen Ängsten grundsätzlich auseinandersetzt und zu deiner inneren Sicherheit und Stärke findest. Dann wirst du durch äußere Begebenheiten nicht so schnell aus dem Gleichgewicht geraten.

Merksatz: Wenn du deine übergreifenden Lernthemen verstehst, kannst du viele scheinbar unterschiedliche Einzelprobleme zusammen bearbeiten, indem du die allen zugrunde liegende Lernaufgabe bearbeitest.

Goldsieb 17 – Paradoxer Sinn

*Sieb-Frage: Welchen Nutzen könntest du davon haben, dass du ein Problem am Halse hast und es **nicht** löst?*

Beispiel: du hast seit Monaten ständig diese Rückenschmerzen. Es hört gar nicht wieder auf, was du auch machst. Weil du so ein »armer kranker Kater« bist und dich trotzdem immer noch tapfer durch dein Leben kämpfst, kümmern sich auch dein Partner, deine Kollegen und viele Freunde um dich und nehmen viel Rücksicht. An diese vielen schönen Streicheleinheiten kann man sich so richtig gewöhnen, deswegen kann es sein, dass ein Teil von dir, natürlich ein unbewusster, diese nützliche Krankheit gar nicht mehr gehen lassen will. Er wüsste nicht, wie er sich diese Zuwendung auf andere Art genauso einfach verschaffen könnte. Also bleibt er bei dem, was funktioniert.

Merksatz: Wer ein Problem gar nicht loswerden kann, sollte sich darum kümmern, den Nutzen, den er davon hat, auf eine andere, angenehmere Weise zu bekommen.

Goldsieb 18 – Vermeidungsstrategie

Sieb-Frage: Welche noch unangenehmere Erfahrung könntest du vielleicht zu vermeiden suchen, indem du deine Zeit und Energie dafür verbrauchst, dich mit einem bestimmten Problem zu befassen?

Beispiel: Manche Menschen stöhnen darüber, dass sie immer die falschen Partner kriegen. Zank, Streit und Missverständnisse bestimmen die Beziehungen, und deswegen gibt es wenig Nähe, Freude und Wärme. Vielleicht haben einige aber genau davor Angst, sich einzulassen, Nähe zu erfahren, sich hinzugeben?! Die Sprechstunden der Psychotherapeuten sind voll von Leuten mit genau diesen Problemen. Falls du diese oder eine ähnliche Schwierigkeit hast, liegt es natürlich nicht an dir, sondern an den Umständen und den anderen. Wenn das nicht so wäre, könntest du es ja – Schreck lass nach! – lösen und bekämst, was du gar nicht haben willst.

Merksatz: Wenn du etwas trotz größter Anstrengungen nicht kriegen kannst, überlege mal, warum du so viel Angst davor haben könntest, dass du selbst deine Bemühungen ständig unterbewusst sabotierst.

Goldsieb 19 – Realität überprüfen

Sieb-Frage: *Ist mein Problem tatsächlich (vollständig) in der Realität vorhanden oder findet es ganz/überwiegend/teilweise nur in meiner lebhaften Fantasie statt?*

Beispiel: du fühlst dich total schlecht, weil dein Partner am Morgen so verschlossen und einsilbig war. Du schließt gleich daraus, dass er dich irgendwie nicht mehr mag, dir etwas übelnimmt oder du ihn unwissentlich verletzt hast. Den ganzen Tag musst du bei deiner Arbeit daran denken, was wohl jetzt aus Eurer Beziehung werden soll. Am Abend ist dein Partner wie ausgewechselt, er ist total glücklich, weil er mit dem neuen Computer an seinem Arbeitsplatz viel besser zurecht gekommen ist, als er vorher glaubte. Der Gedanke daran, hilflos vor der Maschine zu sitzen, hatte ihn am Morgen sehr beschäftigt und niedergedrückt. Hättest du gleich, als dir sein Verhalten aufgefallen ist, die Realität überprüft und ihn gefragt, was mit ihm los ist, hättest du einen wesentlich angenehmeren Tag gehabt.

Merksatz: Komm auf den Boden der Tatsachen zurück!

Jetzt kennst du eine Menge nützlicher Reframing-Werkzeuge, um Erfahrungen systematisch umzudeuten und umzuwerten, bis du einen Rahmen gefunden hast, der dir hilft, eine Tatsache als Sprungbrett für deine Entwicklung zu verwenden. Damit du das große Thema dieses

Kapitels in seiner Bedeutung für dich noch umfassender verstehen kannst, gebe ich dir im nächsten Abschnitt noch einige Einblicke in die spirituelle Bedeutung dieser Möglichkeiten. Denn was du bisher gelesen hast, ist zwar im Rahmen des NLP neu formuliert und strukturiert worden, aber neu ist es an sich nicht! Spirituelle Lehrer aller Zeiten haben diese wichtigen Erkenntnisse an ihre Schüler vermittelt, damit diese es leichter auf ihrem Selbstfindungsweg hatten.

Die spirituelle Bedeutung des Reframings

Das Wort »Esoterik« heißt sinngemäß übersetzt »Das, was im Verborgenen ist«. Wird dieses »Verborgene« von engagierten, wissenden Menschen gefunden, enthüllt sich ihnen damit die innere Struktur der Schöpfung. Dies ist die spirituelle Ebene des Universums. Oberflächlich betrachtet ist unsere Welt chaotisch, und die vielen Dinge, die auf ihr ständig passieren, scheinen meist untereinander keinen spirituellen Zusammenhang zu haben. Und solange du dein Leben auf diese oberflächliche, sinnentleerte Weise betrachtest, wirst du innerlich immer verzweifelter und hoffnungsloser werden. Wenn nichts Sinn hat, warum sollst du dann gut zu anderen sein? Warum sollst du versuchen, jeden Tag zu lernen und dich zu entwickeln. Es führt dich doch nirgendwo hin. Welchen Sinn hat dein Leben? Wenn Die Welt sinnlos ist, was brauchst du dann eine *persönliche Beziehung zu Gott*, eine *religio* (persönliche Gotteserfahrung)?

Menschen, die sich von diesen Fragen stark bewegen lassen, beginnen zu suchen. Wenn sie nicht aufgeben, werden sie mit der Zeit ein tieferes Verständnis der Welt entwickeln. Sie sind auf dem Weg zum Licht ein gutes Stück vorangekommen.

Sobald du dir die esoterische Perspektive der Weltsicht erschließt, verlässt du die Ebene der Sinnlosigkeit und nimmst die übergreifende Struktur, die dich und die Welt im Ganzen tragen kann, wenn sie akzeptiert wird, immer mehr wahr. Je tiefer du kommst, desto sicherer wirst du, desto mehr wirst du getragen, weil du dich tragen lässt.

Nun ist es nicht so einfach, die tiefere, esoterische Bedeutung der Ereignisse in deinem Leben zu verstehen. Aber es lässt sich lernen. Zum Beispiel mit dem Reframing-Werkzeug des NLP.

Im Zen, dem taoistischen Weg, dem Sufismus und vielen anderen großen spirituellen Traditionen helfen Lehrer ihren Schülern, auf dem Weg zur Erleuchtung voranzukommen, indem sie feste Überzeugungen, wie die Welt funktioniert, wie die Menschen sind und wer der Schüler selbst ist, gründlich in Frage stellen. Sie verlangen immer wieder Wechsel der Betrachtungsweise. Sobald der Schüler glaubt, endlich dem Lehrer entsprochen und die richtige Position eingenommen zu haben, die richtige Meinung zu vertreten, akzeptiert sein Meister diesen Standpunkt schon wieder nicht mehr. Die natürliche Reaktion eines Menschen darauf ist Verwirrung, Unsicherheit. Auf diesem wackeligen Boden wird dem Schüler einfach alles an scheinbar objektiven Überzeugungen und Glaubenssätzen, was er jemals zum Festhalten hatte, genommen. Ängste kommen dadurch genauso wie Wut an die Oberfläche des Bewusstseins und müssen verstanden, angenommen und transformiert werden.

Ziel dieses Spiels ist es nicht, einen Schüler dann doch irgendwann auf die einzig richtige Wahrheit einzustimmen, sondern ihn durch die ständigen Wechsel der Perspektive wieder an echte Lebendigkeit zu gewöhnen. Er soll seine subjektive Sicherheit im Fluss des Lebens – dem ewigen Wandel -finden und nicht in der trügerischen, tödlichen Ruhe stehenden Wassers, das, weil es nicht mehr bewegt wird, bald zu faulen beginnt. In dem Moment, wo ein Mensch irgendwie mitkriegt, dass es nichts Festes, endgültig und objektiv in jeder Situation Richtiges im Leben gibt, steckt er den Kopf aus den Wolken und versteht in einem Erleuchtungserlebnis die wahre Struktur der Schöpfung – ohne es je in Worten wirklich vermitteln zu können. Insofern ist auch dieser Text nicht genau das Richtige, das einzig Wahre. Aber er kann dir, wenn du dich zwischen den Zeilen in seine Atmosphäre einfühlst, vielleicht als Krücke ein Stück weiter helfen.

Das wunderbare Instrument des Wieder-lebendig-Werdens ist das Reframing. Es ermöglicht dir, zu jeder beliebigen Situation deines Lebens immer wieder neue Auswertungsstandpunkte einnehmen zu können. Diese Übung wird dich immer flexibler, geschmeidiger und damit lebenstüchtiger machen. Verwende Reframing bei großen und kleinen Schwierigkeiten aller Art oder einfach nur zum Spaß, um im Training zu bleiben.

Wir sehen uns dann irgendwann vielleicht über den Wolken. Bis dahin viel Spaß beim Leben!

Kapitel 7

Pacing – Herzensbrücken bauen

Pacing ist ein weiterer Fachbegriff aus der NLP-Sprache und bezeichnet den Vorgang, in dem sich ein Mensch auf einen anderen gefühlsmäßig einstellt, zu ihm in Resonanz tritt, mit ihm zu schwingen und zu fühlen versucht. Im esoterischen Sprachgebrauch wird dieser Prozess mit den Worten »sein Herz für einen anderen öffnen« umschrieben. Ich nenne ihn »Herzensbrücken bauen«. Eine tragfähige Herzensbrücke, ein gelungenes Pacing wird im NLP als »Rapport« bezeichnet. Für einen Therapeuten oder einen Lehrer ist es unbedingt notwendig, Rapport zu seinen Klienten schaffen (zu pacen) und halten zu können. Denn nur aus diesem Gefühl des Vertrauens, der Geborgenheit, des Sicher-geleitet- und des Respektiert-Werdens kann Heilung und ganzheitliches Lernen stattfinden. Wenn ein Therapeut zu einem Klienten Rapport aufgebaut hat und dieser sich auf die als sicher bewertete Führung aus seinen Problemen heraus einlässt, wird dies »Leading«, also »Führen«, genannt. Ein therapeutischer oder pädagogischer Prozess, gleich welcher Art, fußt *immer* auf Pacing, Rapport und Leading. Ohne diese Troika funktionieren die besten, genau auswendig gelernten Entwicklungs- und Heilungstechniken nicht. Mit den Dreien geht alles, selbst wenn die angewandten Techniken nur fehlerhaft eingesetzt werden.

Was passiert nun genau beim Pacen, bei dem Bauen von tragfähigen Herzensbrücken?

Wie Pacing *nicht* funktioniert

Bevor wir zusammen in Übungen einsteigen, über die du lernst, Herzensbrücken auf die richtige Weise zu bauen, lass uns verschiedene Verhaltensweisen in diesem Zusammenhang näher untersuchen, die zwar *oberflächlich* geeignet erscheinen mögen, sich auf andere Menschen einzustellen, es aber in der Praxis verhindern, wenn sie ohne tiefere Kenntnisse und innere Hingabe angewendet werden, dass eine echte Resonanz zwischen Menschen entstehen kann.

a. Das Angleichen der Atemgeschwindigkeit
b. Eine ähnliche Körperhaltung einnehmen.
c. Die Wortwahl, die Sprechgeschwindigkeit, den Sprechrhythmus, die Modulation und die Tonhöhe an einen anderen anpassen.
d. Die Körpersprache auf die des Gesprächspartners abstimmen.
e. Gleiche Ansichten zu wichtigen Themen äußern.
f. Kleidung, Parfüm, Auswahl von Speisen und Getränken an den vermuteten Vorlieben des anderen orientieren.
g. Sonstige Verhaltensangleichungen vornehmen.
h. Auf Besitzstände, Ausbildungen, persönliche Fähigkeiten hinweisen.

Alle diese Maßnahmen werden dein Gegenüber zumindest unterbewusst irritieren, *wenn du nicht so bist*, wie du vorgibst zu sein. Gleichzeitig beanspruchen sie deine Aufmerksamkeit ziemlich, denn du musst ja ständig deine Maske auf ihren Sitz überprüfen, damit dein echtes Verhalten nicht an die Oberfläche gelangt und den Betrug offensichtlich macht. Ganz schön anstrengend, so etwas ... Dabei geht es anders viel einfacher, ehrlicher und angenehmer.

Die unter a. bis d. Dargestellten Angleichungen werden automatisch über dein Unbewusstes ausgelöst, wenn du den anderen wirklich von Herzen magst, ihn respektierst und mit ihm fühlen kannst. Die Punkte e. bis g. werden gleich, ähnlich oder unterschiedlich sein – es ist egal für Pacing und Rapport, wenn dein Herz für den anderen offen ist. Zum Punkt h.: Natürliche Autorität hat jeder, der in einer Situation fair, menschlich- liebevoll und fachlich kompetent handelt.

Pacen kannst du lernen

Herzensbrücken zu bauen ist erlernbar. Therapeuten müssen sich diese Fähigkeit aneignen; *gute* Verkäufer, Manager und Seminarleiter auch. Ohne Pacing und Rapport funktioniert keine Partnerschaft, keine

„Quaaak!"

Freundschaft und keine Eltern/Kind-Beziehung. Jeder entwickelt diese Fähigkeit in gewissem Umfang, wenn er heranwächst und sich mit seinem sozialen Umfeld arrangiert.

Die meisten lernen es unbewusst, und ich bin mir ziemlich sicher, dass du auch schon eine Menge echte, tragfähige Herzensbrücken in deinem Leben gebaut hast. Wenn du es lernst, diese Fähigkeit bewusst und strukturiert anzuwenden, werden es noch eine Menge mehr werden, und bereits vorhandene kannst du mit deinen Kenntnissen ausbauen.

Es ist schön, zu vielen Menschen herzliche Beziehungen zu unterhalten. Trennungen von einzelnen werden durch andere starke Beziehungen relativiert, der Alltag wird sonniger, und Schicksalsschläge, die dich vielleicht doch noch mal trotz NLP treffen, lassen sich besser verkraften. Der folgende Abschnitt enthält ein praxiserprobtes Trainingsprogramm für die Fähigkeit des Pacens.

Herzensbrücke I – Erkenne dich im anderen wieder

Halte deine Aufmerksamkeit bei deinem Partner und vergleiche seine Standpunkte, seine Körpersprache, sein Erscheinungsbild, sein Verhalten im Geiste mit deinem. Achte auf Ähnlichkeiten. Durch diese Wahrnehmungsübung wird mit der Zeit Sympathie für den anderen wach werden.

Aufpassen! Wenn dir dein Gegenüber etwas von sich zeigt, was einem Teil deiner Identität ähnlich ist, den du aber ablehnst, wirst du durch diese Übung Angst bekommen oder aggressiv werden. Wer andere lieben lernen will, muss *zuerst* sich selbst akzeptieren und lieben lernen. Dabei kann dir die nächste Übung helfen.

Herzensbrücke II – Selbstintegration

Nimm dir eine gute halbe Stunde Zeit und entspanne dich, indem du zum Beispiel einfach eine Weile auf den Schlag deines Herzens achtest. Dann bitte dein Unterbewusstsein um ein Symbol für alles, was du bist. Egal, was dann kommt, akzeptiere es. Schreibe in deiner Vorstellung deinen Namen auf ein Schild, das du unten an dem Symbol befestigst. Bitte nun dein Unterbewusstsein, schwarze Flecken oder eine andere eindeutige Markierung darauf anzubringen, die die Bereiche deines Seins darstellen sollen, die du noch nicht lieben gelernt hast. Lasse zu, was geschieht. Sorge dich nicht, wenn viel Schwarz auftaucht. Erstens beweist dir damit dein Unterbewusstsein sein Vertrauen und zweitens bist du mit dieser Übung gerade dabei, Liebe in bisher ungeliebte Bereiche deines Selbst fließen zu lassen. Nun atme ruhig und regelmäßig. Stell dir dabei vor, wie du mit der Atemluft frische, belebende Energie in deinen Herzbereich ziehst, bis dieser ganz angefüllt ist mit vibrierender, warmer, vitaler Kraft[45]. Bitte dein Unbewusstes, weiter Kraft durch die Atmung dorthin strömen zu lassen, bis du ihm ausdrücklich mitteilst, es möge dies beenden.

Gehe in Gedanken in eine Situation in der Vergangenheit zurück, in der du so sehr geliebt hast, dass für kein anderes Gefühl in dir mehr Platz war. Versetze dich mit allen Sinnen in den schönsten Moment dieser Erfahrung hinein. Dehne ihn zeitlich aus, damit du ihn länger genießen kannst und spüre, wie sich dein Gefühlszustand verändert, wie dein Herz sich dabei öffnet. Nun sende aus dem Zentrum deines Herzens einen rosa-grün-weißen Strahl, der deine Bereitschaft zu lieben symbolisiert, zu dem Symbol, das du bist. Gib all deine Liebe und deinen Respekt in den Strahl. Wenn du Angst, Trauer, Wut oder ein anderes Gefühl spürst, sage laut: »Ich spüre (das Gefühl einfügen), und ich möchte mich auch in diesem Bereich meines Seins von Tag zu Tag mehr respektieren und lieben lernen!« Beende die Übung, indem du dich bei deinem Unterbewusstsein für sein Vertrauen und seine Hilfe bedankst und es bittest, bei der nächsten Gelegenheit, wenn du es brauchst, wieder mit dir zusammenzuarbeiten. Atme noch solange in deinen Unterbauch, bis du dich ganz entspannt und wohl fühlst. Dann hole ein paarmal tief Luft, spanne kurz alle deine Muskeln an, öffne deine Augen und nimm

[45] Solltest du ein schwaches Herz haben, führe diese Übung nur solange aus, wie du dich damit *vollkommen* wohl fühlst. Beende bei kleinsten Anzeichen eines Missbehagen sofort diesen Schritt und gehe zum nächsten über. Verschwindet die Disharmonie dann nicht innerhalb weniger Atemzüge, beende die Übung, indem du deine kleinen Finger sanft massierst und in den Unterbauch knapp unterhalb deines Bauchnabels atmest. Lass dein Herz von einem Naturheilkundler deines Vertrauens behandeln, bis es stabil genug ist, bevor du diese Übung intensiver durchführst.

wieder Kontakt mit der Außenwelt auf, indem du dich in deiner Umgebung umschaust und einige Dinge anfasst. Stehe langsam auf.

Sollten sich keine schwarzen Flecken oder andere eindeutige Markierungen für nicht geliebte Anteile zeigen, heißt das nicht, dass du dich bereits in allen Bereichen deines Selbst liebst. Gehe eher davon aus, dass dir dein Unterbewusstsein auf diese Weise mitteilt, wie groß seine Angst ist, irgend etwas davon zu zeigen. Führe in diesem Fall die Übung ebenfalls wie oben beschrieben durch, nur hülle *das gesamte Symbol* in die Strahlen der Liebesenergie ein.

Wiederhole diese Übung regelmäßig – am besten täglich. Je öfter du sie durchführst, desto mehr wirst du dich selbst liebevoll anzunehmen lernen und diese Kraft auch in immer größerem Maße ausstrahlen. Diese Voraussetzung wird dir das Pacen anderer enorm erleichtern und es zu einer ganz natürlich eingesetzten Fähigkeit werden lassen. Es ist möglich, dass du dich in der ersten Zeit, in der du die Übung durchführst, schlecht fühlst; dass viele Gefühle in dir aufsteigen und du leichter als sonst verletzlich bist. Dies sind Begleiterscheinungen der durch die Übung bewirkten Umstrukturierung. Später, nachdem der Umstellungsprozess durchlebt ist, wirst du wesentlich stabiler und kräftiger sein und dich rundum wohler fühlen.

Herzensbrücke III – Die Schokoladenseiten des anderen wahrnehmen

Diese Übung ist sehr einfach und wird dir mehr Wahlmöglichkeiten in der Gestaltung deiner Beziehungen verschaffen. Ihre Wirkung basiert auf der Erkenntnis, dass ein Mensch seine Aufmerksamkeit in weiten Grenzen lenken kann und dass Gefühle, wenn sie einmal in Gang gebracht werden, nicht mehr ausgelöscht, sondern nur gleich oder mit zeitlichem Verzug ausgelebt werden können. Deine Aufmerksamkeit kannst du also steuern; deine Gefühle nicht. Nutze diese Gesetzmäßigkeit, indem du bei einem anderen Menschen nur so lange, wie du brauchst, um sie einmal deutlich und bewusst wahrzunehmen, mit deiner Aufmerksamkeit bei Wesenszügen bleibst, die du nicht magst. Bleibe aber so lange, wie es ohne Verletzung deiner Interessen möglich ist, mit deiner Wahrnehmung bei Seiten seiner Persönlichkeit, die deine Achtung, deine Sympathie, dein Mitgefühl oder eine andere positive Resonanz auslösen.

Aktives und passives Pacen

Ich unterscheide grundsätzlich zwei Arten des Pacings: einmal die passive, wie ich sie im vorangegangenen Abschnitt geschildert habe und die für den Kontakt mit Einzelpersonen geeignet ist, und weiterhin die aktive, die sich für die Herstellung von Rapport zu Gruppen eignet. Wenn du mit vielen Menschen zu tun hast, beispielsweise bei Vorträgen, Seminaren oder Kindergeburtstagen, ist es nicht möglich, sich auf jeden einzelnen wie oben beschrieben einzustellen. Statt dessen gehe wie folgt vor, um eine Herzensbrücke zu bauen, die dein Publikum und dich tragen kann ...

Schritt 1: Mache dir vorher klar, welche Gefühle, Erwartungen und Ängste wohl in Bezug auf die Veranstaltung, das Thema und deine Person in deiner Zuhörerschaft sein könnten.

Schritt 2: Gehe offen mit deinen Gefühlen, Erwartungen und Ängsten um und lache auch mal öffentlich über dich und deine Menschlichkeit. Wenn du die oben beschriebene Selbstintegration schon des Öfteren durchgeführt hast, wird dein Lachen aus deinem Herzen kommen. Kannst du noch nicht wirklich über dich und deine menschliche Fehlerhaftigkeit lachen, tu auch nicht so. Diese Offenheit ist für die anderen Menschen ein Hinweis darauf, dass du sie mit ihren Schwächen und Fehlern wahrscheinlich auch akzeptieren wirst. Werden bei jemandem Schwächen deutlich, putz ihn nicht deswegen herunter, sondern zeige ihm, dass du ihn als Menschen respektierst und annimmst. Das bedeutet nicht, dass du zu allem »Ja und Amen!« sagen sollst, sondern nur, dass du auch deinem Partner in einer möglichen Auseinandersetzung mit Achtung und der Bereitschaft zum Einlenken begegnest.

Schritt 3: Erzähle kurze Geschichten oder flechte Aussagen ein, aus denen zu entnehmen ist, dass du die Erwartungen, Gefühle und Ängste der Menschen verstehst und respektierst – auch wenn deine Einstellungen, die du ebenfalls offen ansprechen solltest, anders sind. Betone gemeinsame Ziele und lache nie über einen Menschen, sondern nur über menschliches Verhalten. Offenbart jemand bewusst oder unbewusst Schwachpunkte seiner Persönlichkeit, lass diese Situation nie ohne ein

Reframing – siehe das diesbezügliche Kapitel – vorübergehen, das den Wert dieser »Fehler« in bestimmten Erfahrungsbereichen betont, die viele Gruppenmitglieder als »wichtig« bewerten, oder den Nutzen dieses Verhaltens für die Ziele der Gruppe deutlich macht. *Konstruiere* dabei nichts, sondern führe ein Reframing immer nur aus einem *wirklichen Verständnis des Sinnes und des Wertes* durch, den du dafür als ergänzenden Gesichtspunkt verwenden willst.

Schritt 4: Lass nicht zu, dass in der Gruppe ein Mensch von anderen persönlich angegriffen wird. Halte statt dessen Auseinandersetzungen immer in einem sachlichen Bereich und verweise die Teilnehmer auf ihre Eigenverantwortung bezüglich ihrer eigenen Gefühle (Trennung von objektiven und subjektiven Mustern beziehungsweise der Sach- und der Beziehungsebene) und gehe darauf ein, indem du ihnen hilfst, sich gegenseitig mit ihren Gefühlen anzunehmen, ohne diese sachlich begründen zu wollen.

Schritt 5: Danke der Gruppe, dass sie da ist und du mit ihr arbeiten darfst – aus deinem Herzen. Geht das noch nicht, arbeite an deinem sachlichen Verständnis und deiner gefühlsmäßigen Akzeptanz der Wichtigkeit von Schülern für einen Lehrer.

Ein kleiner Tipp: Wenn es möglich ist, führe zum Beginn einer Gruppenveranstaltung und nach jeder längeren Pause ein kurzes Ritual durch, das als »Energiekreis« bekanntgeworden ist. Dabei fassen sich alle Teilnehmer an den Händen, schließen die Augen und spüren einfach nur einige Zeit in sich hinein. Der offenere und liebevollere Umgang miteinander wird dadurch wesentlich leichter.

Bedeutet Herzensbrücken zu bauen und zu erhalten, alles zulassen zu müssen?

Dies fragen sich viele Menschen, wenn sie mit diesem Thema umzugehen lernen. Und die Antwort ist ein klares »Nein!«. Herzensbrücken beruhen auf Gegenseitigkeit. Wenn du dir Mühe gibst, dich auf einen anderen einzulassen, und dieser schlägt dir daraufhin – wortwörtlich oder im übertragenen Sinne – auf einen Punkt, wo es dir sehr weh tut, musst du dich abgrenzen können und ihm unmissverständlich klarmachen, dass die nächste Aktion dieser Art auch für ihn äußerst unangenehme Konsequenzen haben wird. *Denn wenn du dich liebst, schützt auch du dich vor Verletzungen und der Missachtung deiner Bedürfnisse.* Rapport bedeutet Resonanz, aber nicht um den Preis der Selbstaufgabe. Pacing geschieht durch Mitgefühl, aber nicht unter Verleugnung des eigenen Gefühls. Pacing und Rapport sollen helfen, Rache, Intoleranz, Vorurteile, Missgunst, Neid, Eifersucht, Angst und Hass aufzulösen. Aber nicht, dich nicht mehr zu wehren, wenn es nötig ist, oder andere, die sich nicht wehren können, nicht zu verteidigen. Es ist ebenfalls nicht sinnvoll, andere Menschen ständig nur pacen zu wollen. Pacen und »Nichtpacen« sollten sich wie alle »Yin/Yang-Elemente« im Leben ständig abwechseln und insgesamt die Waage halten. Wenn dir nicht danach ist, auf jemanden einzugehen, lass es. Sonst wirst du mit der Zeit deine Identität verlieren. Viele Therapeuten rutschen in die Falle des »Zwangs-Pacens«.

Zum Abschluss dieses Kapitels möchte ich dir noch eine kleine Geschichte erzählen, die mir einmal zugeflogen ist.

Ein alltäglicher Fall

An einem meiner kargen freien Tage saß ich nach einem ausgedehnten Frühstück über der Tageszeitung und war bald die neuen und doch eigentlich immer gleichen deprimierenden Nachrichten leid. So legte ich das Blatt zur Seite und stöberte nach einer kurzen meditativen Einstimmung mal wieder in der Akasha-Chronik[46]. Nach einer Weile fand ich auf einer Seite, die mir bisher entgangen war, eine Geschichte, die schnell meine Aufmerksamkeit fesselte. Unter der unscheinbaren Headline »Neues aus den unteren Dimensionen« stand der folgende Bericht.

In der Behausung des Teufels irgendwo tief in der 7. Hölle brannte noch spät das Licht einer kleinen Nachttischlampe. Müde, aber gefesselt von einem Buch, das er sich heute erst von dem Lichtstrahl-Ver-

[46] Ein Mittelding zwischen Bildzeitung für spirituelle Profis und einer kosmischen Enzyklopädia Britannica. Sehr umfangreich und nur unter gewissen Bedingungen im Abonnement erhältlich.

sandbuchhandel hatte schicken lassen, lag der Gehörnte in seinem Bett und las. Neben ihm stapelten sich die Standardwerke der New-Age-Literatur und der modernen Psychotherapie. Einträchtig lagen da »Vom Yeti zum Yogi in 90 Tagen« neben »Heilung der Hühneraugen nach der Methode der Galaktischen Bruderschaft« und »Wachsen zum Licht – befreie auch du dich von den Fesseln des Kinderwagens«. Nach einer weiteren halben Stunde legte Herr Satan das Taschenbuch beiseite und schaute verträumt in die glühende, dampfende Lava vor seinem Fenster. »Ob es wohl auch für mich noch Hoffnung gibt?« dachte er und ließ seine Familiensituation und seine ihm durch das Buch bewusst gewordenen frühkindlichen Prägungen vor seinem geistigen Auge Revue passieren. »Aus mir konnte ja nichts werden«, überlegte er weiter. »Schon meine Großmutter ist irgendwie psychotisch, meine Eltern waren egoistisch-komplementärnarzistisch und kaum mal für mich da, weil sie immer auf der Erde gegen die himmlische Konkurrenz anarbeiten mussten. Und wenn Papa dann gestresst nach Hause kam, gab es immer die gleichen Geschichten: »Hah! Heute habe ich es diesem aufgeblasenen Erzengel Michael aber wieder gezeigt! Gar nichts mehr hat der gesagt! Gar nichts mehr! Ich habe 50 % mehr Schwarze Messen in diesem Jahr geschafft und über 20 % mehr Kirchenaustritte als in der letzten Abrechnungsperiode. Nur mit einigen Gebietsleitern gibt es immer noch Probleme. Die haben schon wieder verpfändete Seelen reihenweise verschludert. Wie soll ich da meine Abrechnungen nachprüfen?!«

So ging es dann immer weiter und der kleine Teufel bekam keine Zuwendung und ließ traurig seinen Schwanz hängen. Aber auch darauf achtete ja keiner. Tja, und so geriet auch er auf die schiefe Bahn. Keiner mochte ihn leiden. Sogar in der Hölle war er irgendwie unbeliebt. Menschen rannten vor ihm weg und fluchten mit seinem Namen. Klar, er hatte eine Menge Erfolg und Macht und konnte sich alles leisten. Aber was waren schon materielle Güter ohne innere Harmonie, spirituelles Bewusstsein, Persönlichkeitsentwicklung und vor allem ohne richtige Freunde, einen Partner, der einen aufrichtig liebt?! Der Teufel seufzte tief. Sein Blick glitt über die Bücher und irgendwie kam ihm alles so sinnlos vor. Sie konnten ihm auch nicht wirklich helfen. Es war ja doch nur totes Papier.

»Aber halt!« Er setzte sich, plötzlich putzmunter geworden, auf. »Natürlich! Irgendwer hatte die doch geschrieben!« So stöberte er seine umfangreiche Selbsthilfebibliothek durch und wurde auch bald fündig. Die Werke, die die meisten Bewusstwerdungsprozesse in ihm bewirkt hatten, waren ausnahmslos von Dr. Devadip Anand Satarasch Erwin Kleinfeld geschrieben. Aufgeregt blätterte er in einem Anhang. Ja, da stand es: »Wenn du Probleme hast, die du durch meine in diesem Buch dargelegten Selbsthilfetechniken nicht auf Anhieb lösen kannst, wende dich bitte an mich zwecks Vereinbarung einer energetisch-transformatorischen Lösungsprozesssitzung.« Mit noch mehr als sonst leuchtenden Augen blickte der Verderber der Gerechten auf und klappte langsam das Buch zu. »Ja«, sagte er mit leiser, aber hoffnungsvoller Stimme, »ich muss es tun. Nur er kann mich heilen. Der transformatorische Lösungsprozess wird auch mich weiter zum Licht und zur Liebe führen!« Am nächsten Morgen, gleich in der Frühstückspause, zog er sich von seinen Mitarbeitern zurück, die ja schließlich nicht alles Private mitkriegen mussten, und rief bei Dr. Devadip Anand Satarasch Erwin Kleinfelds Praxis an. Nach zweimaligem Klingeln bekam er eine Verbindung. Eine wunderschöne Musik ertönte und eine angenehm warme Männerstimme sagte: »Hallo, du hast richtig gewählt. Hier ist das Lichtkristallzentrum von Devadip Anand Satarasch. Ich bin gerade in einer Sitzung und kann deshalb leider nicht persönlich mit dir sprechen. Du erreichst mich zu folgenden Zeiten ...«

Der Teufel notierte sich die Sprechzeiten und spürte einen Anflug von Eifersucht. Der hatte auch noch andere Klienten. Aber schnell schob er solche unwürdigen Gedanken beiseite und ging wieder an seine Arbeit. Später am Nachmittag hatte er endlich Erfolg. »Ja, hier Anand, was kann ich für dich tun?!« klang es leicht gestresst aus dem Hörer. »Äh, ja, ich bräuchte einen Termin. Ich habe da ein paar Probleme, vielleicht ungewöhnliche Probleme – ich weiß nicht. Könnten sie mir da wohl helfen?!« sprach der Teufel ganz aufgeregt. »Keine Sorge, das kriegen wir schon hin. Ein Problem, dass ich nicht kenne und lösen kann, gibt's nicht«, antwortete Dr. Devadip Anand Satarasch bestimmt. »Ich habe Psycholinguistische Chakraharmonie-Therapie im Enlightment-Pyramid-Center, New York, gelernt und Müller-Work bei Müller selbst, mit dem ich auch zusammenarbeite. Ich und Müller haben auch ein Buch zusammen geschrieben.«

Das kannte der Teufel sogar aus dem Lichtstrahl-Versandbuchhandel und er erstarrte innerlich vor Ehrfurcht, denn was er in diesem bahnbrechenden Werk gelesen hatte, klang irgendwie toll, das wusste er noch genau, wenn er auch nicht ganz verstanden hatte, um was es eigentlich im Einzelnen ging. »Außerdem«, fuhr der Therapeut fort, »kann ich mit meiner direkten Aurasicht alle Blockaden in Null Komma nix finden. Die löse ich dann mit der Kraft der universellen transformatorischen Lösungsschwingung ganz sanft auf. Dann kommt dein wahres, göttliches Ich zum Vorschein, das über den niederen Energien deiner emotionalen Panzer steht, und dein negatives Karma wird dabei auch noch harmonisiert.«

Der Teufel konnte es inzwischen kaum erwarten, einen Termin zu bekommen, und zufällig hatte Dr. Devadip Anand Satarasch Erwin Kleinfeld gerade noch für eine Intensiv-Sitzung am nächsten Freitag Zeit. Zwar musste der Teufel sich da Urlaub nehmen und die Therapiestunde kostete so viel, dass selbst er, der geradezu höllisch abgebrüht war, ein paarmal schlucken musste, aber es ging ja schließlich um seine innere Harmonie und die Karmabereinigung!

Als der bewusste Tag gekommen war, hatte der Teufel eine Zeit voller widersprüchlicher Gefühle hinter sich. Oft war er schon dicht dran gewesen, seinen Termin abzusagen, weil er irgendwie meinte, doch allein klarzukommen. Aber es siegte immer wieder die innere Botschaft, die ihm sagte, es sei so wichtig für ihn – und seine Tarotkarten meinten das ebenfalls. Allerdings traute er sich nicht ganz unvorbereitet in das Lichtkristallzentrum. Er zog sich einen langen Trenchcoat an, der seine Gestalt – und vor allem seinen Schwanz – verbarg, setzte einen Hut auf, damit seine Hörner nicht sichtbar wurden, band sich einen Schal um, zog Handschuhe, Sonnenbrille und Stiefel an. Sorgsam verteilte er einen halben Liter teueres französischer After Shave auf seiner ledrigen Haut, damit niemand gleich seine Herkunft roch. So gewappnet ging er dann aus dem Haus und machte sich auf den Weg zu seiner ersten Therapiestunde.

Der Eingang zum Lichtkristallzentrum war sehr eindrucksvoll, und der Teufel meinte auch eine sehr helle, klare Schwingung von dem Gebäude ausgehen zu spüren. An der Tür stand auf einem Messingschild in violetter Schrift: »Dr. Devadip Anand Satarasch Erwin Kleinfeld -Psycholinguistische-Chakra-Harmonie-Therapie – Müller-Work Master-Enlighter – Universell-transformatorische Lösungsprozessbegleitung – Termine nach Absprache«. Einen Moment blieb der Herrscher der vereinigten Nieder-, Mittel- und Oberhöllen zögernd und wieder unsicher geworden stehen. Dann fasste er sich, atmete tief durch – und klingelte.

Ja, er hatte es geschafft. Er war aus eigener Kraft zu seinem Heiler gekommen. Jetzt, endlich, nach Tausenden von Jahren mit Gefühlsblockaden und dem Ansammeln schlechten Karmas würde er die Fesseln sprengen und sein göttliches Selbst entdecken. Er war irgendwie glücklich.

Die Tür öffnete sich, und Dr. Devadip Anand Satarasch Erwin Kleinfeld stand vor ihm. Ein schmächtiger Mann mittleren Alters, in Weiß gekleidet, ein wenig übergewichtig, aber das war Buddha ja auch gewesen, den der Teufel in seinen schlimmen Jahren vor langer Zeit reichlich gepiesackt hatte. Und dieser Mensch lächelte ihn warm an. »Komm rein, schön, dass du da bist«, sagte er. Der Gebieter über die Geschöpfe der Nacht trat ein. »Lass uns gleich in den Transformation-Room gehen, ich spüre deine Veränderungsbereitschaft, da muss man die Gelegenheit nutzen.«

Der Teufel machte innerlich einen Luftsprung vor Freude und Erleichterung. *Sein Therapeut ... spürte ... seine Veränderungsbereitschaft!!!* Wie sensibel dieser Mensch doch war, wie selbstbewusst und klar und kraftvoll und spirituell. Der Teufel beglückwünschte sich zu seiner Wahl. Er hätte gar keine Angst haben müssen vor der Therapiestunde. Und er spürte auch schon so ein Fließen in seinen Blockaden. Bestimmt arbeitete Dr. Devadip Anand Satarasch bereits irgendwie mental-energetisch oder karmaholisch mit ihm.

Er war so in Gedanken versunken, dass der Therapeut bereits das dritte Mal die gleiche Frage stellte, bevor der Teufel es mitbekam. »Wie? Oh ja. Ich soll meine Kleidung und meine Sonnenbrille ablegen, meinen sie. Ja gern, aber, ehrlich gesagt, ich habe da etwas Hemmungen. Ich sehe nicht so aus wie andere Leute, wissen sie. Und das ist mir peinlich, außerdem will ich sie nicht erschrecken.« Der Therapeut schaute ihn mit professionellem, liebevollem Lächeln an und entgegnete: »Ich habe Tausende von Menschen geheilt. Viele von ihnen dachten auch, sie wären anders und nicht liebenswert, aber das ist nicht so. Du wirst sehen. Wir werden zusammen durch den transformatorischen Lösungsprozess gehen und dann wirst du dein Göttliches Selbst entdecken, das ich schon jetzt wahrnehme, wie bei allen Menschen, die um mich sind. Und nun leg deine Verkleidung ab, in 40 Minuten kommt noch jemand für ein Intensiv-Enlightment und wir wollen doch genügend Zeit haben.«

Der Teufel nahm all seinen Mut zusammen, atmete tief in sein Hara, um sich zu zentrieren, wie er es aus dem bahnbrechenden Aura-Buch eines Herrn Kiel oder Hamburg oder so ähnlich gelernt hatte und nahm seine Brille ab. Der Hut folgte, und als er den Mantel auszog und sich umdrehte, hörte er den Krach einer umstürzenden Therapieliege, hinter der sich Dr. Devadip Anand Satarasch Erwin Kleinfeld verschanzt hatte. »Jesus, Maria, Josef! Vater unser im Himmel. Geheiligt werde dein Reich, und unser täglich Schuld gib uns heute!« Der Therapeut betete laut weiter alles, was ihm an lichtvollen Sprüchen einfiel, und schrie zwischendurch mit sich überschlagender Stimme, während er Kreuzzeichen schlug: »Weiche Satanas! Weiche! Oh Himmel, hilf! Ich trete auch morgen wieder in die Kirche ein und beichte täglich zweimal. Weiche Satanas!« Der Teufel sah dem Therapeuten einen Moment verständnislos zu, bevor ihm klar wurde, was aus der Situation geworden war. Müde winkte er ab und sagte: »Steh wieder auf, ich bin nicht im Dienst. Erst morgen wieder.«

Dann drehte er sich um und ging etwas gebeugter, als er gekommen war, hinaus. An dem Praxisschild vor der Tür blieb er kurz stehen, musterte es nachdenklich, riss es dann mit geringer Anstrengung von der Wand und warf es weit, weit weg.

Es stank noch intensiv nach Schwefel vor der Haustür, als Erwin Kleinfeld dort blassen Gesichts und bewaffnet mit einem schweren Bilderrahmen, in dem eines seiner größten Therapeutenzertifikate klebte, vorsichtig die Lage erkundete.

Und so ist der Teufel heute immer noch mit schlechtem Karma behaftet und durch seine frühkindlichen Prägungen in seiner Gesellschaftsfähigkeit und seiner Berufswahl eingeschränkt. Aber diese Geschichte wird ständig weitergeschrieben, und vielleicht gibt es ja irgendwann einmal einen Menschen, dessen Herz auch für den Teufel groß genug ist. Möglicherweise wird dann ein ganz neues Kapitel aufgeschlagen ...

„Wissen Sie, was ein 'Visueller Anker' ist?"

Kapitel 8

Ankern – Talente auf Abruf

Was ist ein Anker?

Wenn Menschen etwas Beeindruckendes erleben, werden sie sich daran und an die dadurch hervorgerufenen Gefühle leicht erinnern, wenn sie später einmal einen kleinen Teil dieser Erfahrung wahrnehmen. So ein kleiner Teil einer Erfahrung, der geeignet ist, ein ganzes Erinnerungsmuster inklusive des dazugehörigen Gefühlszustandes wachzurufen, wird in der NLP-Fachsprache als *Anker* bezeichnet. Ein Beispiel: du hörst eine Musik während der Autofahrt im Radio und erinnerst dich daran, wie du früher mit einem anderen Menschen zu dem gleichen Lied getanzt hast und sehr glücklich warst. Es ist in diesem Fall zu einem Anker für dich geworden, der eine umfangreiche Erfahrung wieder vergegenwärtigen hilft. Nicht alle Bestandteile einer Erfahrung sind in der Regel so eindeutig mit ihr verknüpft. Die meisten Einzelinformationen können verschiedene Erinnerungen hervorholen. Denke zum Beispiel an die Farbe »Rot«. An was erinnert sie dich? Wahrscheinlich werden sich, wenn du dir ein bisschen Zeit lässt, eine Reihe von vergangenen Erlebnissen, Assoziationen und Gefühlen melden. Das bedeutet, dieser Anker »Rot« ist nicht eindeutig mit einer bestimmten Erfahrung verknüpft. Allerdings kann es sein, dass ein spezielles Erlebnis, ein und dieselbe Assoziation häufig oder sogar immer zuerst auftaucht, wenn du an »Rot« denkst oder auf etwas Rotes aufmerksam wirst. Vielleicht taucht in deinen Gedanken schnell ein roter Ball auf, mit dem du als Kind gern gespielt hast, oder ein spezieller Glaubenssatz[47] wie »Rot hat etwas mit

[47] Ein Glaubenssatz ist eine Überzeugung. Eine wichtige Definition von Robert Dilts zu dem Begriff »Glaubenssatz« lautet wie folgt: »Fest beibehaltene Verallgemeinerungen (Generalisierungen) über (1) Ursache, (2) Bedeutung und (3) Grenzen in (a) der Welt um uns herum, (b) unserem Verhalten, (c) unseren Fähigkeiten und (d) unserer Identität. ... Glaubenssätze lassen sich nur schwer durch landläufige Regeln der Logik oder des rationalen Denkens verändern.«

Wut zu tun«. Und erst danach folgen andere Erinnerungen und Assoziationen. Und auch die können in einer besonderen Reihenfolge geordnet sein.

Andere Beispiele für Anker sind ...

- Der Knoten im Taschentuch, der dich an etwas erinnern sollte. Was war das doch gleich?!
- Das Bild eines lieben Menschen an deinem Arbeitsplatz, bei dessen Anblick dir warm ums Herz wird.
- Der Geruch nach frisch gebrühtem Kaffee, der dich ans Frühstück denken lässt.
- Ein typischer Metallstern, der dich an eine teure Automarke erinnert.
- Der auf »karibisch« getrimmte Discoohrwurm, der in deinen Gedanken »spontan« eine spezielle Rummarke erscheinen lässt.
- Das Kreuzzeichen, mit dem du vielleicht eine bestimmte Geistes- und Glaubenshaltung verbindest.
- Das Buchstabensymbol »A«, das automatisch mit einem bestimmten Laut von sprachlicher Bedeutung verknüpft wird.
- Die beiden Buchstaben »WC«, die dir sagen, dass es hier in der Nähe ein stilles Örtchen geben muss.
- Ein Halteverbotsschild, das dich daran erinnert, in der Fahrschule gelernt zu haben, hier deinen Wagen nicht abzustellen, weil es sonst teuer werden könnte.
- Das Wort »Liebe«, mit dem du persönliche Erfahrungen, Glaubenssätze und Gefühlszustände verbindest (erinnerst).
- Ein Blinklicht am Armaturenbrett deines Wagens, das dafür sorgen soll, dass du deinen Sicherheitsgurt anlegst.
- Eine vertraute, typische Berührung, die dir sagt, dass dein Partner dich sehr, sehr gern hat.
- Ein ganz bestimmter Tonfall in der Stimme deines Chefs, aus dem du schließt, dass er jetzt sehr gereizt ist, und du jetzt besser, um einen Anfall seinerseits zu vermeiden, keine Angriffspunkte bieten solltest.
- Die drei Buchstaben »NLP« mit denen du zunehmend mehr Einzelinformationen, Erfahrungen und Assoziationen verknüpfst.

Du merkst, das ganze Leben besteht aus Ankern. Sie helfen uns, auf unkomplizierte Weise Erinnerungen wachzurufen, vernetzen Erfahrungen untereinander, damit wir Sinnzusammenhänge logischer (linke Gehirnhälfte) und nicht logischer Art (rechte Gehirnhälfte) herstellen können, verstärken Gefühlszustände, deren Energie wir zur Bewältigung schwieriger Lebenssituationen brauchen wie früher bei den Indianern der Kriegstanz oder heute die Lichterketten in der Weihnachtszeit, und vieles mehr. Anker können allerdings auch sehr hinderlich sein.

Welche Probleme unbewusste Anker erzeugen können

Wenn du mit einer bestimmten Formulierung, die dein neuer Partner gebraucht, einen in der Luft liegenden Streit verbindest, weil dein letzter Partner die immer gebraucht hat (und dich damit geankert hat), bevor die Fetzen flogen, wirst du unter Umständen Schwierigkeiten haben, diese Prägung loszulassen und dir auch vom Bauch her klarzuwerden, dass keine Gefahr mehr droht. Vor allem dann, wenn du noch nicht viel über Anker weißt und unbewusst die Einprägung und Auslösung bestimmter Reiz-Reaktionsbeziehungen (Anker) zulässt. Sie unterstehen in diesem Fall nicht deiner Kontrolle und steuern dich wie ein einmal programmierter Autopilot ein Flugzeug. Vielleicht, wohin du willst und wo es dir gefällt; vielleicht auch nicht.

Deswegen ist eine nützliche NLP-Übung, die du zum Beispiel jetzt einmal machen könntest, dir über bereits bestehende wichtige Anker für starke Gefühlszustände positiver oder negativer Art Klarheit zu verschaffen. Ich habe dafür einige nach den fünf Sinneskanälen geordnete Formulare entworfen, die dir diese wichtige Arbeit erleichtern. Ein weiterer Nutzen ist, dass du für die im weiteren Verlauf des Buches beschriebenen Übungen bereits bestehende Anker bewusst auslösen und, wenn zweckmäßig, verstärken kannst, um stärker und schneller in die gewünschten Gefühlszustände und an bestimmte Erinnerungen zu kommen.

Notiere in den Formularen oder auf zusätzlichen Blättern, was von dem, das du siehst, hörst, körperlich fühlst, riechst, schmeckst, positive beziehungsweise negative Gefühle, Erinnerungen und Assoziationen in dir unter welchen äußeren Rahmenbedingungen auslöst. Zum Beispiel könnte der Geschmack von Champagner ein Gefühl von reich, bedeutend und vornehm sein auslösen, also einen Anker für diese Stimmung darstellen. Mach dir bewusst, dass deine bestehenden Anker nicht unbedingt eine objektive Bedeutung in deiner Gegenwart haben. Vielleicht wurden einige davon in lange zurückliegender Zeit eingerichtet, als du und deine Lebensumstände wesentlich anders waren als heute. Das gilt auch für geankerte Glaubenssätze! Wenn ein Anker generell für praktisch alle oder die meisten Situationen in deinem Leben die gleichen Reaktionen bei dir bewirken würde, markiere diesen bitte besonders. Er und seine Kollegen, die sich ähnlich breitmachen, kanalisieren nämlich deine Lebensgestaltung in gewaltigem Umfang. Solltest du das nicht wollen, kannst du dies durch NLP ändern. Aber dazu später mehr am Ende dieses Kapitels. Die Anker in deinem Leben, die dich in positive Stimmungen versetzen, kannst du nach der Durcharbeitung der Formulare natürlich bewusst anwenden, um dir das Leben zu erleichtern. Negative Anker kannst du entweder meiden, auflösen oder durch die weiter unten geschilderten NLP-Techniken in ihrer Bedeutung für dich ändern, wenn es nicht anders geht.

Visuelle Anker

An deinem Arbeitsplatz
positiv
negativ

In deiner Wohnung
positiv
negativ

Bei Männern
positiv
negativ

Bei Frauen
positiv
negativ

Autos, Flugzeuge, Schiffe, Motorräder
positiv
negativ

Landschaften
positiv
negativ

Bilder bestimmter Situationen
positiv
negativ

In Bezug auf deine Kleidung
positiv
negativ

In Bezug auf die Kleidung deines Partners
positiv
negativ

In Bezug auf die Kleidung anderer Menschen (wer genau? Jeweils benennen.)
positiv
negativ

Symbole (z. B. Kreuz, Kreis, Pentagramm, Lemniskate)
positiv
negativ

Farben
positiv
negativ

Muster (z. B. auf Tapeten, Kleidung oder Bodenbelägen)
positiv
negativ

Körpersprache und Mimik anderer Menschen
positiv
negativ

Bettwäsche
positiv
negativ

Sonstiges (beispielsweise Möbel, Schmuck, Tätowierungen, Make-Up)
positiv
negativ

Akustische Anker

Eigene Körpergeräusche (z. B. Herzschlag, Atmung, Verdauung, Knacken von Gelenken)
positiv
negativ

An deinem Arbeitsplatz
positiv
negativ

In deiner Wohnung
positiv
negativ

Bei Männern (Stimmen, Körpergeräusche wie Atmung usw.)
positiv
negativ

Bei Frauen (Stimmen, Körpergeräusche wie Atmung usw.)
positiv
negativ

Bei Kindern (Stimmen, Körpergeräusche wie Atmung usw.)
positiv
negativ

Autos, Flugzeuge, Schiffe, Motorräder (Geräusche)
positiv
negativ

Wetter (Regen, Wind, Donner usw.)
positiv
negativ

Komplexe Geräusche bestimmter Vorgänge (beispielsweise Maschinen, Straßenbahn, Telefon, Ventilator)
positiv
negativ

Einzelgeräusche, Klänge, Töne, Worte
positiv
negativ

Musik
positiv
negativ

Rhythmen
positiv
negativ

Kinästhetische Anker (Körperwahrnehmungen betreffende)

Eigene Körperhaltungen (bitte möglichst genau beschreiben!)
positiv
negativ

Zonen deines Körpers, deren Berührung – auf eine bestimmte Weise oder allgemein – unter besonderen Rahmenbedingungen oder generell typische Reaktionen hervorruft
positiv
negativ

An deinem Arbeitsplatz
positiv
negativ

In deiner Wohnung
positiv
negativ

Bei Männern (z. B. Händedruck, Schulterklopfen, Hautkontakt)
positiv
negativ

Bei Frauen (z. B. Händedruck, Schulterklopfen, Hautkontakt)
positiv
negativ

Bei Kindern (z. B. Händedruck, Schulterklopfen, Hautkontakt)
positiv
negativ

Autos, Flugzeuge, Schiffe, Motorräder (was löst es in dir aus, wenn du sie berührst?)

- positiv
- negativ

Berührung bestimmter Gegenstände

- positiv
- negativ

In Bezug auf deine Kleidung (Tragegefühl von Wolle, Baumwolle, Seide, Samt usw.)

- positiv
- negativ

In Bezug auf die Kleidung deines Partners

- positiv
- negativ

In Bezug auf die Kleidung anderer Menschen (wer genau? Jeweils benennen.)

- positiv
- negativ

Bettwäsche

- positiv
- negativ

Olfaktorische Anker (Geruchswahrnehmungen betreffende)

Dein Eigengeruch unter verschiedenen Umständen (z. B. nach dem Sport, frisch geduscht, morgens beim Aufwachen)

positiv

negativ

Der Geruch deines Partners unter verschiedenen Umständen (zum Beispiel nach dem Sport, frisch geduscht, morgens beim Aufwachen)

positiv

negativ

An deinem Arbeitsplatz

positiv

negativ

In deiner Wohnung

positiv

negativ

Bei Männern (Körpergeruch, Parfüm)

positiv

negativ

Bei Frauen (Körpergeruch, Parfüm)

positiv

negativ

Autos, Flugzeuge, Schiffe, Motorräder (Öl-, Treibstoff-, Metall-, Kunststoffgeruch usw.)

positiv

negativ

Natur (Meer, frische Gartenerde, Schnee, Blumen, Heu usw.)
positiv
negativ

Essensgerüche
positiv
negativ

In Bezug auf deine Kleidung (Geruch des Materials, des Waschpulvers, frisch, eine Weile getragen)
positiv
negativ

In Bezug auf die Kleidung deines Partners (Geruch des Materials, des Waschpulvers, frisch, eine Weile getragen)
positiv
negativ

In Bezug auf die Kleidung anderer Menschen (Wer genau? Jeweils benennen.)
positiv
negativ

Andere Gerüche
positiv
negativ

Gustatorische Anker (Geschmackswahrnehmungen betreffende)

Eigengeschmack (z. B. in deinem Mund morgens beim Aufwachen, Geschmack deiner Haut)
positiv
negativ

An deinem Arbeitsplatz (Frühstück, Mittagessen, Snacks usw.)
positiv
negativ

In deiner Wohnung (Mahlzeiten, Getränke, Snacks)
positiv
negativ

In Restaurants
positiv
negativ

Bei Freunden/Bekannten eingeladen
positiv
negativ

Im Urlaub (manche z. B. meinen, Obstler schmecke nur in Österreich und Paella nur in Spanien.)
positiv
negativ

Geschmacksrichtungen allgemein
positiv
negativ

Geschmack deines Partners (z. B. beim Küssen)
positiv
negativ

Nachdem du dir jetzt einen ausführlichen Überblick über deine Anker verschafft hast, geht es mit einem sehr spannenden Thema weiter ...

Wie du bewusst ankern kannst ...

Was sonst im Leben eines jeden Menschen »zufällig« und meist unbewusst abläuft, lässt sich bei genauer Kenntnis der Wirkungsmechanismen natürlich auch bewusst einsetzen, um die Lebensqualität zu verbessern. Beim bewussten Einsatz der Anker-Technik kommt es auf die folgenden Punkte an ...

1. Schritt: *Auswählen einer Erfahrung in der Vergangenheit, die eine gewünschte Gefühlsstimmung, Erinnerung oder Assoziation beinhaltet.*

Wenn so eine Erfahrung nicht vorhanden ist, lässt sie sich auch in der Vorstellung aus geeigneten Teilen anderer Erlebnisse und konstruierter Elemente (beispielsweise grüne Sonne, blaue Blumen – wenn so etwas deine Stimmung noch irgendwie verbessert) zusammensetzen.

2. Schritt: *In diese Erfahrung als direkt Erlebender*[48] *unter Nutzung der Informationen aus allen fünf Sinneskanälen – Sehen, Hören, körperlich Fühlen, Riechen, Schmecken – in der Vorstellung hineingehen.*

Sie nacherleben und – wenn möglich – die dadurch ausgelöste Stimmung durch bewusste Veränderung – Hinzufügen, Weglassen, Verstärken, Abschwächen, Modifizieren – von Teilen der sinnlichen Erfahrung so intensiv wie möglich machen. Im Reich der Gedanken ist alles machbar, und wenn du dich in eine Situation zurückversetzt, in der du zwar gelobt worden bist, aber kein Schulterklopfen, keinen Lorbeerkranz und »Er lebe hoch!« bekommen hast, kannst du das mit dieser Technik nachholen, wenn es dir noch mehr von dem gewünschten Gefühlszustand gibt.

Diese Einkehr in die Innenwelt durch intensive Vorstellungen/Erinnerungen in allen fünf Sinnesbereichen wird im NLP auch als VAKOG-Trance bezeichnet. VAKOG steht für: Visuell (das Sehen betreffend),

---

[48] In der NLP-Sprache wird dies als »assoziierter Zustand« bezeichnet.

Auditiv (das Hören betreffend), **K**inästhetisch (die körperliche Wahrnehmung betreffend), **O**lfaktorisch (Geruchsempfindungen betreffend) und **G**ustatorisch (Geschmacksempfindungen betreffend).

Erfahrungen, Kenntnisse, Assoziationen, Glaubenssätze und Gefühle, die einen stärkenden, harmonisierenden oder sonstwie positiven Einfluss auf einen Menschen haben, werden als ***Ressourcen*** bezeichnet. Ankern ist also ein bewusstes Abrufen und Verfügbar-Machen von inneren Ressourcen, das helfen soll, äußere Ressourcen nutzen und ausbauen zu können.

3. Schritt: *Wenn die erinnerte/konstruierte Erfahrung den gewünschten Gefühlszustand eindeutig und stark hervorgerufen hat, wird ein weiterer, möglichst einzigartiger oder zumindest ungewöhnlicher Sinnesreiz in einem beliebigen der fünf Sinnesbereiche hinzugefügt.*

Durch die Gleichzeitigkeit der Erfahrung wird jetzt der zusätzliche Reiz mit dem Muster der anderen Erlebnisse/Gefühle/Assoziationen verbunden. In Zukunft kann über diesen Auslöser die Gesamterfahrung einschließlich Gefühlen willentlich und schnell hervorgerufen werden. Der Sinnesreiz, der als Anker verwendet werden soll, muss vor der ganzen Aktion einmal getestet werden, um festzustellen, ob über ihn vielleicht bereits ein bestimmter starker negativer oder dem zu ankernden in seiner Wirkung entgegengesetzter Zustand geankert ist. Wenn ja, muss ein anderer Auslösereiz gewählt werden.

4. Schritt: *Future Pace, dieses NLP-Wort bezeichnet einen gedanklichen Vorgriff auf zukünftige Situationen, in denen der während der Schritte 1 bis 3 eingerichtete neue Anker angewendet wird und die Auswirkungen dieser neuen Fähigkeit in der Vorstellung durchlebt werden.*

Dabei sollte eine bestimmte Geste, wie zum Beispiel das unbewusste Berühren der Nasenspitze mit einbezogen werden, um sich dann bewusst an den Anker auch unter belastenden äußeren Umständen erinnern zu können. Ebenso wäre beispielsweise eine kleine Notiz praktisch, etwa in Konferenzunterlagen an einer für den Betreffenden gut sichtbaren Stelle, die auf den Anker verweist. Auch bei dieser Zukunftsvision ist assoziiertes Erleben mit allen fünf Sinnen absolut wichtig.

Diese Sprache des Erlebens versteht das Unterbewusstsein, und so werden auch der Bauch, die Gefühle mit einbezogen. Durch das Vorerleben der phantastischen Auswirkungen der neuen Möglichkeiten wird eine höhere Motivation zu ihrem Gebrauch in Bewusstsein und Unterbewusstsein in der zukünftigen Realität geschaffen.

5. Schritt: *In der Zukunft mehr Auswahl verfügbar haben. Das bedeutet nicht nur, statt des alten Verhaltens ein neues durch die über den Anker abrufbaren Fähigkeiten anwenden zu können.*

Denn das alte Verhalten kann ja, so vielfältig und unberechenbar wie das Leben nun einmal ist, auch in bestimmten Situationen sehr wichtig sein, in denen die über den neuen Anker mobilisierbaren Talente nicht nur überflüssig, sondern vielleicht sogar hinderlich für einen Menschen sind. Praktisch lässt sich diese erhöhte Flexibilität einüben, indem mindestens drei verschiedene Arten von Situationen in der Zukunft unter Einbeziehung aller fünf Sinne durchlebt werden, in denen es nicht sinnvoll ist, die neuen Möglichkeiten zu gebrauchen. Sollten später weitere Ausnahmen auftauchen, kann der in diesem Schritt geschilderte Vorgang einfach wiederholt werden.

Separator, ressourcevoller Zustand und Stuck State – drei weitere wichtige Begriffe

Damit der Prozess der Ankereinrichtung in der Praxis problemlos funktioniert, ist es wichtig, noch eine weitere nützliche Technik – den Separator – sowie einen Zustand, der zur Lebensbewältigung gut geeignet ist – den ressourcevollen Zustand –, und eine Stimmung, in der jede konstruktive Verhaltensweise stark behindert ist, den sogenannten »Stuck State« kennen und mit ihnen sinnvoll umgehen zu lernen.

Zuerst das Nützliche: Die Anwendung eines sogenannten *Separators.* Als Separator wird im NLP-Jargon jede Handlung bezeichnet, die eine zusammenhängende Erfahrung abschließt, damit sich der betreffende Mensch auf eine neue ganz einlassen kann, ohne mit Gedanken oder Gefühlen zum Teil noch bei dem vorhergehenden Erlebnis zu sein. Nur so lassen sich eindeutige, starke Anker einrichten. Separatoren sind aber

auch wunderbar geeignet, um quäkende Kinder aus ihrer miesen Laune herauszubringen, sich nach einem arbeitsreichen Tag auf die Freizeit einlassen zu können oder im Beruf zwischen verschiedenen Aufgaben umzuschalten, ohne die eigenen Fähigkeiten zu blockieren, weil man die vorhergehende Beschäftigung intern noch nicht ganz beiseite gepackt hat.
Beispiele für alltägliche Separatoren sind ...

- die Dusche nach der Arbeit oder dem Sport,
- die Aufmerksamkeit eines weinenden Kindes auf ein Lieblingsspielzeug lenken, um es wieder fröhlicher zu stimmen,
- der klingelnde Wecker, der dich aus dem Schlaf holt,
- der »Ende«-Menüpunkt eines Computerprogrammes,
- während einer Fete nach einer Reihe langsamer Songs wieder einige schnelle auflegen.

Im NLP werden als Separator gern Handlungen verwendet wie:

- Umherschauen im Raum
- Anfassen von Gegenständen
- Frage nach der Uhrzeit
- Beschreiben, was gerade auf der Straße vor sich geht
- Ein Kompliment
- Einnehmen einer anderen Haltung
- Wechseln des Standortes
- Verändern der Wortwahl, der Stimmlage und Sprechgeschwindigkeit
- Händeklatschen
- Mehrfaches Anspannen der Muskulatur
- Leichte Gymnastik
- Das Erzählen einer spannenden Geschichte
- Eine Entspannungstrance
- Die Lenkung der Aufmerksamkeit auf die Gegenwart
- Ein für den/die Zuhörer überraschendes Umdeuten (Reframing) einer Aussage oder Handlung
- Ein Witz
- Verändern des Gesichtsausdrucks und der Körperhaltung

Du merkst, als Separator ist im Prinzip jede Handlung geeignet, die einen Menschen dazu bringt, sich mit seiner Aufmerksamkeit auf etwas anderes als das gerade Erlebte einstellen zu können. Dabei kann entweder der Separator bereits den gewünschten neuen Zustand hervorrufen oder nur eine neutrale Gefühlslage schaffen, die als Basis dient, um einen weiteren Zustand leicht einleiten zu können, in dem etwas Bestimmtes, wie beispielsweise Entspannung oder eine nachhaltige Verhaltensänderung, bewirkt werden soll. Grundsätzlich lassen sich solche Änderungen des Gefühlszustandes recht leicht hervorrufen. Mach dazu einmal das folgende kleine Experiment ...

– Versetze dich unter Einbeziehung der Wahrnehmungen aller fünf Sinne in eine angenehme Situation während deines letzten Urlaubs. Wenn du ganz drin bist, stelle fest, wie du dich fühlst.
– Versetze dich auf die gleiche Weise in eine Erfahrung während einer Prüfung. Wenn du ganz drin bist, überlege dir den gefühlsmäßigen Unterschied zu dem durch die erste VAKOG-Trance hervorgerufenen Zustand.
– Versetze dich ebenso in eine Erfahrung während deiner Kindheit, als du mit anderen Kindern in ein schönes Spiel vertieft warst. Wie geht es dir jetzt?

Sehr aufschlussreich ist es, die Ankertechniken mit einem anderen Menschen zusammen zu üben. Du selbst kannst dann leichter, wenn der andere dich sprachlich führt, in die entsprechenden Zustände gelangen, und wenn du selbst diese kleinen Trancen anleitest, hast du ausgiebig Gelegenheit, den Wechsel in seinem Gesichtsausdruck, seiner Körperhaltung und seiner Sprache zu beobachten. Diese außen wahrnehmbaren Echos innerer Zustände lassen sich wieder unterteilen in ...

a. Wirkt jemand aufgeschlossen, entspannt, fröhlich, vital, entschlossen, neugierig, kreativ, oder ist er in einem anderen gewünschten Zustand, der ihm hilft, mit den Herausforderungen des Lebens besser klarzukommen, spricht man im NLP von einem *ressourcevollen Zustand.* Dieser ist grundsätzlich für Wachstumsarbeit, Lernen und Problembewältigung geeignet. Ressourcevolle Zustände können auch ganz speziell festgelegt und erkannt werden. Wenn du bei den drei oben angeführten »Mini-Trancen« deinen Partner genau beobachtet hast, werden dir bestimmte typische äußerliche Merkmale der drei unterschiedlichen inneren Zustände aufgefallen sein. Wenn du dir diese merkst, kannst du auch ohne weitere sprachliche Information des anderen feststellen, wann dieser in welchen der drei Zustände wechselt. Denn immer werden sich die entsprechenden äußeren Anzeichen der jeweiligen Stimmung zeigen. Probiere das doch einmal aus. Wenn es gut eingeübt ist, mutet es beinahe wie eine Art Telepathie an, obwohl es nichts damit zu tun hat. Ausgekochte Pokerspieler trainierten sich auf die Wahrnehmung solcher Anzeichen und deren Ausdeutung schon lange, bevor es NLP gab.

b. Hängt jemand total durch, ist er mutlos, hoffnungslos, verzweifelt, in Panik, in einer Depression, ist ein kleines Kind bockig, ein Erwachsener starrsinnig oder in ähnlichen, die Lebendigkeit, innere Kraft und Flexibilität wesentlich herabsetzenden Zuständen gefangen, nennt man das im NLP einen *Stuck State*. Ein Stuck State ist wesentlich schwerer zu ändern als die anderen lebendigeren Gefühlslagen. Solange der Betreffende aus ihm nicht wieder draußen ist, wird er keinen Zugang zu seinen Ressourcen haben, nicht handeln wollen, nicht kreativ und hoffnungsvoll oder glücklich sein können. Also muss der Stuck State erst beendet werden, bevor irgendeine NLP-Veränderungsarbeit beginnen kann.
Auswege aus Stuck States sind beispielsweise:
   - sehr sorgfältiges, ehrliches Pacen
   - und dann, bei hergestelltem Rapport, das langsame Herausleiten – Leaden – aus dieser Stimmung
   - eine unerwartete Aktion, die tiefe Verwirrung hervorruft – Reframing, Separator – und zur Veränderung der Gefühle in eine konstruktivere Richtung dienen kann
   - ein anderer starker Reiz, der irgendwie geeignet ist, den Menschen wieder »unter die Lebenden« kommen zu lassen
   - Komik, Mitteilungen, die einen starken Handlungsbedarf auslösen

- für den Betreffenden so verlockende Angebote, dass er sich doch in Bewegung setzt

In einem Stuck State hat der Betreffende seine Augen meist unten, besonders unten links (von ihm aus gesehen). Eine »Unten-links«-Augenstellung weist der NLP-Erfahrung nach auf einen inneren Dialog hin, der Handlungen, gleich welcher Art, blockiert. Die Gedanken gehen dabei im Kreise. Eine andere, nach oben rechts (konstruierte Bilder) oder links (erinnerte Bilder) orientierte Augenstellung erleichtert die Auflösung eines Stuck State oft.[49]

[49] Zur Information für Neugierige: Die anderen sogenannten »Augenzugangshinweise«, die eine bestimmte Auswahl in dem Umgang mit Sinnesinformationen anzeigen, sind – immer von dem Betroffenen aus gesehen. Mitte rechts: konstruierte Töne, Worte, Geräusche; Mitte links: erinnerte Töne, Worte, Geräusche; unten rechts: körperliche Empfindungen, Gefühle, Geruch, Geschmack. Beide Augen der Nasenwurzel zugewandt (Meditationsblick) zeigen eine tendenziell ganzheitliche Funktion des Geistes an. Diese Zuordnungen treffen häufig, aber nicht immer zu!

Dies ist ein Beispiel für die Einleitung und Beendigung einer VAKOG-Trance, in der ein State of Excellence[50] geankert werden soll. Du kannst diese Anleitung mit thematischen Änderungen auf beliebige andere Techniken übertragen, die Trancen erfordern.

Der folgende Text sollte leise (aber laut genug zum Verstehen), eindringlich, langsam, betont, mit Pausen – im Text zeigen »...« die Pause und »......« längere Pausen an – und tiefer, warmer Stimme gesprochen werden. Vermeide Schwankungen in diesen Qualitäten, also beispielsweise einige in viel schnellerer Abfolge gesprochene Worte, dann wieder welche in langsamerem Sprechtempo. Ebenso meide direkte Fragen, die dein Partner als Aufforderung zu einer Antwort verstehen könnte. Bleibe sprachlich immer in der Gegenwartsform, auch wenn vergangene Dinge angesprochen werden. Suche eine geeignete Körperstelle, zum Beispiel am Oberarm, für den Anker aus. Teste, ob diese Stelle schon mit einem starken Gefühlszustand verbunden ist. Wenn ja, wähle eine andere, besser geeignete aus. Lass deine Hand locker an dieser Stelle liegen und informiere deinen Partner *vorher* darüber, dass du hier ankern willst und was du dabei tun wirst. Je positiver sein Gesichtsausdruck und seine Körperhaltung im Verlauf der Übung werden, desto mehr steigere langsam den Druck. Wenn das Maximum positiven Erlebens erreicht ist, drücke fester. Die Berührung sollte aber nie unangenehm werden. Vorher ausprobieren! Lass sanft los, bevor du deinem Partner wieder in Richtung Gegenwart hilfst. Erst, wenn dein Partner »aufwachen« soll, sprich schneller, höher, mit weniger Pausen und so weiter. Also kehre jetzt das Muster genau um. *Nimm diese Veränderungen aber immer nur langsam vor, um deinen Freund nicht zu erschrecken!* Sprich die Übung einige Male auf Tonband, um dich kontrollieren und verbessern zu können.

[50] Zur Erklärung des State of Excellence siehe den entsprechenden Absatz weiter unten.

VAKOG-Trance für den State of Excellence

Bitte deinen Partner, sich bequem zu setzen oder hinzulegen. Im Notfall funktioniert diese Methode aber auch im Stehen. Sei in Armreichweite neben ihm. Schau ihn dir genau an und merke dir seinen Gesichtsausdruck und seine Körperhaltung. Sage zu ihm: »Nun schließe deine Augen ... einen Moment, ... mach es dir bequem, ... spüre die Bereiche deines Körpers, ... Die die Unterlage berühren, ... während du meine Stimme hörst ... und dir möglicherweise noch einige Gedanken durch den Kopf gehen, ... wirst du dich vielleicht fragen, ... welcher Bereich deines Körpers ... sich schon entspannter ... anfühlt ... Und du kannst deinen Herzschlag ... spüren, ... während du auf eine gewisse Weise in einen anderen Bewusstseinszustand gelangst ... Nun lass deine Gedanken ... langsam ... in der Zeit zurückwandern ... zu drei Situationen, ... in denen du dich sehr gut ... fühlst, ... voller Kraft ... und der sicheren ... Gewissheit, ... alles schaffen ... zu können, ... was du willst, ... wähle ... in Ruhe ... Die aus, ... in der du dich am besten ... fühlst, ... und gib mir ein Handzeichen, ... wenn deine Entscheidung ... feststeht ... (auf das Handzeichen warten) ... Jetzt erlebe ... Diese Erfahrung ... noch einmal, ... erinnere ... dich daran, ... was genau du siehst ...... (einen Moment warten und auf Veränderungen achten – wenn positiv, die Berührung etwas verstärken) was genau du hörst ... Vielleicht fühlst du ... mit deinem Körper ... etwas Besonderes, ... irgendeine Berührung, ... möglicherweise sind da auch Düfte, ... Die in der Luft liegen, ... und vielleicht ein Geschmack ... (achte auf die Veränderungen im Gesichtsausdruck und in der Körperhaltung, der Muskelanspannung, wenn positiver, Ankerberührung etwas verstärken) ... Und deine Gefühle ... sind sicher ... in dieser Situation, ... auch besonders ... ausgeprägt, ... wenn dir wieder bewusst wird, ... welche besondere Körperhaltung ... Du damit verbindest (achte auf eine mögliche Veränderung der Körperhaltung – dies könnte ein bereits bestehender Anker sein; wenn so etwas kommt, merke dir die Haltung und zeige sie deinem Partner nach der Sitzung. Er kann sie bewusst benutzen, um leichter in den entsprechenden Gefühlszustand zu kommen.) ... Und wenn dir danach sein sollte, ... nimm diese Haltung ... wieder ein ...... (Zeit lassen, falls eine besondere Körperhaltung eingenommen wird, und wenn ja, Ankerberührung etwas verstärken). In dieser Erfahrung ... gibt es vielleicht einen besonders schönen ... Augenblick für dich, ... suche ihn dir heraus, ... und da im Reich deiner Vorstellung ... alles möglich ist, ... Dehne ihn aus, ... so kannst du ihn viel länger genießen, ... und wenn du noch etwas dazufügen möchtest, ... um es noch schöner ... für dich zu gestalten, ... so fühle dich frei, ... es zu tun (achte kurz darauf, ob Gesichtsausdruck und Körperhaltung noch positiver werden, wenn ja, verstärke noch einmal die Ankerberührung und bleibe dabei, bis du deinen Partner zurückholen möchtest. Dann *vorher* unbedingt lösen, damit der geankerte Zustand eindeutig bleibt! Nun beginnt die Rückführung in die Gegenwart. Denke an die Umkehrung des Sprachmusters!). Nun löse dich langsam ... aus dieser Erfahrung zurück in die Gegenwart. Nimm die Bereiche deines Körpers wahr, die die Unterlage berühren. Achte auf die Geräusche um dich herum. Jetzt nimm ein paar tiefe Atemzüge ... und öffne deine Augen. Spanne alle Muskeln einen Moment an. Berühre etwas. Schau dich um.«

Nun sollte dein Partner eine ganz andere Körperhaltung wählen und den Platz wechseln, weil auch dies Anker geworden sein kann. Löse dann noch einmal den Anker für einen Test durch eine gleiche Berührung aus und bitte deinen Freund, seine Stimmungsveränderung zu verfolgen. Kommt nun ein sehr positiver Gefühlszustand wie in der für den Anker verwendeten Erfahrung zustande, hat alles geklappt. Wenn nicht, geht den Prozess einfach noch einmal durch. Achte dabei noch genauer auf die Sprachmuster und ankere wirklich nur, wenn sich eine positive Stimmung während der Trance einstellt.

Nach diesem Separator kannst du ihn noch einmal in die Trance leiten, um einen Future-Pace durchzuführen (siehe oben). Führe ihn wieder in die Gegenwart (Separator-Handlung). Dann wieder in eine letzte Trance, um mindestens drei Situationen zu durchleben, in denen das durch den Anker verfügbare Verhalten nicht angewendet werden soll, sondern ein anderes, gewohntes. Dann wieder zurück in die Gegenwart. Eine anschließende Unterhaltung über die beiderseits gemachten Erfahrungen und das Anfertigen von Notizen kann sehr nützlich für spätere Sitzungen sein.

Der State of Excellence

In der nebenstehenden Übung findest du ein Beispiel für einen sehr beliebten Anker: den State of Excellence. Dieser »Optimalzustand«, in dem du innerlich stark, selbstsicher und ausgeglichen bist, ist nützlich für sehr viele Lebenssituationen. Führe die Übung durch und erlebe ihn. Manche möchten gar nicht mehr aus ihm heraus, wenn sie ihn einmal erfahren haben. Du kannst die Anleitung wie alle Übungen in diesem Buch auch allein machen. In diesem Fall sollte die Trance-Induktion aber auf Kassette gesprochen werden, damit du in aller Ruhe in dich hineinspüren kannst. Die Körperberührung, über die geankert wird, musst du dann allerdings selbst vornehmen. Aber das ist mit ein wenig Übung kein Problem.

Was bedeutet Anker stapeln?

Eine weitere Steigerung der Methode des Ankerns angenehmer und nützlicher innerer Zustände ist das Stapeln von Ankern. Es ist denkbar einfach: du verbindest mit einem Ankerreiz in Folgeübungen weitere positive innere Zustände, die einander nicht widersprechen und die du dann über den gemeinsamen Auslöser zusammen abrufen kannst. Also berührst du zum Beispiel immer wieder dieselbe Körperstelle bei verschiedenen Trancen, in denen positive Erfahrungen nacherlebt werden, die du ankern möchtest. Ich verwende das Stapeln von Ankern häufig, um noch flexiblere und umfangreichere Ressourcen zur Verfügung zu haben. Probiere es doch einmal aus, mehrere State-of-Excellence-Erfahrungen übereinander zu stapeln!

Was ist Anker verketten?

Mit dieser Technik lassen sich Abfolgen von Reaktionen ändern. Zum Beispiel möchtest du nicht mehr beim Anblick deines Arbeitsplatzes eine miese Laune bekommen oder vielleicht sogar in einen noch größeren Stuck State geraten. Dazu gehst du folgendermaßen vor ...

1. Schritt: Finde eine Situation, auf die du anders zu reagieren lernen möchtest. Zum Beispiel: du betrittst dein Büro, siehst deinen Schreibtisch und fühlst dich jetzt schon überfordert. Es ist dabei sehr wichtig, genau die Situation zu identifizieren, die den negativen Zustand auslöst und genau diese dann im 4. Schritt über eine VAKOG-Trance zu ankern. Wenn ein Anker nicht in exakt der beabsichtigten Stimmung eingerichtet wird, kann er diese auch nicht klar hervorrufen!

2. Schritt: Erarbeite zu der bisher gewohnten Reaktion eine Alternative, die dir angenehmer ist. Finde für dieses neue Verhalten eine Erfahrung in deiner Vergangenheit (beste Wahl) oder konstruiere sie (zweitbeste Wahl, außer du bist sehr geübt). Eine befriedigende Alternative zur bisherigen Reaktion auf den Anblick deines Schreibtisches könnte jetzt sein, dass du automatisch in den State of Excellence kommst. Verwende jetzt einen Separator.

3. Schritt: Ankere einen State of Excellence. Wenn du willst, verstärke ihn noch durch die Technik »Anker-Stapeln«. Ein guter Platz zum Ankern wäre in diesem Fall ein Fingerknöchel. Verwende jetzt einen Separator.

4. Schritt: Versetze dich nun mit allen Sinnen in die Situation, die die unerwünschte Reaktion auslöst. Ankere sie. Zum Beispiel auf einem Fingerknöchel, der neben dem Knöchel liegt, auf dem der State of Excellence geankert ist. Verwende jetzt einen Separator.

5. Schritt: Löse den Frustanker aus. Sobald du die miese Stimmung deutlich spürst, beende die Auslösung dieses Ankers und löse den State of Excellence aus, bis du diese andere Stimmung deutlich spürst. Verwende jetzt einen Separator.

6. Schritt: Wie der 5. Schritt, nur steigere jetzt die Geschwindigkeit zwischen dem aufeinanderfolgenden Auslösen der beiden Anker. Wiederhole diesen Ablauf immer wieder und immer schneller, bis schon beim Auslösen des Frustankers automatisch der State of Excellence hervorgerufen wird. Vergiss die Separatoren zwischen jeder Sequenz nicht.

Übe bitte anfangs mit nicht zu belastenden Situationen, bis du wirklich sicher in der Anwendung bist. Geht es um richtig heiße Eisen, sollte ein im NLP erfahrener Freund mit dir arbeiten. Allein ist so etwas zu mühsam und uneffektiv.

Die Technik des Anker-Verschmelzens

Diese Übung ist geeignet, um deinen Handlungsspielraum zu erweitern. Mal angenommen, du hast es dir angewöhnt, dich in beruflichen Konfrontationen mit anderen sehr aggressiv durchzusetzen. Das kann dir vielleicht oft nützlich sein, aber ist es immer wirklich nötig und sinnvoll? Denn Freunde wirst du dir damit nicht unbedingt machen, außer im Lager der Masochisten. Andererseits ist es auch nicht das Gelbe vom Ei, immer nur einzulenken, zu tolerieren und diplomatisch zu sein, was du vielleicht privat in deiner Familie und mit deinen Freunden gut kannst. Denn wenn dir einmal jemand in den Weg tritt, der die sanfte Sprache einfach nicht verstehen will, hättest du wenig Chancen zu bekommen, was du brauchst. NLP geht davon aus, dass keine Reaktionsweise grundsätzlich immer falsch ist, sondern dass jede wichtig in einer Situation sein kann.[51] Und so kann es sinnvoll sein, eine Reaktion nur durch eine oder mehrere andere zu erweitern, damit eine größere Flexibilität möglich ist, anstatt einfach eine andere an ihre Stelle zu setzen. Um das obige Beispiel fortzuführen: Wenn du lernst, deine Ellenbogen nur zu gebrauchen, wenn es nicht anders geht, aber jederzeit auch sanft und diplomatisch deine Interessen zu vertreten, wenn es möglich ist oder wenn dein Kontrahent plötzlich doch einlenkt, hast du insgesamt wesentlich bessere Karten. Anker-Verschmelzen räumt also auf mit Einseitigkeit.

Diese letzte Übung des Anker-Verschmelzens ist auch geeignet, um vorhandene *negative Anker*, die du nicht aus deinem Umfeld verbannen kannst, *in ihrer Bedeutung für dich zu ändern.* Experimentiere einfach mal damit.

---

[51] Vergleiche dazu auch das Kapitel über »Reframing«.

Wie gehst du nun praktisch dabei vor?

Schritt 1: Versetze dich mittels einer VAKOG-Trance in eine Situation, in der du zur Zeit noch auf eine ganz bestimmte Reaktion festgelegt bist. Zum Beispiel: Im Beruf laut polternd deine Meinung durchsetzen. Ankere diese Reaktion, wie gewohnt am stärksten Punkt des gewünschten Gefühls. Verwende jetzt einen Separator.

Schritt 2: Versetze dich in eine andere Situation, in der du eine andere Reaktionsweise zur Verfügung hast, mit der du die einseitige Reaktion in der ersten Situation ergänzen möchtest. Zum Beispiel das diplomatische, einfühlsame Verhandeln mit deinem Partner über das Thema: heute Abend in die Oper oder in die Disco?! Ankere diesen Zustand am Punkt der größten Intensität. Verwende jetzt einen Separator.

Schritt 3: Teste jeden Anker, natürlich voneinander abgegrenzt durch einen Separator, auf seine korrekte Funktion.

Schritt 4: Löse beide Anker gleichzeitig aus und warte einige Zeit. Die meisten Menschen erleben nun einen Zustand diffuser Verwirrung, der die unbewusste Neuorientierung ihrer Reaktionsmuster anzeigt. Warte, bis diese Erfahrung vorbei ist, bevor Anker zurückgenommen werden. Verwende jetzt einen Separator.

Schritt 5 (Future Pace): Finde in einer VAKOG-Trance drei Situationen in der Zukunft, in denen du beide Reaktionsweisen zur Verfügung haben wirst und befriedigende Erfahrungen damit durchlebst. Verwende jetzt einen Separator.

Schritt 6 (Flexibilisierung): Finde in einer VAKOG-Trance mehrere Situationen, in denen du weiterhin die Möglichkeit haben möchtest, ausschließlich mit einem Verhalten zu reagieren. Verwende jetzt einen Separator, um wieder ganz in der Gegenwart zu sein.

Die beiden Schritte 5 und 6 kannst und solltest du bei jedem Anker, der wichtige Aufgaben für dich erfüllen soll, durchführen.

Die häufigsten Fehler beim Ankern und wie du sie vermeiden kannst

Am wichtigsten für jede NLP-Technik, natürlich auch für das Ankern, ist eine tragfähige Herzensbrücke, ein guter Rapport. Also steht das korrekte Pacing an erster Stelle. Und hier werden auch die meisten Schnitzer gebaut. Der meiner Erfahrung nach zweithäufigste Fehler, gerade beim Üben unter Freunden, ist es, als Angeleiteter möglichst deutliche äußere Veränderungen zu produzieren, um »nett« zu sein. Natürlich kann der die Trance und das Ankern Anleitende so nichts lernen. Das dritthäufigste Problem ist, zu große Themen zu wählen, nach dem Motto: »So, jetzt lass uns mal in dieser Übung deine Missbrauchsgeschichte aufarbeiten.« So etwas ist Traumtänzerei und unter Umständen sogar fahrlässig. Ernste Disharmonien seelisch-geistiger oder körperlicher Art sollten nur, das gilt natürlich auch für NLP, durch qualifizierte und neutrale Fachmenschen behandelt werden! Das vierthäufigste Problem sind die sogenannten verdeckten Tagesordnungen. Wenn zum Beispiel Beziehungspartner miteinander NLP-Techniken anwenden wollen, kann sehr schnell einiges an nicht ausgesprochenen oder vielleicht auch unbewussten Absichten zur Änderung des Verhaltens des jeweils anderen im Eigeninteresse mit in die Übung hineinkommen. »Der sollte doch endlich einmal lernen, so und nicht immer so (wie es mich nervt!) zu handeln.« In solchen Fällen wird sich das Unterbewusstsein schnell sperren und die Arbeit unmöglich machen. Ein fünftes Problem kann sein, wenn der Zeitpunkt des Ankerns nicht im Maximumbereich des in der VAKOG-Trance hervorgerufenen Gefühlszustandes liegt. Da hilft nur genau beobachten lernen und üben, üben, üben. Ein sechstes Problem ist es, wenn der Ankerreiz, der verwendet werden soll, schon mit einem anderen starken, unerwünschten oder dem neu geankerten widersprechenden Gefühlszustand verbunden ist. Entweder muss diese Verbindung dann erst gelöscht oder diffuser gemacht werden. Oder nimm einen anderen neutralen Auslösereiz. Also beispielsweise statt einer Stelle am Unterarm eine Stelle am Oberarm.

Ein wichtiger Tipp für häufig verwendete Anker

Oft gebrauchte Anker, wie der State of Excellence, sollten möglichst nur nach einem vorhergehenden Separator ausgelöst werden. Ihr regelmäßiger Gebrauch aus starken Gefühlsaufwallungen, vielleicht sogar noch gleicher Art, wird die geankerte Erfahrung mit der Zeit ändern und so den gewünschten Zustand nicht mehr klar hervortreten lassen. Im Zweifelsfall öfter neu einrichten.

Sichere Plätze zum Ankern

Achte darauf, wo du ankerst. Im praktischen NLP werden meist Körperhaltungen, die schon als Anker für gewünschte innere Zustände funktionieren, verstärkt, weil sie sowieso schon gut funktionieren, oder/und neue Anker durch Berührung von bestimmten Körperstellen eingerichtet. Verwende für Anker, die du nur einmal brauchst, um zum Beispiel Reaktionsfolgen zu ändern, möglichst keine Körperhaltungen oder Körperbereiche, deren häufige Berührung im Alltag die Anker schnell diffus machen wird. Anker, die du in bestimmten Situationen – und nur dann – bewusst gebrauchen willst, sollten an Körperstellen eingerichtet werden, die im Alltag möglichst nicht zufällig berührt werden.

Beispiele für nützliche Anker

Hier noch einige Anregungen, die du mit den Kenntnissen aus diesem Kapitel leicht selbst umsetzen kannst. Ein Tipp: Verschenk doch mal so einen Anker zum Geburtstag!

Neugieranker: Gehe in einer VAKOG-Trance in eine Situation, in der du sehr neugierig warst. Ankere sie auf dem Höhepunkt der Stimmung. Gut zum Lernen!

Kreativitätsanker: Ankere eine sehr kreative Stimmung. Eine gute Hilfe für den Beruf oder für geniale Problemlösungen in allen Lebensbereichen.

Geduldsanker: Richte dir einen Anker für eine grenzenlose Geduldsstimmung ein. Nützlich für Leute, denen immer alles zu langsam geht.

Gute-Auffassungsgabe-Anker: Versetze dich mittels VAKOG-Trance in eine Situation, in der du leicht auch schwierige Sachverhalte nachvollziehen und umsetzen konntest. Ankere diesen Zustand. Er wird dir immer gut beim Umgang mit komplizierten Situationen helfen.

Entspannungsanker: Ankere einen starken Entspannungszustand. Er hilft dir bei deinem Alltagsstress und verschafft dir schnell Erholung. Auch gut als Separator zum Umschalten zwischen Arbeit und Freizeit.

Zum Abschluss dieses Kapitels findest du noch zwei Formulare als Gedächtnisstütze für deine Beratungen. Mach dir Kopien davon und trage sorgfältig alle mit einem Anker zusammenhängenden Informationen ein. So behältst du immer den Überblick, auch wenn es viele Anker werden sollten.

Ankerformular

Name: ____

Datum: ____

Thema des Ankers: ____

____

Welcher Sinneskanal: ____

____

Welcher Auslöser genau:

Beschreibung der für den Anker verwendeten Erfahrung:

Genauer Verwendungszweck des Ankers:

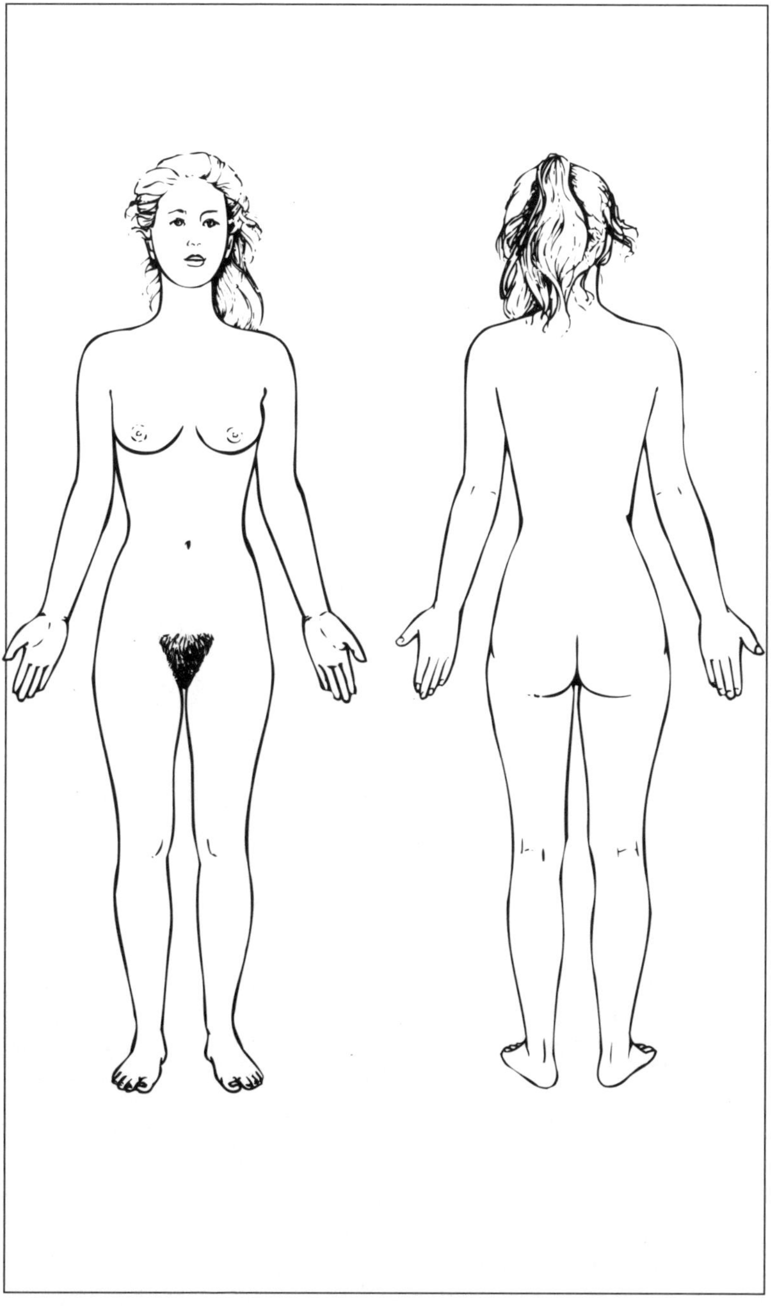

Kapitel 9

F.E.S.T. – die Feinstoffliche Entwicklungsstrategie

Was bedeutet F.E.S.T.?

Hinter dieser Bezeichnung verbirgt sich eine von mir entwickelte Kombination spiritueller Erkenntnisse und Methoden mit grundlegenden Modellen und Techniken des NLP.[52] Es ist eine komplexe Strategie, mit der verschiedene Funktionskreise, man könnte auch sagen Persönlichkeitsanteile, die für unterschiedliche Aufgaben in der Lebensgestaltung zuständig sind, miteinander verhandeln und sich aufeinander und das gesamte System abstimmen. Oft verfolgen diese Teilpersönlichkeiten oberflächlich betrachtet sehr unterschiedliche Absichten. Ihre übergeordneten Ziele (Metaziele) sind aber immer gleich: der Mensch, dessen Bestandteil sie sind, soll vor Schaden bewahrt werden und nach Möglichkeit bestimmte Bedürfnisse befriedigen können. So kann eine Teilpersönlichkeit beispielsweise hartnäckig an der Gewohnheit des Rauchens festhalten und es dem Bewusstsein unmöglich machen, diese Sucht loszulassen, weil es im Moment keine andere Möglichkeit kennt, soziale Kontakte zu bestimmten wichtigen Menschen (Rauchern!) zu sichern und in Stresssituationen für zumindest kurzfristige, leicht verfügbare Entspannung zu sorgen, die generell die Handlungsfähigkeit erhalten hilft. Ein anderer unterbewusster Funktionskreis kann nun möglicherweise auch noch die Lage weiter verkomplizieren und beim Griff nach jeder Zigarette ein Schuldbewusstseinsgefühl auslösen, weil er mit seinen

[52] Aus dem spirituellen Werkzeugkasten ist ein wesentlicher Teil die Chakrenlehre und die Strategieelemente, nach der große spirituelle Meister lehren. Aus dem NLP stammt das Modell der Neurologischen Ebenen von Bateson/Dilts, das Teilemodell der Persönlichkeit und das Verhandlungsreframing.

„Ich hab' genug
Beine für
uns beide."
ALEX

besonderen Fähigkeiten spürt, dass eine langsame Vergiftung des Körpers mit langfristig schlimmen Konsequenzen stattfindet. Da wohnen jetzt zwei Seelen in der Brust des armen Menschen, die ständig miteinander hadern und ständig viel Energie in Anspruch nehmen. Wenn die einzelnen Funktionskreise sich untereinander abstimmen und auch auf der oberflächlichen Handlungsebene an einem Strang ziehen, wächst die innere Harmonie, die Selbstsicherheit und die seelische Kraft eines Menschen in geradezu unglaublichem Maße. F.E.S.T. soll genau dies fördern. Doch bevor wir das alles zusammen in der Praxis ausprobieren, gibt es noch einige Erläuterungen, damit du verstehst, was du tust, und später selbst damit kreativ umgehen kannst. Wesentlich für die Arbeit mit F.E.S.T. ist, dass du einiges über die schon oben erwähnten Chakren weißt.

Die 7 Haupt-Chakren als eine Landkarte für verschiedene große Funktionskreise des menschlichen Wesens

Das Wort Chakra, Mehrzahl »Chakren«, stammt aus der altindischen Sprache Sanskrit. Es bedeutet soviel wie Scheibe oder Rad. Chakren sind der esoterischen Überlieferung nach feinstoffliche, also nicht materielle, aber auch nicht elektrische oder magnetische Lebensenergiezentren, die die wesentlichen Funktionsbereiche eines Menschen im körperlichen, emotionalen, geistigen und seelisch-spirituellen Bereich organisieren und repräsentieren. Hellsichtige Menschen nehmen die Chakren als leuchtende Scheiben wahr, daher der Name. Es gibt in dem von mir bevorzugten System sieben sogenannte Hauptchakren, die übergeordnete Funktionsträger sind, und viele Nebenchakren, die den Hauptchakren unterstellt bestimmte Teilbereiche steuern und ebenfalls deren Zustand durch ihren eigenen darstellen. Für das F.E.S.T.-Modell verwende ich in diesem Zusammenhang nur die sieben Hauptchakren, obwohl es auch mit den Nebenchakren sehr gut funktioniert. Diese sehr spezielle Arbeit mit den nachgeordneten Energiezentren setzt aber einige Erfahrung und umfassende Kenntnisse der theoretischen Hin-

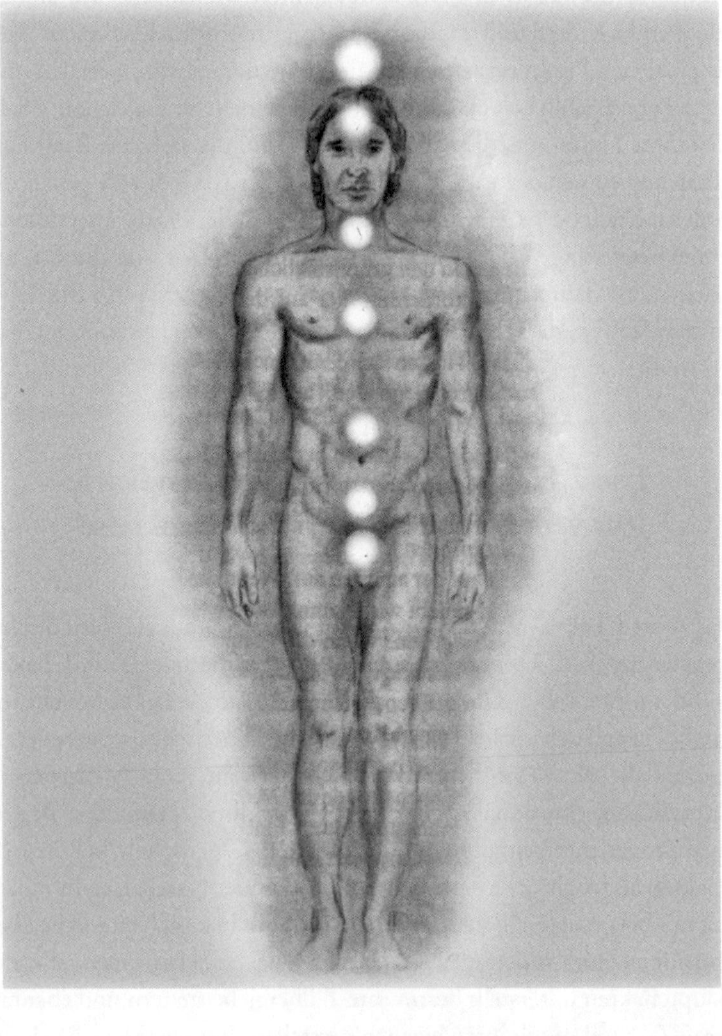

»Die sieben Hauptchakren des Menschen«

tergründe voraus, die sich in diesem Rahmen nicht vermitteln lassen. Im Einzelnen lassen sich die 7 Hauptchakren wie folgt beschreiben ...

Zur Bestimmung der körperlichen Lage: Die Chakren werden von unten nach oben gezählt. Das 1. ist also das unterste, das 7. Das oberste über dem Scheitel. Die genaue Lage dieser Lebensenergiezentren geht aus der nebenstehenden Abbildung hervor. Der Punkt »Typische Aussagen« soll einen Eindruck der Stimmung geben, die für das jeweilige Energiezentrum typisch ist. Bitte die Aussagen nicht nach den Kriterien »gut/schlecht« werten.

1. Wurzel-Chakra

Zuständigkeit: Vitalität; Überleben; Kampf/Flucht; Arterhaltung; Struktur; Auseinandersetzung mit den grundlegenden Themen der Existenz in der Realität – sich durchbeißen können.

Organe: Knochen; Nägel; Zähne; Nebennieren; Beine und Füße; alles Feste im Körper.

Lebensbereich: Umwelt.

Typische Aussage: Das, was da um mich herum passiert, bewirkt, dass es mir gut/schlecht geht. Er macht mich glücklich. Er macht mir Angst.

Typische Fragen: Wann? Wo? Wer bedroht mich? Wer fördert mich?

Farbe: Rot.

Archetyp: Der innere Krieger.

2. Sexual-Chakra

Zuständigkeit: Lebensfreude; grundlegende Beziehungsfähigkeit; Lust; Spielen; Körperlichkeit und sinnlicher Genuss – eigene Befriedigung im Zusammensein mit der Welt im Allgemeinen und anderen Menschen im Besonderen finden.

Organe: Urogenitalsystem; Nieren; Haut; Arme und Hände; alles Flüssige im Körper.

Lebensbereich: Verhalten/bewusste Aktionen.

Typische Aussage: Mit mir/mit jemand anderem passiert dies oder das. Ich habe Glück. Du verhältst dich ängstlich.

Typische Fragen: Was (passiert)?

Farbe: Orange.

Archetyp: Die innere Geliebte.

3. Macht-Chakra

Zuständigkeit: Macht; Dominanzstreben; Angst; Überforderung; Kontrolle; Selbstbestimmung (Freiheit) oder Fremdbestimmung (Karma); Nein sagen können; Trennung; Analyse; Verdauen; logisches Denken – individuelle Bedürfnisse befriedigen.

Organe: Verdauungssystem; Teile der Bauchspeicheldrüse (Verdauungsfunktion); Solarplexusnervengeflecht; Augen (als Wahrnehmungsorgane, die analysieren können), vegetatives Nervensystem; Gelenke; Anspannungszustand der Muskulatur; Energiestoffwechsel; Entgiftung über Ausscheidung/Abkapselung; alles, was im Körper mit Feuer (Verbrennungsvorgänge; Nerven; Dynamik; Aggression) zu tun hat.

Lebensbereich: Fähigkeiten, Denken, Strategien, (Aus-)Richtungen der Bewegung, des Denkens, der Lebensgestaltung.

Typische Aussagen: Ich kann das/kann das nicht. Du kannst einfach keinen Nagel in die Wand hauen. Er ist fähig, diese Aufgabe zu schaffen.

Typische Fragen: Wie (geht das)?

Farbe: Gelb.

Archetyp: Der innere Magier.

4. Liebes-Chakra

Zuständigkeit: Liebe; Mitgefühl; Verbindung; Ja sagen können; Glaube -Einheit herstellen mit den verschiedenen Teilen der Welt.

Organe: Thymusdrüse; Herz; Teile der Bauchspeicheldrüse (Insulinproduktion); Aufnahme der Nahrung aus dem Verdauungstrakt in das Blut und den Stoffwechsel im Allgemeinen; Entspannungszustand der Muskulatur; alles, was im Körper mit Luft/Gasen zu tun hat.

Lebensbereich: Glauben, Glaubenssätze, Überzeugungen, Werte und Wertungen; Urteile; Motivation; Erlaubnis, Verbot.

Typische Aussagen: Dies ist gut/schlecht. Ich muss viel arbeiten, sonst bin ich kein guter Mensch. Wer wirklich liebt, ist auch eifersüchtig. Frauen können nun mal nicht logisch denken. Männer sind alle gefühlsarm.

Typische Fragen: Warum (ist das so)? Ist es gut oder schlecht?

Farbe: Grün.

Archetyp: Die innere Priesterin.

5. Selbstausdrucks-Chakra

Zuständigkeit: Kommunikation; Kreativität; Selbstverwirklichung; Ausgleich zwischen körperlich-emotionaler und seelisch-geistiger Entwicklung; Gewohnheiten – die eigene Identität im Selbstausdruck erfahren.

Organe: Sprechapparat; Hals; Nacken; Schultern; Lunge; Schilddrüse und Nebenschilddrüse; Stoffwechselgeschwindigkeit.

Lebensbereich: Identität, Selbstverständnis/Selbstbild, Lebenssinn/Lebensaufgabe; Funktionen, Rollen; Auftreten; sich von Personen/Handlungen abgrenzen, die mit dem eigenen Selbstbild nicht vereinbar sind.

Typische Aussagen: Ich bin ein Künstler. Es ist mir nicht bestimmt zu studieren. Ich bin Adliger, so eine Tätigkeit passt nicht zu mir![53]

Typische Fragen: Wer bin ich? Wer bist du? Was ist der Sinn meines Lebens? Wofür bin ich gemacht?

Farbe: Blau.

Archetyp: Der innere Künstler.

6. Erkenntnis-Chakra

Zuständigkeit: Erkenntnis des eigenen Weges, des Lebenssinnes als sich ständig entfaltender Prozess im Zusammenhang mit dem übergreifenden Entwicklungsweg des Umfeldes (Menschen, Tiere, Umwelt); sinnvolle Zusammenarbeit der Organe, Körperteile und Zellen zum Wohle aller Beteiligten. Bei einer Krebserkrankung beispielsweise ist diese Steuerung nicht genug ausgeprägt.

---

[53] Wenn auf dieser Ebene eine Identifikation der Persönlichkeit mit nur einer ganz bestimmten konkreten Funktion möglich ist, anstatt mit mehreren, wird eine Aufgabe oder tiefgreifende Änderung dieser Funktion als Identitätsverlust empfunden. Das Unterbewußtsein wird sich dagegen vehement zur Wehr setzen, auch wenn bewußt nachvollzogen werden kann, dass die Veränderung sinnvoll ist. Besondere Probleme gibt das, wenn jemand beispielsweise darunter leidet, Hausfrau zu sein, sich gleichzeitig aber mit dieser Rolle identifiziert. Bevor diese Identifikation nicht relativiert worden ist, kann keine wirkliche Veränderungsarbeit stattfinden.

Organe: Ohren; Nase; Augen (als Wahrnehmungsorgane, die Muster sehen können und damit nicht-logische Analogien im Sinne der rechten Gehirnhälfte wahrnehmen); Hypophyse.

Lebensbereich: Kreative Mitschöpfung im eigenen Umfeld unter Berücksichtigung eigener Interessen.

Typische Aussage: Das ist sinnvoll für mich und die anderen. Wenn ich den Urlaub plane, überlege ich immer, was mir Spaß machen würde und auch für die anderen Familienmitglieder schön wäre.

Typische Fragen: Ist es für die Entwicklung/die Bedürfnisbefriedigung aller Beteiligten innerhalb der Gruppe, zu der ich mich zugehörig fühle (inklusive mir selbst), nützlich, wenn ich dieses Ziel (das für uns alle wichtig ist) auf diese Weise (die zu mir passt und mich erfreut) tue?

Farbe: Violett.

Archetyp: Die innere Königin.

7. Chakra des allumfassenden Bewusstseins

Zuständigkeit: Über den eigenen Weg in der Welt hinaus den Gesamtzusammenhang der Schöpfung wahrnehmen; die Schnittstelle des Individuums zum Überpersönlichen (Gott); das Überschreiten der eigenen Grenzen in jeder Hinsicht.

Organe: Epiphyse.

Lebensbereich: Umfasst alle Lebensbereiche und erweitert ihre Funktionen in den Zusammenhang der ganzen Schöpfung hinein. Ein Mensch, der dieses Energiezentrum voll nutzt, handelt in allem so, dass die Evolution der gesamten Schöpfung davon gefördert wird.

Typische Aussage: Das ist für alle (Geschöpfe, die es gibt) gut und fördert ihre Entwicklung.

Typische Frage: Was sollte ich tun, damit es der ganzen Welt besser geht?

Farbe: Weiß.

Archetyp: Vertreter der Schöpferkraft auf Erden. Wähle eine Person, die diese Eigenschaft am klarsten für dich repräsentiert, beispielsweise Jesus Christus, Buddha oder Sai Baba.

Anmerkung: Die Perspektive dieses Chakras ist nur in grober Annäherung durch Worte zu beschreiben. Handlungen eines Menschen, die von diesem Chakra organisiert werden, sind für die allermeisten anderen vollkommen unverständlich, werden jedoch als äußerst faszinierend im negativen oder positiven Sinne empfunden. Auf dieser Ebene hat alles, was getan wird, gleichzeitig eine Auswirkung auf die gesamte Schöpfung. Deswegen ist es nicht konkret beschreibbar und für den logischen Verstand nicht nachvollziehbar. Und was nicht verstanden wird, macht leicht Angst ... Nachzulesen ist dazu Aufschlussreiches in den Geschichten über Jesus, den Christus.

Grundsätzliche Regeln für die Zusammenarbeit der Chakren

Bei jedem Prozess der Entwicklung und der Verständigung arbeiten die Chakren auf eine bestimmte Weise zusammen. Die oberen haben die Aufgabe, die jeweils unteren in ihren Funktionen übergreifend zu organisieren, also Steuerungsinformationen zu geben. Die unteren übernehmen im Gesamtsystem die Funktion, die jeweils oberen mit geeigneter Energie, sozusagen mundgerecht zubereitetem Input von der Außenwelt (Erfahrungen; Ernährung) und der Innenwelt (Energie, mobilisiert durch Gefühle) – beide Bereiche werden getrennt behandelt –, zu versorgen. Ein Beispiel dazu: Ein Mensch wird aggressiv, bekommt also Zugang zu einer Energie, die die unteren Chakren bereitstellen. Jetzt müssen Steuerungsanweisungen der oberen Chakren kommen, damit etwas Sinnvolles, Konstruktives mit dieser Kraft getan wird, sonst gibt es leicht einen Haufen unangenehmer Scherben. Jedes Chakra reagiert und agiert anders. Die Regeln, nach denen eines wächst, harmonisiert und verändert werden kann, oder aus dem Gleichgewicht zu bringen ist, unterscheiden sich dementsprechend von den diesbezüglichen Gesetzen der anderen. Veränderungen unterer Energiezentren können, aber müssen nicht die darüber befindlichen mit verändern. Es sei denn in den Extremfällen, in denen ein bestimmter notwendiger Input vorher nicht stattfand, der Energiefluss nun aber plötzlich funktioniert und die Voraussetzungen für seine sinnvolle Verarbeitung in den höheren Chakren grundsätzlich gegeben sind. Umgekehrt läuft es genauso. Chakren, die sich unter einem sich in seiner Struktur wandelnden Energiezentrum befinden, werden aber immer mitgezogen, da sich die Arbeitsanweisungen, die sie von oben erhalten, verändern. Ob sie diesen Anweisungen folgen können, hängt davon ab, inwieweit ihre qualitativen und quantitativen Möglichkeiten dazu ausreichen oder sich dabei entwickeln können. Insofern ist nicht jede Heilung eines höheren Chakras gleichbedeutend mit Heilungen der unteren Energiezentren. Sie bietet aber wichtige Voraussetzungen dafür. Ohne ausreichende Energieversorgung passiert natürlich auch im Chakrensystem nichts, und Funktionsträger, die nicht gerade direkt überlebensnotwendig sind, werden in einem solchen Fall schlafen geschickt, bis bessere Zeiten kommen. Das bedeutet, je weniger Gesamtenergie zur Verfügung steht, desto mehr werden die oberen Chakren in ihrer Funktion gedrosselt, damit die unteren, die das reine Überleben ermöglichen, überhaupt weiterarbeiten können. Spirituelle Entwicklung ist deswegen ein Luxusgut und nur bei ausreichender energetischer Versorgung aller Seinsebenen (Chakren) möglich. Bei einem Überangebot an Energie aus den unteren Chakren im Vergleich zur Steuerungsfähigkeit der oberen finden andererseits größtenteils unkontrollierte Entladungsreaktionen in Form verstärkter Aggression, Sexualität, Machtstreben, Körperreaktionen wie Fieber, Nervenzusammenbruch, Entzündungen oder Schüttelfrost statt. Wenn diese Notventile aus irgend einem Grund nicht funktionieren, kann es eine Art Kurzschluss durch Verlust des Bezuges zur Realität geben. Also beispielsweise eine Lebensgestaltung, die ohne Berücksichtigung realistischer Sachzwänge – Arbeiten und Geld verdienen, eine erfüllte Partnerbeziehung anstreben, die Gesundheit erhalten und Ähnliches – vorgenommen wird. Statt dessen heißt es dann etwa: »Ich vertraue darauf, dass die Schöpferkraft für mich sorgt!«, »Im Grunde ist sowieso alles nur Illusion.«, »Spiritualität ist nicht möglich, wenn ich mich mit den Niederungen des Lebens auseinandersetzen muss.« oder »Alles wird zur rechten Zeit passieren, ich brauche weder zu planen, noch zu handeln.« Ein typischer Unfall bei anhaltend falsch durchgeführter Energiearbeit oder Meditation übrigens. Um die Chakren und damit auch die Persönlichkeit harmonisch zu entwickeln, bedarf es, wie wohl überall, einer wohlausgewogenen Mischung! Wird wesentlich mehr

Energie bereitgestellt, als Steuerungskapazität vorhanden ist oder von außen beschafft werden kann, gibt es Probleme. Wenn versucht wird, die Steuerungsfunktionen zu entwickeln, ohne für genug Energie und Erfahrungen zu sorgen, gibt es ebenfalls Schwierigkeiten im Leben, weil nun Energie aus lebenswichtigen Bereichen zwangsweise umgeleitet wird und Reserven meist nicht oder nicht sehr lange bereitstehen. Allerdings sollte im Zweifelsfall zur Sicherheit aller Beteiligten zuerst die Steuerungskapazität, soweit es die Energieversorgung zulässt, und später dann die energetische Aufladung ausgebaut werden. Eine Ausnahme ist der direkte Kontakt mit einem kompetenten spirituellen Lehrer und tiefes Vertrauen in seine Anweisungen (Rapport). In diesem Fall kann verhältnismäßig viel Energie schadlos in das Chakrensystem gebracht werden, weil der Lehrer, solange es sein Schüler zulässt und – soweit von der konstitutionellen Kapazität her möglich – unterstützt, die internen Steuerungsfunktionen im System des Schülers von außen durch seine größeren Möglichkeiten erweitert. So läuft alles in geordneten Bahnen, bis die qualitative Entwicklung des Schülers entsprechend nachgezogen hat und er selbst mit der höheren Energie zurecht kommt. Es gibt aber nicht viele Lehrer, die das wirklich können.

Abschließend zu diesem Punkt noch zwei wichtige Gesetzmäßigkeiten über die interne Organisation der Entwicklung des Chakrensystems: Die Vervollkommnung des individuellen Seins, der eigenen einzigartigen Talente und Fähigkeiten, der Schöpferkraft des einzelnen läuft über das 1., 3. und 5. Chakra. Beim 1. Chakra ist diese Qualität sehr unbewusst und grob, im 5. Chakra erlangt sie den höchstmöglichen Bewusstseins- und Verfeinerungsgrad. Ich bezeichne diese drei Chakren als die Yang-Sequenz. Die Entfaltung der Resonanz, der Vernetzung mit den einzelnen Teilen der Welt und der Schöpfung insgesamt, findet über die Chakren 2, 4 und 6 statt. Im 2. Energiezentrum ist sie am gröbsten und sehr unbewusst, im 6. Chakra ist sie am höchsten entwickelt. Diese drei Chakren bezeichne ich als Yin-Sequenz. Das 7. Chakra stellt eine lebendige Synthese beider Entwicklungsreihen dar, die sich nur dann entwickelt, wenn *alle* gleichermaßen angenommen und in ihren besonderen Qualitäten gelebt werden.

„Na, was bedrückt uns diesmal?"

Nachdem du jetzt einen Überblick über das Chakrenmodell zur Beschreibung des menschlichen Wesens bekommen hast, lass uns in die praktische Arbeit mit F.E.S.T einsteigen.

Achtung: Wenn du in psychiatrischer oder psychotherapeutischer Behandlung bist, führe die nachfolgend geschilderten Übungen nur mit dem ausdrücklichen Einverständnis deines behandelnden Mediziners durch und informiere ihn regelmäßig über deine Erfahrungen!

Der Chakraspiegel

Die Arbeitsgrundlage von F.E.S.T. ist der sogenannte Chakraspiegel. Er muss deshalb vor jeder Sitzung auf- und nach jeder Sitzung abgebaut werden, jedenfalls solange, bis du seine Bestandteile soweit integriert hast, dass du in deiner Vorstellung genauso effektiv mit ihm arbeiten kannst. Dieses Werkzeug hilft dabei, die verschiedenen Funktionskreise/Teilpersönlichkeiten eines Menschen voneinander zu trennen, damit die Bedürfnisse und Talente eines jeden besser in die gemeinsame Planung und Entwicklungsarbeit einbezogen werden können. Der Gebrauch des Chakraspiegels ist mit den Kenntnissen über das Chakrensystem aus diesem Kapitel für alle angeführten Übungen möglich. Weiterführende Informationen können dir aber natürlich noch tiefer gehende und umfangreichere Anwendungen erschließen. Entsprechende Literatur dazu findest du in der kommentierten Bibliographie im Anhang.

Der räumliche Aufbau des Chakraspiegels

Aus der nebenstehenden Grafik kannst du den grundsätzlichen räumlichen Aufbau des Chakraspiegels entnehmen. Später wirst du noch eine andere Anordnung für fortgeschrittene Anwendungen kennenlernen. In dem Chakraspiegel werden die ersten sechs Chakren räumlich getrennt auf einem Halbkreis angeordnet und der jeweilige Platz durch ein in der Chakrafarbe gehaltenes, etwa DIN-A4-großes Papier markiert. Das Blatt muss in der Mitte durch eine Linie unterteilt werden. Auf eine Seite schreibst du groß »Schüler«, auf die andere »Lehrer«. Ein weiteres Blatt mit einem intuitiv gewählten Symbol, das dich in deinem bewussten Anteil repräsentiert, und mit deinem Namen beschriftet, liegt in der Mitte der Grundlinie des Halbkreises. Noch etwas weiter draußen liegt ein weißes Blatt für das 7. Chakra.

Die Arbeit mit dem Chakraspiegel

Die umfangreichen Wirkungen des Chakraspiegels werden durch einige einfache Mittel hervorgebracht. Sie sind im folgenden Text beschrieben. Denke daran, bei jedem Positionswechsel einen Separator zwischenzuschalten.

Achtung: Bevor du dich in irgendeine deiner Teilpersönlichkeiten/Chakren hineinassoziierst, wie der unten beschriebene Vorgang in der NLP-Fachsprache genannt wird, führe die Übung a. erst gewissenhaft über *der mit deinem Namen beschrifteten Markierung* aus. Ankere diesen Zustand sorgfältig, teste den Anker und begib dich am Ende jeder F.E.S.T.-Sitzung oder Chakra-Line-Arbeit immer erst an diesem Platz in diesen Zustand, der auch Kontext-Anker genannt wird, weil er dich mit einem bestimmten Erfahrungsbereich, nämlich der alltäglichen Wirklichkeit, der Gegenwart und deiner integrierten Alltagsidentität verbindet.

a. Die Wahrnehmungsperspektive wechseln

du stellst dich über eine Markierung. Wenn hier eine Lehrer/Schüler-Teilung ist, gehe wie folgt vor: Ein Bein sollte dabei in oder neben dem Lehrerfeld sein, das andere in oder direkt neben dem Schülerfeld. Dies ist die sogenannte Grundhaltung. Achte dabei sonst nicht weiter auf eine etwa vorhandene Lehrer/Schüler-Unterteilung und schlüpfe in die Rolle des jeweiligen Archetyps. Stell dir genau vor, wie du jetzt aussiehst, welche Kleidung du vielleicht trägst, und nimm eine Körperhaltung ein, die dir am besten ein Gefühl für den Charakter des jeweiligen Archetyps gibt. Verändere solange Einzelheiten in der Haltung und dem Gesichtsausdruck, bis es sich genau passend anfühlt. Bewege dich jetzt ein wenig und tu auch dies so, wie es dem Archetyp entspricht. Gibt es besonders typische Bewegungen? Führe sie einige Male so aus, wie es deinem jetzt übernommenen Charakter gemäß ist. Was würdest du jetzt gerne berühren oder in der Hand halten? Berühre oder halte es in deiner Vorstellung! Verdeutliche dir das Gefühl, das dir diese Handlungen geben. Schau dich mit seinen – oder ihren – Augen in der Welt um. Auf was achtest du jetzt besonders? Wie hörst du? Gibt es eine Musik oder einen Rhythmus, den du jetzt gern dabei hättest? Verschaff dir, was du brauchst. Wie riechst du dich und welche Gerüche magst du gern? Zaubere sie herbei. In der Welt der Vorstellung ist alles möglich. Was würdest du gerne schmecken?

Wenn du auf diese Weise alle Sinneskanäle durchgegangen bist, finde ein Wort, das diesen Archetyp für dich eindeutig repräsentiert. Sprich es einige Male laut aus. Lausche ihm nach. Was bewegt sich dadurch in dir?

b. Lehrer/Schüler-Arbeit

Wenn du die Übung a. über einer der sechs Hauptchakramarkierungen im Halbkreis durchgeführt hast, kannst du zwei weitere Grundübungen auf der Lehrer- beziehungsweise der Schülerseite ausprobieren. Führe b. 1 **immer** vor b. 2 durch. Es ist aber nicht unbedingt nötig, b. 2 noch nach b. 1 durchzuführen, wenn dir nicht danach ist. Du kannst das herausfinden, indem du dich einen Moment auf die Schülerseite stellst und beginnst, dich in diese Rolle hineinzuassoziieren. Du wirst dann wissen, ob du mit deinem Lehrer arbeiten möchtest.

b. 1. Stell dich auf die Seite des Lehrers und wende dich der Schülerseite zu. Wandele die Übung a. so ab, dass du dich in die Rolle des entsprechenden Archetyps auf der Lehrerseite hineinassoziierst. Für jede Lehrerrolle jedes Chakras gelten die folgenden Regeln: Unterrichtet wird **nur** durch das Stellen von Fragen, Anleiten von praktischen Übungen aller Art und aufmerksamem Zuhören oder der Übergabe von entwicklungsfördernden Symbolen wie Farben, Bildern, Zeichen, einem Wort, Blumen, Steinen oder ähnlichem. ***Verboten*** sind Handlungsanweisungen – tu dies, lass jenes –, moralische Statements, Schuldzuweisungen, Erklärungen, Vorausschau in die Zukunft. Mach dir klar, dass du durch das Hineinassoziieren in den jeweiligen Archetyp zum Kanal für diesen wirst. Der Kanal sollte klar sein – das wird durch korrektes Hineinschlüpfen in den jeweiligen Archetyp erreicht. Lass die Handlungen und die Sprache durch dich hindurchfließen, ohne viel darüber nachzudenken. Die Archetypen verhalten sich übrigens aus ihrer Lehrerperspektive immer so, wie in den entsprechenden Regeln beschrieben. Lass sie einfach machen! Je besser und öfter du dich in sie hineinassoziiert hast, desto einfacher und natürlicher wird das möglich.

Schau dir dann von der Lehrerseite aus in deiner Vorstellung den Schüler auf der anderen Seite an. Wie wirkt er auf dich? Was könntest du tun, um eine tragfähige Herzensbrücke zu ihm zu bauen? Tu es in deiner Vorstellung, dabei lass aber Mimik, Gestik und andere Körpersprache real zu und sprich laut. Höre deinem Schüler zu, wenn er antwortet. Lass geschehen. Schließe diese Übung ab, indem du deinem Schüler dankst.

b. 2. Stell dich auf die Seite des Schülers und wende dich der Lehrerseite zu. Wandele die Übung a. so ab, dass du dich in die Rolle des entsprechenden Archetyps als Schüler hineinassoziierst. Schau dir von dieser Seite aus in deiner Vorstellung den Lehrer auf der anderen Seite an. Was möchtest du lernen? Womit hast du Schwierigkeiten? Frage deinen Lehrer, ob er etwas Wichtiges für dich zu tun hat, damit du weiter kommst auf deinem Weg. Oder möchtest du einfach deinen Lehrer in diesem Archetyp näher kennenlernen? Du hast alle Möglichkeiten ... Achte das, was dein Lehrer dich lehrt. Falls du mal ungenau bei b. 1 gearbeitet hast, kann es sein, dass sich in Aktionen deines Lehrers Anteile anderer Perspektiven mischen. Du kannst dies auseinandersortieren, indem du alles zurückweist, was nicht den Lehrerregeln entspricht, also alles, was nicht 1. deine Bewusstseinsfähigkeit, 2. deine Liebesfähigkeit und 3. deine Fähigkeit, Eigenverantwortung zu übernehmen, fördert. Teile dann höflich, aber bestimmt der anderen Seite mit, dass du jetzt nur Kontakt mit deinem Lehrer in diesem Archetyp haben möchtest. Wechsle zu b. 1 und assoziiere dich nun noch einmal richtig dort hinein, bevor du von der anderen Seite – b. 2 – aus weiterarbeitest. Beende jede b.-2-Arbeit immer mit einem Dank an den Lehrer.

c. In dieser Grundübung geht es darum, eine völlig andere als die gewohnte Perspektive einzunehmen und diese Erfahrung in dir wirken zu lassen. Assoziiere dich dazu in den Archetyp des 7. Chakras hinein. Schlüpfe einfach in diese Perspektive und – tue sonst einige Zeit nichts Bestimmtes. Alles, was nötig ist, geschieht hier automatisch, wenn du dich in diese besondere Qualität hineinassoziiert hast. Schließe auch diese Übung wie die anderen ***immer*** mit einem Hineinassoziieren in deine Alltagsidentität unter Verwendung des dafür eingerichteten Ankers auf Position 8 ab.

Chakra-Line-Arbeit – das System deiner Persönlichkeit von innen heraus harmonisieren

Bei der Chakra-Line-Arbeit geht es darum, die Energieflüsse zwischen den Chakren zu verbessern und zu harmonisieren. Auch hierzu gibt es einige Grundübungen ...

a. Voraussetzung für diese Übung ist, dass du dich in jede Position des Chakraspiegels so oft hineinassoziiert hast – nicht unbedingt getrennt in die Lehrer/Schüler-Perspektiven –, dass du dich an jeden Archetyp und seine Eigenart grundsätzlich gewöhnt hast. Solltest du mit einem oder mehreren noch nicht so richtig zurechtkommen, arbeite erst einmal weiter daran. Die Chakra-Line-Arbeit würde dir auf dieser Stufe noch nicht sehr viel bringen.

Arbeite von Position 8 aus. Wähle intuitiv eines der sechs Chakren auf dem Halbkreis aus und wende dich ihm zu. Stell dir auf der markierten Stelle dir gegenüber den entsprechenden Archetyp des Energiezentrums vor. Wie wirkt er auf dich? Was kannst du tun, um eine stabile Herzensbrücke zu ihm zu bauen? Tu es. Wenn dir nichts einfällt oder deine Bemühungen wenig Resonanz zeigen, frage, was du für ihn tun kannst, damit ihr in Zukunft besser zusammenarbeiten könnt und er bekommt, was er braucht, um sich wohl zu fühlen sowie seine eigenen Fähigkeiten weiterentwikkeln zu können. Wenn du die Arbeit mit diesem Archetyp für diese Sitzung beenden möchtest, danke ihm, wende dich von ihm ab und verwende einen Separator. Dann wähle intuitiv einen weiteren Archetyp aus und arbeite mit ihm zusammen an einer tragfähigen Herzensbrücke.

Achtung! Arbeite nicht zu Anfang nur mehrmals mit einem Archetyp, ohne vorher wenigstens einmal mit jedem anderen auf die in dieser Übung geschilderte Weise gearbeitet zu haben. Dies würde sonst einer Harmonisierung entgegenwirken.

b. Arbeite von Position 7 aus und baue nacheinander Herzensbrükken zu jedem der sechs Hauptchakren und zu Position 8. Bestimme die Reihenfolge auch hier intuitiv und beachte dieselben Regeln, die auch für Übung a. gelten.

c. Diese Übung macht nur Sinn, wenn du zumindest einmal a. und b. komplett durchgeführt hast! Begib dich auf Position 8 und wähle intuitiv einen Archetyp der sechs auf dem Halbkreis angeordneten Chakren aus. Wende dich ihm zu und bitte um seine Mithilfe. Wenn er oder sie bereit ist, kann es losgehen. Wenn nicht, frag, was du tun kannst, damit er oder sie einverstanden ist. Nun entspanne dich und schließe deine Augen. Stell dir deine Beziehung von Position 8 zu dem ausgewählten Chakra bildlich vor. Gefällt sie dir so? Was könntest du hinzufügen oder weglassen oder ändern, damit dir diese Brücke besser gefällt? Verwende dabei deine Kenntnisse aus dem Kapitel über die Submodalitäten. Nun bringe die Brücke zum Klingen, indem du sie mit einem Geigenbogen streichst oder mit einem Trommelstock anschlägst. Magst du den Ton? Wenn nicht, ändere die Brücke so, dass ein dir genehmer Ton aus ihr erklingen kann. Wie riecht die Brücke? Ändere auch den Geruch, wenn nötig. Wenn du sie essen würdest, wie würde sie schmecken? Schleck doch mal dran! Wenn dir der Geschmack nicht zusagt, ändere ihn, bis er besser ist als der deines Leibgerichtes. Nun betaste das Material. Stimmt die Temperatur für dich? Fühlt es sich sonst gut an? Ist das Material und die Konstruktion stabil genug, um mindestens einen Schwerlaster sicher tragen zu können? Wenn nicht, ändere alles Nötige. Frage zum Schluss den Archetyp auf der anderen Seite, ob er oder sie auch einverstanden ist. Wenn nicht, einigt Euch und nehmt alle erforderlichen Korrekturen vor. Geht das nicht, soll er oder sie eine eigene Brücke zu deiner Position bauen. Dann kann jeder erst einmal seine eigene benutzen. Wenn alles korrekt ist, gehe *langsam* über die Brücke zu dem entsprechenden Chakra. Achte bei jedem Schritt auf die Veränderungen, die sich ergeben. Auf der anderen Seite angekommen, reiche dem Archetyp dort deine Hand und umarme ihn. Vielleicht möchtest du ihm jetzt etwas geben oder sagen. Vielleicht bekommst du etwas. Gehe respektvoll mit der Situation um. Frage dann, ob du dich jetzt in dieses Chakra hineinassoziieren darfst. Tu es nur, wenn es dir erlaubt wird. Du hast sonst nichts Wesentliches davon. Wenn es dir diesmal nicht gestattet wird, sei nicht traurig. Es wird im Verlaufe deiner Arbeit mit F.E.S.T. bald passieren können. Danke deinem Gastgeber und gehe dann langsam wieder auf der Brücke zurück an deine Position 8. Assoziiere dich sorgfältig hinein, bevor du entweder diese Sitzung schließt oder eine weitere Arbeit beginnst.

Wenn du in die Qualität des Chakras hineinschlüpfen darfst, tu es und bleibe einige Zeit darin, um sie deutlich fühlen zu können. Nun gehe *langsam*, während du in diesem Archetyp bleibst, wieder zurück und achte auf die Veränderungen bei jedem Schritt. Bei Position 8 angelangt, bleibe einfach eine Weile und spüre dich hinein. Dann assoziiere dich wieder in diese Position 8 hinein. Danke dem Archetyp auf der anderen Seite, bevor du die Sitzung abschließt oder eine andere Arbeit beginnst.

d. Führe dieselbe Übung wie in c. Durch. Nur arbeitest du jetzt von Position 7 aus. Denke daran, auch hier auf jeden Fall über Position 8 die Übung zu beenden.

Der Chakra-Line-Kraftraum

Dies ist eine fortgeschrittene Übung. Sie bringt dir erst sinnvolle Ergebnisse, wenn du einige Erfahrungen mit allen vorherigen Übungen gesammelt hast.

Wähle einen Platz im Raum, der dir für die Position 8 gut geeignet erscheint. Markiere ihn. Stell dich darüber und spüre dich mit geschlossenen Augen hinein. Wähle ein Chakra aus, mit dessen Qualität du gern intensiver in Kontakt treten würdest. In welcher Richtung von dir aus gesehen geht die Herzensbrücke, die du gebaut hast, zu ihm? Du bist jetzt nicht an das Halbkreis-Grundschema gebunden. Wähle so, wie es sich für dich richtig anfühlt. Dann schau die Brücke entlang. Möchtest du noch irgend etwas tun, um sie für dich schöner und zweckmäßiger zu gestalten? Ist sie vielleicht zu steil oder zu schmal? Ändere, was nötig ist. Wie weit ist das Chakra auf der anderen Seite von dir entfernt? Ist es dir im Moment zu weit weg oder zu nah an deiner Position dran? Ändere die Entfernung, aber nur mit Einwilligung des Archetyps auf der anderen Seite. Wenn es zunächst nicht möchte, verhandle, bis ihr zu einem beiderseits befriedigenden Ergebnis kommt. Danach benutze langsam die Brücke. Auf der anderen Seite angekommen, begrüße deinen Gastgeber. Bleibe einige Zeit still an diesem Ort und lass zu, dass er dich berührt. Dies hat eine große und nachhaltige Wirkung auf dein Persönlichkeitswachstum. Es kann deine Kraftquellen wieder aufladen und dir tiefe Einsichten bringen. Bitte den Archetyp dann, dir etwas zu geben, was seine besonderen Fähigkeiten in deinem Alltag leichter erreichbar und kontrollierbar für dich macht. Wenn du dieses Geschenk erhältst, achte es – egal, was es sein sollte, und verwende es zur Bereicherung deiner Lebensgestaltung. Es ist eine große Kraftquelle für dich. Danke dafür, verabschiede dich und gehe zurück. Wenn nicht, danke ebenfalls und gehe zurück. Zu einem anderen Zeitpunkt, wenn etwas in dir – zum Beispiel durch die regelmäßige Arbeit mit F.E.S.T. – stärker geworden ist, wirst du dieses Geschenk erhalten. Auch für diese Übung gilt: Bevor du mehrmals mit einem Archetyp arbeitest, solltest du zumindest je einmal mit jedem anderen gearbeitet haben.

Die Chakrakonferenz

Den Chakraspiegel kannst du auch verwenden, wenn du einmal Berater brauchst. Stell dich auf Position 8 und schildere dein Problem. Dann gehe über jede Brücke nacheinander zu jedem Chakra, inklusive dem 7., und nimm zu dem Problem aus der Perspektive des jeweiligen Archetyps Stellung. Beende wieder über Position 8. Wenn du mehr Praxis hast, kannst du die Auskünfte auch von Position 8 direkt einholen, indem du dich dem entsprechenden Chakra und seinem Archetyp mit deiner Aufmerksamkeit zuwendest.

Die Chakraharmonisierung

Um dein Energiesystem insgesamt auszugleichen, stell dir von Position 8 aus vor, dass zu allen Chakren von dir aus Gitarrensaiten laufen. Nun stimme diese, bis sie alle als melodischer Akkord zusammenklingen, wenn du sie anstreichst und sie weder zu straff noch zu schlaff gespannt sind. Ist alles richtig gestimmt, bleibe einfach eine Viertelstunde oder länger auf Position 8 sitzen und lass geschehen. Oder bitte die Archetypen der Chakren darum, jetzt die Zeit zu nutzen und Energie und Informationen auszutauschen, um einen höheren Zustand von Harmonie im Gesamtsystem zu schaffen. Die Chakraharmonisierung ist auch geeignet für die Beilegung von Disharmonien in Bezug auf bestimmte Lebensbereiche – Rauchen, Abnehmen, Lernen, Heilung chronischer Krankheiten und dergleichen. Nenne dann nach den oben angegebenen einstimmenden Übungen das Thema, das die Chakren untereinander zum Wohl des gesamten Systems kreativ klären sollen, und schildere ihnen die Schwierigkeiten, die du mit dem alten Verhalten hast. Versuche, die gute Absicht hinter dem disharmonischen Verhalten herauszubekommen, das übrigens immer da ist!, und lobe die beteiligten Archetypen für die Absicht. Teile ihnen mit, dass du nichts dagegen hast, wenn in bestimmten Situationen auch in Zukunft das alte Verhalten gewählt wird, solange es nicht zu den vorher geschilderten Schwierigkeiten, die du nun nicht mehr willst, führt. Sonst soll das neue Verhalten schon unbewusst gewählt werden. Lausche aufmerksam den Mitteilungen der

Archetypen und mach dir darüber Gedanken. Denn es ist durchaus möglich, dass du eine Veränderung manchmal gar nicht mehr willst, wenn sie dir erklären, warum sie ein entsprechendes Verhalten zur Zeit bevorzugen.

Die Oberstufe von F.E.S.T.

Wenn du dich eingehend mit den einzelnen Chakren, ihren Archetypen allgemein und in der Lehrer- oder Schülerperspektive theoretisch und praktisch beschäftigt hast, kannst du auch ohne das Auslegen des Chakraspiegels mit ihnen nur über die für sie eingerichteten Körperhaltungs-, Berührungs- und Symbolanker arbeiten. Du versetzt dich durch das Auslösen des jeweiligen Ankers in einen Archetyp, tust dort, was du tun willst, verwendest einen Separator und gehst danach in einen anderen Chakrazustand oder beendest deine Arbeit. Du kannst auch, um zwei Chakren, die in Bezug auf die Bewältigung einer Lebenssituation nicht einer Meinung untereinander oder mit deinem bewussten Anteil sind, miteinander verhandeln lassen, indem du sie dir getrennt in jeder deiner Handflächen vorstellst. Wenn alle Voraussetzungen für eine Beilegung des Streits durch sorgfältiges Verhandeln geschaffen worden sind, kannst du fragen, wer von ihnen in Zukunft die Verantwortung für die neue Art der Problembewältigung übernehmen will, und führst dann beide Handflächen langsam zusammen, bis sie sich berühren. Lass sie dann solange in dieser Haltung, bis du spürst, dass jetzt alles neu strukturiert und innerlich klar ist oder dir ein Anteil ein vorher vereinbartes Zeichen gibt, das das Ende der Arbeit signalisiert.

Das Metaziel von F.E.S.T.

Es gibt ein übergreifendes Ziel, das bei allen Teilzielen, die bearbeitet werden, durch F.E.S.T. ständig verfolgt wird. Prinzipiell sieht die langfristige Strategie dieser Methode so aus, dass die vielen, meist unterbewussten Funktionskreise eines Menschen, die sich im Laufe seines Lebens durch fehlende Kommunikation untereinander und mit der Außenwelt gegenseitig in der Durchführung ihrer Aufgaben behindern, durch eine bewusste systematische Anstrengung – F.E.S.T. – auf die Ebene der bewussten Wahrnehmung gehoben werden. Dort werden die verknäulten Einzelteile entwirrt, ihren Absichten und Bedürfnissen auf eine dem Wohl des Gesamten förderliche Weise Genüge getan und durch regelmäßige systematische Kommunikation und Abstimmung untereinander das gegenseitige Verständnis und die Zusammenarbeit gefördert, bis die Arbeit der Teilpersönlichkeiten jetzt neu geordnet und von inneren Reibungswiderständen befreit, wieder im Unterbewusstsein stattfindet und den Menschen im Alltag mit Energien, Talenten und anderen Ressourcen in vorher kaum zu ahnendem Umfang versorgt. Nur wenn es ungewöhnliche Probleme gibt, die eine bewusste Neuabstimmung erfordern, muss dann wieder mit F.E.S.T. gearbeitet werden. Natürlich kann F.E.S.T. aber auch, nur weil es so viel Spaß macht, geübt werden.

Was zu beachten ist

- Assoziiere dich immer sorgfältig in jede Wahrnehmungsposition hinein.
- Beende jede Sitzung immer auf Position 8.
- Beachte die Lehrerregeln.
- Bei Störungen, Unterbrechungen oder wenn du aus irgendeinem Grund mittendrin aufhören willst, danke allen Beteiligten und löse den Kontextanker für Position 8 aus, damit du wieder ganz im Hier und Jetzt bist.
- Solltest du, was sehr selten vorkommt, das Gefühl haben, in zu vielen Einzelteilen zu existieren und darunter zu leiden, führe die folgende Übung zur Stärkung deiner Integrationsfähigkeit durch: Stell dich auf Position 8, nimm nacheinander Kontakt zu jedem Archetyp auf. Erzähle dein Problem und bitte es, zu dir zu kommen. Verkleinere es dann und bringe es sanft mit beiden Händen in dein Herz. Diese Art der Selbstintegration ist sehr wirkungsvoll und kann auch ohne das zu Anfang angesprochene Problem mit großem Nutzen durchgeführt werden.
- Mach dir klar, dass die Archetypen der Chakren einerseits fest mit deiner Gesamtpersönlichkeit verbundene Funktionskreise für be-

stimmte Aufgaben darstellen. Andererseits sind sie in gewisser Hinsicht eigenständige Wesen, über die jeder einzelne Mensch mit bestimmten universellen Ordnungsstrukturen verbunden ist. Paradox? Das scheint nur so. Auch diese Sache hängt in ihrer Funktion für dich von der jeweils gerade gewählten Wahrnehmungsperspektive ab.

Zum Schluss: Wende F.E.S.T. häufig an. Dann werden sich in deinem Leben turbomäßige Wachstumsschritte ergeben, die dir eine Menge Spaß machen werden. Lass es dir gut gehen damit.

Kapitel 10

Assoziation – Dissoziation – Metaposition:

Wie du in schwierigen Situationen gelassen bleiben, dein Leben mal aus der Vogelperspektive betrachten und so richtig im Wohlbehagen schwelgen kannst.
Damit gleich zu Anfang klar wird,
um was es in diesem Kapitel geht,
mach doch mal folgendes kleines Experiment ...

Eins-Zwei-Drei-Übung I
Versetze dich in Gedanken in eine angenehme Situation in deiner Vergangenheit. Es ist wichtig, dass du daran direkt beteiligt warst und dass noch zumindest eine weitere Person dabei war.

Zustand 1: Assoziation – du selbst in dir
Gehe in deiner Vorstellung in deinen Körper und nimm all das, was es damals zu genießen gab, als direkt Betroffener wahr. Spüre die Berührungen, deinen Körper, deine Haltung, höre die Geräusche, nimm die Düfte und vielleicht auch bestimmte Geschmacksempfindungen wahr. Sieh durch deine Augen in die damalige Umwelt. Welche Gefühle löst diese Vorstellung in dir aus? Wie ist deine Stimmung jetzt? Wie nimmst du deinen Körper wahr? Fertige eine kurze schriftliche Beschreibung deines Zustandes an.

Zustand 2: Dissoziation – du nimmst dich und die Welt aus der Perspektive eines anderen wahr
Jetzt verändere deine Wahrnehmungsperspektive. Gehe aus deinem Körper heraus und versetze dich ganz in eine der anderen an dieser Erfahrung beteiligten Personen hinein und nimm dich von dieser Pers-

„Was ist eine Methaposition?"

pektive aus wahr. Sieh deinen Körper durch ihre Augen, höre durch ihre Ohren, fühle ihren Körper und spüre seine Botschaften. Rieche durch ihre Nase und, wenn es dazugehört hat, schmecke durch ihre Geschmacksnerven. Erlebe die Situation, indem du Abstand von dir hast, aber nicht mehr direkt Betroffener, sondern Beobachter des Betroffenen bist. Der Beobachter muss aber an der Gesamtsituation beteiligt sein. Was fühlst du jetzt? Wie ist deine Stimmung? Wie nimmst du deinen Körper wahr? Fertige eine kurze schriftliche Beschreibung deines Zustandes an.

Zustand 3: Metaposition – Nimm dich und die Situation, in der du bist, aus der Perspektive eines unabhängigen Beobachters wahr
Nun verändere deine Wahrnehmungsperspektive noch einmal. Stell dir vor, du nimmst die gleiche Erfahrung wie vorhin aus der Perspektive eines unbeteiligten Dritten, zum Beispiel im Fernsehen oder auf einer Kinoleinwand, wahr. Versetze dich auch hier in deiner Vorstellung in dessen Körper hinein und nimm die Situation über seine Sinne wahr. Was fühlst du nun? Wie ist deine Stimmung? Welche Körperempfindungen hast du?

Wenn du die drei Übungen wie angegeben durchgeführt hast, werden dir sicher die unterschiedlichen gefühlsmäßigen Zustände in den einzelnen Wahrnehmungspositionen 1, 2 und 3 aufgefallen sein. Diese verschiedenen Perspektiven des Erlebens werden von jedem Menschen, meist allerdings unterbewusst, verwendet, um sich mehr oder weniger auf eine Erfahrung einzulassen. Untersuchungen haben gezeigt, dass Menschen, die nicht unter frustrierenden Erlebnissen in der Vergangenheit leiden, diese Erinnerungen automatisch aus dem oben beschriebenen Zustand 3, dem Standpunkt des unbeteiligten Beobachters, wahrnehmen. Sie haben gefühlsmäßig buchstäblich nichts damit zu tun! Menschen, die dagegen leicht unter Erinnerungen an unangenehme Erfahrungen leiden, erleben diese automatisch beim Hervorholen aus ihrem Gedächtnis aus dem Zustand 1 – Assoziation. Kein Wunder, dass sie ähnlich intensive negative Gefühlszustände und unter Umständen auch Körperreaktionen erleben wie zum Zeitpunkt der Erfahrung. Wie lässt sich das nun ändern?

Eins-Zwei-Drei-Übung II

Ganz einfach – führe die oben beschriebene Übung noch einmal mit einigen kleinen Änderungen aus. Erinnere dich diesmal an ein unschönes Erlebnis in deiner Vergangenheit, aber wähle bitte in deinem Interesse nicht gleich irgendeine der größten Katastrophen in deinem Leben aus. Das Training in einer neuen Verhaltensweise sollte unter nicht zu extremen Anforderungen vor sich gehen. Gehe zuerst in den Zustand 1, wechsle, nachdem du diese Wahrnehmungsperspektive voll eingenommen hast, gleich in den Zustand 3, den des unbeteiligten Beobachters. Bleibe eine Weile darin und registriere die Veränderung deines Gefühlszustandes. Ist er noch nicht neutral genug, entferne dich, weiterhin in der Rolle des unbeteiligten Beobachters ein Stück weiter von der Situation.

Um die gefühlsmäßige Beteiligung noch weiter zu reduzieren, kannst du folgendermaßen vorgehen:

- Einen vierten Zustand einführen. Also einen Beobachter, der den Beobachter (dritter Zustand) wahrnimmt, wie dieser dich und andere direkt an dem Erlebnis Beteiligte beobachtet.
- Stimmen und Geräusche verfremden. Also sie zum Beispiel in Babystimmen umwandeln, unangenehme Töne in harmonisches Vogelgezwitscher verändern etc.
- Die Situation statt in natürlichen Farben in schwarzweiß oder verfremdeten Farben betrachten.
- Die Situation wesentlich schneller als normal in deinen Gedanken ablaufen lassen.
- Das Geschehen rückwärts ablaufen lassen.

Diese Techniken bewirken in der angegebenen Reihenfolge eine immer stärkere gefühlsmäßige Distanzierung von der Erinnerung. Werden sie alle kombiniert angewandt beziehungsweise die letzte (Rückwärtsablauf) mehrmals, kann eine Erinnerung sogar gelöscht werden, also nicht mehr abrufbar sein. Achte deswegen darauf, womit du experimentierst, und übertreibe es nicht. Denke auch daran, dass schwere Traumata nur mit der Hilfe geschulter Fachleute angegangen werden sollten. Ich könnte mir aber vorstellen, dass du schon alle Hände voll damit zu tun hast, mit ganz normalem vergangenen Alltagsärger aufzuräumen, der bisher leicht deine Stimmung vermiesen konnte, wenn du dich an ihn erinnern musstest.

Eins-Zwei-Drei-Übung III
Mit dem letzten Schritt ankerst du unter Verwendung deiner Kenntnisse aus Kapitel 9 den Zustand, der gefühlsmäßig neutral genug für dich ist, damit in Zukunft bei einer Erinnerung an diese Erfahrung automatisch eine starke gefühlsmäßige Dissoziation ausgelöst wird. Dazu verwendest du die Technik »Anker-Verketten«. Ankere zuerst den Zustand 1 zu der entsprechenden Erfahrung. Verwende einen Separator[54]. Ankere dann den Zustand, der für dich gefühlsmäßig neutral genug in Bezug auf das Erlebnis ist. Verwende einen Separator. Löse jetzt den ersten Anker aus und gehe voll in den assoziierten Zustand. Löse danach ohne Separator den zweiten Anker für den stark dissoziierten Zustand aus. Bleibe in diesem länger als in dem ersten. Jetzt löse beide Anker in der gleichen Reihenfolge in immer kürzer werdenden Abständen aus, bis du automatisch bei der Erinnerung an die entsprechende Erfahrung in den gefühlsmäßig neutralen Zustand wechselst. Normalerweise sollte diese »Neukonditionierung« spätestens nach dem sechsten oder siebten Durchlauf fest verankert sein.

Dich richtig wohlfühlen können ...
Menschen, die Schwierigkeiten haben, Zuwendung in vollen Zügen zu genießen, obwohl sie sie haben möchten und auch zulassen können, gehen unterbewusst in so einer an sich angenehmen Situation in den 2. oder 3. Zustand. So sind sie natürlich von ihren Gefühlen getrennt. Ob es sich um das Genießen eines guten Essens handelt, erotische Erfahrungen oder Lob, diese an sich unpassende Reaktionsweise gibt es in praktisch jedem Lebensbereich bei vielen Menschen. Auch dies lässt sich mit einer NLP-Methode ändern. Nutze deine Kenntnisse aus dem oberen Abschnitt und wende die Technik der Anker-Verkettung wie folgt an ...

---

[54] Was genau ein Separator ist, wird in Kapitel 9 erklärt.

Eins-Zwei-Drei-Übung IV

Versetze dich in Gedanken in eine Situation, in der du nicht richtig gefühlsmäßig dabei bist, es aber gerne sein möchtest. Ankere den bisherigen, von deinen Gefühlen getrennten Zustand. Verwende einen Separator. Nun versetze dich wieder in die Situation, aber diesmal assoziiert, richtig dabei, wie du es aus der ersten Übung zu Beginn dieses Kapitels kennst. Wenn du ganz in diesem Zustand 1 bist, ankere ihn. Verwende einen Separator. Nun löse den ersten Anker für den dissoziierten Zustand aus – und gleich danach den für den assoziierten. Warte aber jedesmal, bis du dich ganz in die jeweilige Wahrnehmungsperspektive hineinversetzt hast. Aktiviere jetzt die beiden Anker in immer schnellerer Abfolge, bis du ganz automatisch assoziiert, also im Zustand 1, mit der entsprechenden Erfahrung umgehst. Denke an zwischen die einzelnen Sequenzen geschaltete Separatoren. Tja, und nun kannst du dich schon auf die nächste reale Situation dieser Art freuen ...

Andere Menschen besser verstehen

Mit der folgenden Übung kannst du die Reaktionen, Meinungen und Gefühle anderer Menschen besser verstehen lernen. Dies kann dir bei der Klärung von Beziehungsproblemen helfen, aber auch einfach mehr Toleranz wecken und trennende Gräben zuschütten. Für Schauspieler ist diese Methode nützlich, um Rollen wirklich gut spielen zu können, und für Menschen in Führungspositionen, um Geschäftspartner oder Mitarbeiter in ihren Bedürfnissen und Möglichkeiten besser mit Kopf und Bauch verstehen zu lernen. Streitigkeiten, Miss- und Unverständnisse zwischen Partnern in einer Paar- oder Eltern/Kindbeziehung lassen sich ebenso auf diese Weise günstig und nachhaltig beeinflussen.

Eins-Zwei-Drei-Übung V

Um diese Anwendung einmal durchzuspielen, wähle eine Situation aus, in der du einen Beziehungspartner besser verstehen lernen, einmal »in seinen Mokassins wandeln« möchtest. Für diese Methode brauchst du drei Gegenstände, die die jeweilige Wahrnehmungsperspektive – eins, zwei oder drei – in einem Raum deutlich markieren. Dies können zum

Beispiel verschiedenfarbige Papierstücke sein. Etwa für Zustand 1 (assoziiert) ein rotes Papier, für 2 (dissoziiert) ein blaues und für 3 (Beobachter) ein grünes. Spüre dich einen Moment ein in den Raum, in dem du arbeiten möchtest, und wähle dann eine dir intuitiv geeignet erscheinende Stelle für Zustand 1. Lege dort das entsprechende Papier ab. Verfahre so auch mit der Markierung der anderen Wahrnehmungspositionen. Wenn du damit fertig bist, gehe zuerst auf den für Zustand 1 markierten Platz. Erinnere dich an eine Begebenheit, in der du mit dem entsprechenden anderen Menschen, den du dir jetzt für diese Übung auf Platz 2 vorstellst, zu tun hattest. Spüre dich in alle Sinneswahrnehmungen hinein. Wie siehst du den anderen? Was könntest du brauchen, um dich besser zu fühlen? Wenn du voll im 1. Zustand warst und die Situation aus deiner Sicht wahrgenommen hast, gehe von dem Platz weg. Verwende einen Separator. Nun stell dich auf den für Zustand 2 markierten Platz. Spüre dich in diesen anderen Menschen sorgfältig hinein. Beobachte dich auf Platz 1 mit Hilfe deiner Vorstellungskraft aus der Wahrnehmungsperspektive des anderen – Platz 2. Nimm mit allen Sinneskanälen die Situation von hier aus wahr. Was fühlst du nun? Was wünschst und erwartest du? Was könnte dir helfen, mit dieser Situation und »dem anderen da auf Platz 1« besser zurechtzukommen? Wenn du eine Weile in dieser Position warst, verlasse sie und verwende einen Separator. Nun gehe auf die für den 3. Zustand markierte Stelle. Spüre dich auch in diese Wahrnehmungsperspektive ein. Hier bist du der unabhängige Beobachter und hast mit dem, was »die zwei Leute auf Position 1 und 2« miteinander anstellen, nichts zu tun. Welche Gefühle hast du jetzt? Was meinst du, könnten die beiden dort brauchen, um miteinander besser zurechtzukommen und sich wohler, kreativer, stärker zu fühlen? Wenn dir entsprechende Ressourcen[55], also Stärkendes oder Harmonisierendes aller Art, eingefallen sind, stell dir vor, du hättest sie zur Verfügung. Wähle intuitiv passende Symbole dafür. Dann gehe – physisch – zu jeder der beiden anderen Positionen 1 und 2 und lege dort das dir hilfreich erscheinende auf die entsprechende Stelle. Es ist wichtig, dass du wirklich körperlich zu jedem Platz gehst und dort

[55] Was Ressourcen genau sind, steht in Kapitel 9.

mit deinen körperlichen Händen etwas, was du dir vorstellst, mit einer Geste auf die Stelle gibst, so als würdest du eine Pantomime aufführen. Jedesmal, wenn du so eine Ressource auf einen Platz gegeben hast, beobachte mit Hilfe deiner Vorstellungskraft die Person dort. Was verändert sich an ihr, wenn du ihr auf diese Weise hilfst? Braucht sie noch mehr oder noch etwas anderes? Gib ihr, was sie benötigt. Mit Hilfe deiner Vorstellungskraft kannst du alles herbeizaubern. Lege es symbolisch mit deinen physischen Händen auf den entsprechenden Platz. Nimm wieder die Veränderung wahr, die dadurch in diesem Menschen vorgeht. Beende diese Aktion erst, wenn die beiden auf Position 1 und 2 sich total wohl fühlen und alles haben, was sie brauchen, um miteinander und mit den Anforderungen der Situation bestens zurechtzukommen. Dann gebrauche einen Separator und sammele später die Papiere wieder ein.

Wenn du so eine Übung noch nie gemacht hast, wirst du dir vielleicht nicht vorstellen können, dass diese »Traumtänzerei« real etwas bewirkt. Mir ging es auch so. Doch als ich mir dann einen Ruck gab und einfach mal die Erfahrung ausprobierte, erwartete mich eine große, ja geradezu gigantische, positive Überraschung. Probiere diese spielerische Methode einfach aus, und du wirst dich durch deine Erfahrungen selber überzeugen.

»Drinnen« und »Draußen« auf Abruf

Es ist sehr nützlich, die Zustände 1 (voll in und mit deinen Gefühlen verbunden sein), 2 (den anderen in einer Beziehung verstehen) und 3 (eine Situation ohne große gefühlsmäßige Beteiligung von außen als Unbeteiligter betrachten) jederzeit zur Verfügung zu haben. Einige Beispiele dazu ...

- Wenn dich jemand sehr verletzt, kann es dir viel Leid ersparen, in Zustand 3 zu gehen.
- Wenn du Schmerzen hast, kannst du sie im Zustand 3 wesentlich besser ertragen.

- Wenn du Schwierigkeiten hast, mit anderen zu fühlen, und ihnen deswegen kalt und egoistisch erscheinst, ist der Zustand 2, natürlich jeweils auf den oder die entsprechenden Partner angepasst, sehr wertvoll.
- Wenn du jemand anders helfen möchtest, kannst du im Zustand 2 besser mit ihm sein und verstehen, erfühlen, was ihm wirklich fehlt.
- Wenn du dazu neigst, deine Wünsche und Bedürfnisse zu vergessen, wenn andere etwas von dir wollen, ist es wichtig, den Zustand 1 einnehmen zu können.
- Wenn du aus beruflichen Gründen viel für andere Menschen da sein musst, dich in sie einspürst und dabei einfach keine Aufmerksamkeit mehr für dich übrig hast, ist es wichtig, nach Feierabend den Zustand 1 wieder für dich hervorzuholen, sonst kann es sein, dass du unter dieser Einseitigkeit mit der Zeit sehr leidest.

Eins-Zwei-Drei-Übung VI
Wenn du gerne auf diese drei nützlichen und völlig unterschiedlichen Wahrnehmungsperspektiven nach Belieben zurückgreifen möchtest, versetze dich mit deinen Kenntnissen aus Kapitel 9 in jede unter Benutzung aller fünf Sinneskanäle hinein und ankere sie dann an verschiedenen Stellen deines Körpers oder, in diesem Fall oft noch praktischer, über bestimmte Körperpositionen, die du vielleicht schon vorher in den Zuständen 1, 2 und 3 eingenommen hast und die deswegen natürliche Anker dafür darstellen, die du nur zu verstärken und bewusst anzuwenden brauchst.

Der spirituelle Aspekt ...

ist gerade bei den drei Zuständen – Assoziation, Dissoziation und Metaposition – interessant. Je mehr du die in diesem Kapitel beschriebenen Kenntnisse anwendest und theoretisch und praktisch verstehst, desto mehr entwickelt sich dein Bewusstsein für Beziehungen, deine Liebesfähigkeit und Toleranz für andere Wesen.

Eins-Zwei-Drei-Übung VII
Probiere doch die Übungen einmal mit deinem Lieblingsheilstein, einer Blume, einem Haustier, einem Baum oder einem Ort der Kraft aus. Völlig neue Erfahrungswelten werden sich dir erschließen, und du wirst auf diese Weise zu wichtigem Wissen kommen, das in keinem Buch zu finden ist. Oder wende die Methode doch einmal auf die Organe deines Körpers, zum Beispiel deinen Magen, deine Leber, deine Stimmbänder oder auch deine Chakren an ...

Die Möglichkeiten sind schier unbegrenzt!

Es ist bei der Beschäftigung mit diesen drei Zuständen ebenso beinahe zwangsläufig der Fall, dass sich dein Herz für andere Wesen immer mehr öffnet und du in ständig wachsendem Maße Verantwortung für die Gestaltung deines Lebens übernimmst. Du merkst, es gibt hier viel zu holen. Pack es aus!

Entwicklungshindernisse überwinden ...

Eine wundervolle Möglichkeit der Eins-Zwei-Drei-Methode zur Erleichterung deines Lebens möchte ich dir besonders ans Herz legen. Es handelt sich um eine Anwendung zur Beseitigung von Entwicklungshindernissen in unterbewussten Bereichen der Persönlichkeit. Manche Menschen möchten sehr gern bestimmte Angewohnheiten, Süchte oder Lernblockaden ablegen, doch irgendwie will es ihnen trotz größter Anstrengungen nicht gelingen, einen neuen Weg zu beschreiten. Diese Problematik hat ihre Wurzeln in einem bestimmten Bereich des Unbewussten, der in der Vergangenheit des betreffenden Menschen eben jene Handlungsweise aufgeprägt bekam, weil sie aus irgendeinem Grunde zu dieser Zeit wichtig für das Überleben des Betreffenden war. Zum Beispiel kann es sein, dass ein kleines Kind den Eltern nicht wiedersprechen durfte, weil es sonst mit Liebesentzug, einer im Grunde unmenschlich harten Sanktion, bestraft wurde. Weil ein kleines Kind durch Liebesentzug schwere psychische Schäden davontragen kann, entwickelte sein Unterbewusstsein eine Gewohnheit, grundsätzlich und automatisch eine unterwürfige Haltung gegenüber den Eltern einzunehmen, zu tun, was diese wollten, und es nicht in Frage zu stellen. Wenn dieser kleine Mensch nun heranwächst, wird er nicht unbedingt diese Reaktionsweise ablegen, und da das Unterbewusstsein versucht, seine Schutzfunktion weiter aufrechtzuerhalten, wird die betreffende Person auch im Alter von 30 oder 40 Jahren noch gegenüber Menschen, die sich ähnlich verhalten oder ähnlich aussehen wie seine Eltern, ganz automatisch die im Kindesalter angenommenen Reaktionsmuster der Unterwürfigkeit und der Kritiklosigkeit ausführen. Der bewusste Verstand kann dies zwar durch Erweiterung seines Bewusstseins irgendwann erkennen, aber das unbewusste Verhalten lässt sich nur über die Verhandlung mit dem Unbewussten des Menschen ändern. Hierfür kann nun ebenfalls die Eins-Zwei-Drei-Methode angewendet werden.

Eins, Zwei, Drei-Übung VIII

Wende die Vorgehensweise der Eins-Zwei-Drei-Übung V an und ordne der Position 1 deinen bewussten Verstand zu, der den Änderungsbedarf für eine bestimmte Verhaltensweise erkannt hat. Achte aber sorgfältig darauf, nicht einfach die Vorstellungen des Verstandes über Art, Umfang und Bedingungen der Veränderung durchdrücken zu wollen. So etwas ist mit an Sicherheit grenzender Wahrscheinlichkeit zum Scheitern verurteilt und würde auch künftige Wachstumsschritte, die die Kooperationsbereitschaft des Unterbewusstseins zur Voraussetzung haben, und das sind die meisten, wesentlich behindern.

Ordne der Position 2 dann den unterbewussten Persönlichkeitsanteil zu, der für die entsprechende Verhaltensweise zuständig ist. Frage diesen Anteil laut nach einem Symbol, das ihn eindeutig identifiziert, und verwende das, was dir danach in den Sinn kommt, indem du es so gut wie möglich auf das Blatt Papier zeichnest, das die Position 2 markiert.

An Position 3 ist wieder der neutrale Beobachter. Gehe jetzt alle in der Eins-Zwei-Drei-Übung V angegebenen Schritte unter dem Gesichtspunkt durch, *die positive Absicht* des Verhaltensmusters zu entdecken, es für seine Absicht, nicht für sein Verhalten, zu loben und in seiner Wichtigkeit zu bestätigen. Dann sollten den Positionen 1 und 2 alle Ressourcen verschafft werden, die zur Änderung des Verhaltens unter Erhaltung der positiven Absicht nötig sind. Wenn so alle zufriedengestellt sind, gilt es nur noch abzuwarten, was in der nächsten Zeit geschieht! Manchmal kann es notwendig sein, diese Übung mehrmals zu wiederholen, weil das Reaktionsmuster wie eine Zwiebel mit mehreren übereinanderliegenden Häuten aufgebaut ist, die alle der Reihe nach harmonisiert werden müssen. Das erfordert dann entsprechend mehr Geduld, aber der Erfolg wird dann auch um so nachhaltiger sein.

Die tragbare einsame Insel ...

gibt es zwar einerseits materiell nicht, andererseits als NLP-Methode schon. Viele Menschen müssen konzentriert arbeiten, während es um sie herum laut ist und eine Menge Dinge passieren. Oder sie haben Schwierigkeiten zu schlafen, weil vielleicht die Nachbarn lärmen oder die Handwerker morgens bereits sehr früh aktiv werden. Für solche Fälle probiere mal die folgende Methode.

Eins-Zwei-Drei-Übung IX

Verwende wieder die Konstellation der Eins-Zwei-Drei-Übung V. Auf Position 1 ist der arme, von der Umwelt (noch) genervte Mensch. Auf Position 2 ist die Umwelt zusammengefasst. Wenn sich diese nicht zusammenfassen lässt, verwende die Positionen 2 a, 2 b, 2 c und so weiter. Für jede wichtige Einzelperson in der Umwelt eine. Auf Position 3 ist wieder der neutrale Beobachter. Spüre dich zu Anfang – wie gehabt – in jede Position mit allen Sinnen ein. Dann lass den neutralen Beobachter auf Position 3 ausfindig machen, was der Mensch auf Position 1 wohl brauchen könnte, um in dieser Situation nicht mehr genervt zu werden. Zum Beispiel Lärmschutzwände, die die störende Geräuschkulisse der Umgebung einfach wegfiltern, aber wirklich wichtige Botschaften ungehindert durchlassen oder eine besondere Brille, die Ähnliches im optischen wie die Lärmschutzwand im akustischen Bereich macht. Da deine Vorstellungskraft alles hervorbringen kann, sollten dabei keine Probleme auftreten. Bringe alle notwendigen Sachen dann wie bei einer Pantomime durch Körperbewegungen, die geistige Dinge transportieren, an die richtigen Plätze. Wenn du fertig bist, teste ihre Wirkung, indem du nach einem Separator in den Zustand 1 mit allen deinen Sinnen hineingehst. Wie fühlst du dich jetzt? Gibt es noch etwas zu verbessern? Wenn ja, gehe nach einem Separator wieder in den Zustand 3 und handle aus diesem entsprechend. Nun gehe nach einem weiteren Separator in die Position 2 hinein und spüre dich in die neue Situation ein. Wie fühlst du dich hier jetzt? Wie ist deine Beziehung zu dem neuerdings auf besondere Weise abgeschirmten Menschen auf Position 1? Kommst du damit zurecht? Wenn nicht, was müsste noch geändert werden, damit auch du dich mit der neuen Lage wohlfühlst? Bewerkstellige das Nötige aus der Position 3 heraus, bis alle Beteiligten zufrieden sind.

Vier kleine Tips zum Abschluss ...

1. Führe die Eins-Zwei-Drei-Übungen nie in emotional aufgewühltem Zustand durch. Es wird dir dann wahrscheinlich nicht ausreichend gelingen, in die besondere Wahrnehmungsperspektive jeder der drei Positionen zu gehen.
2. Es ist durchaus nützlich, bei den Übungen einen Kassettenrekorder für die spätere Auswertung mitlaufen zu lassen.
3. Bei schwierigen Themen bitte einen Freund, der sich mit der Methode und ihrem Hintergrund vertraut gemacht hat, dich durch die einzelnen Schritte der jeweiligen Übung zu führen.
4. Probiere doch mal, dir die jeweilige Position wie eine Art Overall oder Ganzkörpermaske überzuziehen, um dich noch besser in eine der drei Positionen hineinassoziieren zu können. Vergiss aber beim Positionswechsel und dem Beenden das Ausziehen der jeweiligen Rolle nicht. Für diesen Trick sind physische Handlungen nötig! An- und Ausziehen in der Vorstellung bringt nicht so viel.

„Warum tragen Sie den Stein?"
„Welchen Stein?"

Kapitel 11

N.E.S.T. – die Natürliche Entwicklungsstrategie

Erprobte Wege aus den Sackgassen des Lebens

In den vorangegangenen Kapiteln hast du viele Methoden kennengelernt, kleine und große Probleme zu lösen. Die regelmäßige Anwendung dieser Kenntnisse kann dein Leben insgesamt wesentlich angenehmer für dich gestalten. Doch wird es auch immer wieder wichtig für dich sein, die Weichen für deine Zukunft zu bestimmten Zeiten neu sinnvoll zu stellen und dich zu vergewissern, ob du auch wirklich auf den sorgsam geplanten Wegen fährst und nicht nach umfangreichen Vorbereitungen dann doch im letzten Moment eine alte Verhaltensweise wählst, die natürlich auch zu den altbekannten Ergebnissen führen wird und nicht zu den neuen, besseren, die dein bewusster Persönlichkeitsanteil sich eigentlich vorgestellt hatte. Gewohnheiten haben mitunter eine große Trägheit, und es ist gar nicht so selten, dass dich eine Gewohnheit daran hindert, eine andere mit den dir bekannten NLP-Methoden zu verändern. Deswegen ist es sehr wichtig, eine Strategie in dein Leben zu integrieren, die dich immer wieder aufgeschlossen für sinnvolle Veränderungen macht, die dir hilft, neugierig zu bleiben, deine Bedürfnisse wahrzunehmen und ihre Wichtigkeit zu akzeptieren. Weiterhin sollten die drei großen Schlüssel zu Gesundheit, Glück und ganzheitlichem Erfolg – Eigenverantwortung, Liebesfähigkeit, Bewusstsein – jederzeit möglichst einfach für dich zugänglich sein.

»Na schön«, wirst du jetzt vielleicht denken, »hört sich ja ganz nett an, und ich hätte das auch alles gerne für mich. Aber ist das nicht ein paar Nummern zu groß?! Wie soll sich das denn bewerkstelligen lassen?« Okay, lass es uns praktisch angehen, dann wirst du merken, dass es auch für dich funktioniert, und zwar mit wesentlich weniger Einsatz, als du vielleicht jetzt glaubst.

Die natürliche Lernstrategie

Als Erstes geht es um eine Methode natürlichen Lernens. Du kannst sie für wirklich jedes Lernthema mit Erfolg verwenden. Achte bitte genau auf die Einhaltung der Reihenfolge der Schritte. Sie ist sehr wichtig! Außerdem solltest du die Möglichkeiten der Sprache des Bewusstseins, das Metamodell, anwenden, um den Kontakt zur Wirklichkeit bei diesem Vorhaben ständig zu behalten.

1. Schritt – Auswahl eines Themas
Du stellst fest, dass dich ein Thema, ein Wissensgebiet interessiert oder dass du dich im Rahmen eines bestimmten Vorhabens, zum Beispiel für eine Ausbildung oder für deinen Beruf, damit beschäftigen musst. Schreibe auf ein leeres Blatt Papier den folgenden Satz: »Dieses Thema (Beschreibung) ist in mein Leben getreten. Ich werde jetzt seine Bedeutung für mich und meinen weiteren Weg klären!«

2. Schritt – Gefühlsbewusstsein
Spüre in dich hinein und notiere dann die Gefühle, die im Zusammenhang mit dem Thema in dir auftauchen, wenn du dir vorstellst, dass du dich jetzt längere Zeit mit ihm beschäftigen willst. Danach nimm ein paar tiefe Atemzüge, fass einige Dinge an und schau dich einen Moment in deiner Umgebung um, also verwende einen Separator. Dann versetze dich in Gedanken in deine Zukunft, in eine Zeit, in der du dich gerade intensiv mit dem Lernthema befasst. Gehe in der Vorstellung möglichst wirklichkeitsgetreu verschiedene Situationen in deinem Alltag durch, die durch dein neues Engagement beeinflusst werden. Welche Gefühle nimmst du jetzt in dir wahr? Notiere sie und wende wieder einen Separator, eine diese Erfahrung von der nächsten abgrenzende Handlung, an. Nun gehe noch weiter in die Zukunft und nimm die realistischen Auswirkungen deiner Beschäftigung mit dem Thema in deinem Leben auf dich und dein Umfeld, deine Familie, deine Freun-

de, deine Arbeitskollegen, deine Gesundheit und so weiter wahr. Schreibe auch hierzu die dabei auftauchenden Gefühle auf.

Wenn keine negativen Stimmungen wie Angst, Trauer, Langeweile, Enttäuschung, Überforderung, Kapitulation vor Anforderungen, Frustration, Verwirrung oder die Empfindung, den Überblick oder die Kontrolle über dein Leben zu verlieren, auftauchen[56], sondern überwiegend Neugier, Freude am Lernen und der Herausforderung, Befriedigung über eine sinnvolle Beschäftigung und Erfolge, die dein Leben positiv beeinflussen, fühlbar sind, wirst du kaum Schwierigkeiten mit der Bewältigung des neuen Themas haben. Du brauchst dich um die folgenden Schritte in diesem Fall nicht unbedingt zu kümmern. Sollten doch einmal in der Folgezeit negative Gefühle in Bezug auf das Thema auftauchen, wende den Rest der *Natürlichen Lernstrategie* an.

3. Schritt – Objektive Auswirkungen

Überlege dir, ob die objektiven Auswirkungen der Beschäftigung mit dem Thema für dich insgesamt nützlich sind. Dabei kannst du die Methode der wohlgeformten Zielbestimmung gebrauchen. Sind die objektiven Auswirkungen für dich negativ, vergiss die Geschichte wenn möglich und wende dich lohnenderen Zielen zu. Geht das nicht, mach das Beste aus der Sache und folge den Anweisungen der weiteren Schritte. Ist das Ergebnis objektiv positiv, aber deine Gefühle sind negativ, fahre ebenfalls mit dem nächsten Schritt fort.

Anmerkung: Bei den beiden letzten Schritten lohnt sich auch die Anwendung der Reframing-Muster, der Goldsiebe aus Kapitel 6, wenn objektiv oder subjektiv direkt kein Sinn für dich in dem Lernstoff, mit dem du dich beschäftigen musst, vorhanden zu sein scheint.

---

[56] Diese negativen Gefühlszustände begleiten häufig einen sogenannten »Stuck State«. In einem solchen Zustand scheint ein grauer Vorhang von Hoffnungslosigkeit und Handlungsunfähigkeit über dir zu liegen. Das dabei meist zu beobachtende Augenmuster – siehe auch Kapitel 8 – ist unten links. Es kennzeichnet den Bereich des inneren Dialoges. Die Gedanken drehen sich im Kreis, und Handlungen, kreative Planungen sind nicht möglich. Nutze die beiden oberen und mittleren Augenpositionen, um aus dem Stuck State herauszukommen, sowie die weiter unten beschriebenen Anker!

4. Schritt – Sahnestücke heraussuchen
Verschaffe dir einen Überblick über das Thema und zerlege es dann in kleine Teilbereiche[57], mit denen du dich dann jeweils gesondert befassen willst. Notiere eine kurze und präzise Beschreibung der Teilbereiche. Gehe dann alle Teilbereiche noch einmal wie unter *Schritt 2* für das ganze Thema beschrieben durch, um für jeden einzelnen deine Gefühle zu erforschen. Notiere die Ergebnisse. Bei dieser Prozedur wirst du mit einiger Wahrscheinlichkeit eine Reihe von Teilthemen ausfindig machen, denen du gefühlsmäßig überwiegend positiv gegenüberstehst. Findest du wider Erwarten kein geeignetes in dem zu bearbeitenden Stoff, verwende erfreuliche Lernerfahrung aus anderen Bereichen deines Lebens. Wähle drei davon aus, die dich am meisten motivieren. Gehe in deine Innenwelt und stell dir vor, wie du mit der Bearbeitung des Themas beginnen wirst. Richte deine Aufmerksamkeit nacheinander auf das, was du *siehst*, das, was du *hörst*, dein *Körpergefühl*, *Geruchs- und Geschmackswahrnehmungen*, gehe also in eine VAKOG-Trance. Nutze die Kraft deiner Vorstellung, um Einzelheiten, die nicht optimal sind, so zu ändern, dass deine Stimmung wirklich phantastisch dabei ist. Bis du in einen Zustand der Neugier gelangst, voller Freude über die Möglichkeit, dich mit diesem Thema zu beschäftigen, und angefüllt mit überschäumender Kraft für diese Tätigkeit. Du bist im Reich deiner Gedanken. Hier ist alles möglich, was du dir wünschst! Nutze dieses wertvolle Geschenk oft, um dir wertvolle Ressourcen zur Bewältigung deiner Lebensaufgaben zu verschaffen. Ankere jetzt diesen Zustand unter Verwendung deiner Kenntnisse aus dem 8. Kapitel. Gehe weiter in die beiden zukünftigen Standpunkte – siehe Schritt 2 – und verfahre genauso. Stapele die Anker, das heißt, ankere immer wieder an derselben Stelle. Verwende einen Separator. Löse die Anker aus und versetze dich in deinen optimalen Lernzustand, indem du dich an alle Sinneswahrnehmungen erinnerst, die dich in eine optimale Verfassung für deine Aufgabe gebracht haben, dich in sie hineinversetzt und sie nacherlebst.

---

[57] In der NLP-Fachsprache wird dies als »Down-chunking« bezeichnet. Also zum Beispiel aus einem großen Stück Käse, was du so nicht auf einmal essen kannst, mehrere mundgerechte kleine Happen machen.

Bleibe einen Moment in diesem angenehmen Zustand. Benutze einen Separator. Gehe wieder über Auslösung des Ankers in den optimalen Lernzustand. Wiederhole dies so oft, bis es dir ganz leicht und selbstverständlich ist, nach einem Separator in den optimalen Lernzustand zu gelangen.

Schritt 5 – Die optimale Lernstimmung nutzen

Verwende den so angelegten Anker vor jeder Beschäftigung mit Lernstoff und auch zwischendurch, wenn dich irgend etwas aus dem Konzept gebracht hat. Er wird dir eine wesentliche Hilfe bei der Beschäftigung mit Teilthemen sein, denen du gefühlsmäßig weniger aufgeschlossen gegenüberstehst. Achte sorgfältig darauf, vor jeder Anker-Auslösung einen Separator zu benutzen, damit nicht ungewollt belastende Stimmungen, die direkt vor der Benutzung des Ankers vorhanden waren, mit der Zeit in diesen gemischt werden. *Ein regelmäßig gebrauchter Anker sollte immer aus einer – zumindest kurzfristig – halbwegs neutralen Stimmung heraus angewendet werden.* Ist das nicht möglich, ist eine häufigere Neuinstallation notwendig! Einer der am meisten vorkommenden Fehler bei der wiederkehrenden Anwendung von gleichen Ankern ist ihre Auslösung ohne vorhergehenden Separator und damit eine mit der Zeit immer stärker werdende inhaltliche Änderung des geankerten Zustandes.

Nach diesem recht umfangreichen Programm gibt es jetzt noch einige weitere Übungen, die dir beim Lernen einiges erleichtern können.

Neugier öffnet Türen zum Wachstum

Ein sehr nützlicher Zustand, um leichter lernen zu können, ist Neugier. Jeder ist schon einmal sehr neugierig gewesen, und so lässt sich diese Stimmung natürlich auch leicht ankern, um immer wieder nach Belieben abrufbar zu sein. Wende die Techniken aus Kapitel 9 an und ankere drei möglichst starke Neugierzustände übereinander (Anker-Stapeln). Wenn möglich, verstärke jeden Neugierzustand noch durch entsprechende Änderungen der Submodalitäten (siehe Kapitel 4) in deiner Vorstellung, bevor du ihn ankerst.

Eigenverantwortlichkeit ermöglicht dir die Lenkung deines Lebenswagens

In deinem Leben wird es sicher eine Reihe von kleinen oder großen Erfahrungen geben, in denen du selbstsicher und eigenverantwortlich dein Schicksal mit Erfolg in die Hände genommen hast, anstatt dich von anderen nach ihren Wünschen hin- und herschieben zu lassen. Erinnere dich nacheinander an drei Situationen dieser Art, verbessere jede Vorstellung noch so weit wie möglich und ankere alle drei Erfahrungen übereinander (Anker-Stapeln).

Bewusstsein hilft dir, Leiden zu meiden und Möglichkeiten zur Steigerung deines Wohlbefindens nicht zu übersehen

Erinnere dich an drei Situationen, in denen du mit großer Klarheit wahrgenommen hast und Sachverhalte leicht unterscheiden konntest. In diesem Zustand sollte es dir leichtgefallen sein, mitzuverfolgen, was alles geschah, und den Sinn darin zu verstehen. Verstärke jede Vorstellung soweit wie möglich und ankere sie übereinander (Anker-Stapeln).

Liebesfähigkeit stabilisiert deine Beziehungen zu anderen Menschen und fördert deine innere Harmonie

Finde drei Erlebnisse in deiner Vergangenheit, in denen du ein tiefes Verständnis für andere Menschen, Tiere oder Pflanzen hattest, in denen dein Herz für sie aufging und du mit ihnen fühlen konntest, dich in ihnen wiedererkannt hast. Gut geeignet dafür ist ein Augenblick, in dem du dich mal so richtig verliebt hast. Verstärke jede Vorstellung so weit wie möglich, bevor du sie ankerst. Dann erinnere dich an drei Situationen, wo du dich, deine Gefühle, Gedanken und Handlungen annehmen konntest, mit dir und in dir eins warst. Verstärke jede Vorstellung, bevor du sie alle *an derselben Stelle ankerst*[58] wie deine Liebesfähigkeit für andere Wesen. Deine Liebesfähigkeit für dich und für andere sollte miteinander verknüpft sein. Dies ist eine Versicherung gegen Selbstaufopferung, das Helfersyndrom und Selbstausbeutung. Wenn dir dieses Thema generell Schwierigkeiten macht, arbeite doch einmal mit den Eins-Zwei-Drei-Übungen aus Kapitel 10 und dem Anker-Verschmelzen aus Kapitel 8 daran.

Freude am Lernen hält dich lebendig und flexibel

Gehe in deine Vergangenheit und erinnere dich an drei Situationen, die dich auf eine Weise verändert haben, die dir danach viel mehr sinnvolle Möglichkeiten der Lebensgestaltung gaben. Erinnere dich nacheinander an die sinnlichen Wahrnehmungen in allen Bereichen, spüre die Freude, die Befriedigung über deine Veränderung. Verstärke alles so weit wie möglich und ankere es an derselben Stelle.

Symbolrituale für die Natürliche Entwicklungsstrategie

Die oben geschilderten Techniken sind sehr wirkungsvoll. Aber dies ist noch nicht alles. Jetzt wirst du Methoden kennenlernen, die mit der Hilfe deines Unterbewusstseins wahre Berge versetzen können. Ich nenne sie *Symbolrituale.*

Schritt 1: Finde zu jedem der oben angeführten geankerten Zustände – optimaler Lernzustand, Neugier, Eigenverantwortlichkeit, Bewusstsein, Liebesfähigkeit, Lernfreude – ein Symbol, indem du in diesen Zustand mit Hilfe des jeweiligen Ankers hineingehst und dann dein Unterbewusstsein laut bittest, dir ein Symbol zu geben, das für diesen Zustand steht. Egal was dann kommt, akzeptiere es! Zeichne das Symbol so gut wie möglich auf und beschreibe den Zustand, den es ausdrückt, in ei-

[58] Ein guter Platz hierfür ist die Herzgegend ...

nem kurzen Text, der die diesbezüglichen wesentlichen Wahrnehmungen in allen fünf Sinnesbereichen umfasst.

Schritt 2: Ist es für dich wichtig, in Bezug auf ein bestimmtes Thema zum Beispiel eigenverantwortlicher zu werden, suche dir das *Symbol für Eigenverantwortung* – ich bezeichne dieses Symbol im folgenden Text als »Leitsymbol« – aus deinen Unterlagen heraus. Verwende einen Separator. Nun erinnere dich an das Thema, das du bearbeiten möchtest. Bitte dein Unterbewusstsein laut um ein Symbol dafür. Zeichne das Symbol – ich nenne es im folgenden Text »Themasymbol« –, so gut es geht, auf. Verwende einen Separator. Verwende den Anker für Eigenverantwortung und stelle dir das dazugehörige Symbol vor. Gibt es einen angenehmen Ton, der zu ihm passen würde? Gib ihn dazu. Welcher schöne Duft würde dazu passen? Füge ihn zu deiner Vorstellung dazu. Jetzt lass in der Ferne das Themasymbol entstehen. Hole es langsam näher heran, halte es dabei entfernt von dem Leitsymbol. Lass jetzt das Leitsymbol immer größer, deutlicher, strahlender werden und auch die dazugehörenden Töne und Düfte in der Intensität wachsen. Das Leitsymbol soll immer mehr Raum einnehmen, bis es das Themasymbol überlagert. Beobachte, wie sich das Themasymbol in dem Leitsymbol auflöst und so sein Inhalt eine ganz andere gefühlsmäßige Qualität bekommt. Sage jetzt laut und kraftvoll: »Ja! Jetzt werde ich von Tag zu Tag immer (eigenverantwortlicher, neugieriger etc.) mit diesem Thema umgehen. Mein Unterbewusstsein wird dafür sorgen. Ich kann mich mit meinem Bewusstsein nun anderen Aufgaben zuwenden.« Begleite dies mit einer aussagekräftigen Körperbewegung.

Wiederhole diese Übung einmal pro Woche, bis sich dein Verhalten wunschgemäß geändert hat. Vermeide es, ständig dein Verhalten daraufhin zu kontrollieren. Führe die Übung durch und überlass den Rest deinen unbewussten Anteilen.

Das Prinzip des Symbolrituals kannst du zur erfolgreichen Bearbeitung praktisch aller Schwierigkeiten anwenden. Es ist extrem wirkungsvoll – vor allem, wenn du das jeweilige visuelle Leitsymbol durch kraftvolle, angenehme Assoziationen aus den anderen Sinnesbereichen (Submodalitäten) ergänzt. Experimentiere einfach mal mit dieser Methode. Für mich ist sie einer der spannendsten Wege der Entwicklung von neuen Fähigkeiten und Lebenseinstellungen ...

„Bitte sag, daß du mich nie verlassen wirst!"

Kapitel 12

NLP in der Partnerschaft – gemeinsam glücklich wachsen

NLP bietet eine reiche Auswahl von Wegen der Selbstverwirklichung für jeden einzelnen Menschen. Und diese Wege lassen sich auch gemeinsam gehen. Oft sogar noch besser als allein. Dazu möchte ich dir einige Anregungen geben ...

Herzensbrücken – das Wichtigste für eine erfüllte Paarbeziehung

Da Ihr in einer Partnerschaft viel enger und über längere Zeiträume zusammenseid, sind gerade hier Pacing und Rapport sehr wichtig. Führt beide immer wieder die im Kapitel über das Errichten von Herzensbrücken, das Pacen, angegebenen Übungen durch, bis sie Euch in Fleisch und Blut übergegangen sind. Die Selbstintegration sollte dabei im Vordergrund stehen, denn häufig regt sich der eine Partner am heftigsten über Verhaltensweisen beim anderen auf, die er selbst auch hat und nicht anzunehmen bereit ist. Auch die im Kapitel 10 beschriebenen Eins-Zwei-Drei-Übungen sind hierfür gut zu gebrauchen.

Separator – zwischen Lust und Frust trennen lernen

Nach privaten oder beruflichen Arbeitssituationen sowie gefühlsgeladenen Auseinandersetzungen oder anderen lustfeindlichen Erlebnissen verwendet in Eurem Interesse einen starken Separator, wie zum Beispiel einige Minuten Comics lesen, duschen, Blumen gießen, etwas essen, Sport. Sonst nehmt Ihr oder einer von Euch die Gefühle der letzten Situation mit in eine neue und könnt Euch nicht wirklich aufeinander einlassen. Besonders wichtig ist dies vor erotischen Stunden – da kommt sonst einfach keine gute Laune auf.

Win/Win – Liebe ist, wenn immer beide gewinnen

Dass zwei Menschen unterschiedliche, kleine und große Lebensziele haben, ist völlig normal. Dies bedeutet aber nicht, dass sich beide Planungen gegenseitig ausschließen oder behindern müssen. Sucht zusammen mit den bekannten NLP-Methoden Lösungen, in denen Eure Ziele sich zumindest nicht gegenseitig behindern, am besten sogar fördern. Ein Tipp dazu: Findet Eure übergeordneten Ziele (Metaziele) möglichst genau heraus. Je tiefer Ihr auf die Ziele hinter Euren Zielen eingeht, desto leichter lassen sich Win/Win-Lösungen, also Wege, die beiden recht sind, realisieren.

Lustanker – schöne Stunden zu zweit zu den ekstatischsten Erfahrungen des Lebens werden lassen

Du kennst das vielleicht: oft sind sexuelle und erotische Erfahrungen schön, aber nur in wenigen Fällen so, dass du total ausflippst und hinterher so richtig »rundum satt« bist. Nun, mit NLP kannst du das Verhältnis umkehren. Da befriedigende erotische Erlebnisse ein Schlüsselbereich jeder guten Beziehung sind, bedeutet eine diesbezügliche Qualitätssteigerung eine insgesamt wesentlich stabilere und harmonischere Beziehung. Dazu sind drei Übungen sehr praktisch ...

Übung 1: ***Der Lustanker – Erotische Aufgeschlossenheit auf Abruf***
Nimm dir eine halbe Stunde Zeit für diese Übung und gehe dabei wie folgt vor:

Schritt a: Erinnere dich an drei verschiedene Situationen in deiner Vergangenheit, in denen du sexuell sehr erregt und an erotischen Kontakten interessiert warst. Versetze dich unter Berücksichtigung der Wahrnehmungen aller fünf Sinneskanäle assoziiert in diese Erfahrung (Position 1 in dem Eins-Zwei-Drei-Modell).

Schritt b: Verstärke jeden einzelnen Zustand durch bewusste Änderung in deinen Vorstellungen (Submodalitäten) so weit wie möglich.

Schritt c: Ankere alle Zustände übereinander (Anker-Stapeln).

Schritt d: Verwende einen Separator (erfahrungsunterbrechende Handlung), löse dann den Anker aus und versetze dich wieder in den entsprechenden Zustand. Führe diesen Schritt noch ein paarmal durch, bis du sicher bist, dass der Anker schnell funktioniert und dich vollständig in den gewünschten Gefühlszustand bringt.

Schritt e: Installiere auf die gleiche Weise einen Anker für eine sachliche Alltags- und Arbeitsstimmung (Kontextanker), in der du meilenweit von Gefühlsüberschwang in irgendeiner Hinsicht entfernt bist. Teste ihn, bis auch dieser Stimmungsauslöser schnell und sicher funktioniert. Dieser Anker ist wichtig, damit du Wahlmöglichkeiten in deinem Verhalten hast und, wenn aus irgendwelchen Gründen nötig, schnell umschalten kannst. Für den Alltagsanker solltest du nicht einfach eine bestimmte Körperstelle wählen, sondern zum Beispiel die Kuppe deines kleinen Fingers an der linken Hand mit der Kuppe des Zeigefingers deiner rechten Hand berühren. Wenn du vermeiden möchtest, dass dein Lustanker zufällig ausgelöst wird, bringe ihn entweder auf Körperbereichen an, die im Alltag im Allgemeinen nicht von anderen berührt werden oder verwende ebenfalls die Berührung zweier Fingerkuppen.

Übung 2: ***Beliebige Körperstellen in erogene Zone verwandeln***

Jeder Mensch hat an bestimmten Bereichen seines Körpers eine größere Sensibilität und erotische Erregbarkeit als an anderen. Wenn du mehr Körperzonen für erotischen Genuss sensibilisieren möchtest, versetze dich in Gedanken mit allen fünf Sinnen in drei Erfahrungen, während derer du über bereits vorhandene erogene Zonen viel Genuss empfunden hast. Verstärke diese Zustände durch Einbeziehung weiterer Vorstellungen und Submodalitäten weitmöglichst, dann ankere an den gewünschten Körperbereichen. Überlege dir vorher genau, wo du diese Anker platzierst und wähle Hautzonen aus, die nicht so leicht in deinem Alltag von anderen berührt werden, damit du ungewollte Auslösung der Anker vermeidest.

Übung 3: ***Die Traumpartner-Brille aufsetzen***

Wenn du mit deinem Partner zärtliche Stunden verbringen möchtest, ist es nützlich, wenn du automatisch deine Aufmerksamkeit auf Charakterzüge, Verhaltensweisen und körperliche Merkmale richtest, die in dir eine entsprechende Stimmung fördern. Die Probleme und Unverträglichkeiten könnt Ihr vorher oder hinterher regeln, aber nicht gerade dann, wenn Ihr Romantik und Lust miteinander teilen wollt. Um diese Traumpartner-Brille, wie ich diesen Anker auch nenne, aufzusetzen, gehe wie folgt vor:

Schritt a: Erinnere dich an mindestens drei Situationen, in denen du typische Merkmale deines Partners wahrgenommen hast, die in dir romantische und/oder erotische Gefühle geweckt oder verstärkt haben. Verstärke den Zustand, aber diesmal bitte nicht durch zusätzliche Elemente, sondern nur dadurch, dass du die entsprechenden Wahrnehmungen deutlicher, prägnanter und stärker werden lässt. Ankere alle Zustände übereinander (Anker-Stapeln) und teste ein paarmal den neu eingerichteten Zustandsauslöser mit jeweils zwischengeschalteten Separatoren.

Schritt b: Versetze dich mit Hilfe des in Schritt a installierten Ankers unter Einbeziehung der Wahrnehmungen aller fünf Sinne in den entsprechenden Zustand. Jetzt stell dir eine erotische/romantische Erfahrung mit deinem Partner in einem großen Bild vor oder erinnere dich an eine, die dir sehr gefallen hat, auf diese Weise. Betrachte sie einen Moment und freue dich daran. Nun lass sie kleiner werden, aber immer noch groß genug, dass du sie deutlich sehen kannst, und bringe sie am Rand deines inneren Bildschirms an. Stell dir jetzt deinen Partner in der Mitte des Bildschirms auf eine Weise bildhaft vor, die eine romantische/erotische Stimmung in dir fördert. Lass ihn dort und rahme ihn mit weiteren angenehmen Bildern von der gleichen Art wie das erste ein. Vier oder fünf sollten es auf jeden Fall werden. Wenn du fertig bist, lass das Gesamtbild auf dich wirken. Welcher Duft würde jetzt noch gut dazu passen? Nimm ihn mit in diese Vorstellung hinein! Welche Musik, welche Klänge würden deine Gefühle zu der Vorstellung noch intensivieren können? Beziehe sie mit ein. Im Reich deiner Gedanken ist alles möglich, was dir gefällt! Wenn du alles so aufgebaut hast, wie es dir gefällt, gib dich der dadurch ausgelösten Stimmung hin und ankere sie auf dem gleichen Bereich wie die Anker von Schritt a.

Kontextanker

Viele Schwierigkeiten in einer Partnerschaft ergeben sich daraus, dass sich Arbeit und Privates vermischen. Während deiner Arbeitszeit wirst du vielleicht durch Gedanken an dein Privatleben abgelenkt, wenn du es eigentlich nicht möchtest, und wenn du nach Hause gehst, nimmst du möglicherweise noch Gedanken an Arbeitssituationen und damit verbundene Gefühlszustände mit, die verhindern, dass du deine Freizeit richtig genießen kannst. Durch zwei sogenannte Kontextanker kannst du da für Ordnung sorgen. Ankere erstens drei Gefühlszustände übereinander, die du gut für deinen Arbeitsalltag gebrauchen kannst, und zweitens drei Stimmungen, die gut für dein Privatleben mit deinem Partner oder deiner Familie passen.

Nie im Bett streiten!

Diese Regel sollte für zwei Menschen, die ihr Leben miteinander teilen möchten, ein ehernes Gesetz sein. Es muss Plätze in der Wohnung geben, die allein harmonischen, romantischen, erotischen Stimmungen vorbehalten sind. Sonst verbinden sich bei den Auseinandersetzungen, die jedes Paar mal haben kann, diese disharmonischen Gefühlszustände in der Erinnerung mit dem Ort, an dem sie stattfanden – sie werden geankert. Damit wird eine unterbewusste Gleichung erstellt, die besagt, dass der Aufenthalt an einem bestimmten Ort ein hohes Streitrisiko beinhaltet. Dass dieser Platz dann nicht unbedingt ideal für traute Zweisamkeit ist, versteht sich wohl von selbst. Sollte Euer Schlafzimmer entsprechend vorbelastet sein, stellt Möbel um, tapeziert oder streicht neu, besorgt neue Bettwäsche – kurz verändert den Raum so, dass er die unerwünschten Stimmungen nicht mehr auslösen kann, weil er dem Ort, an dem die Streitereien stattfanden, nicht mehr sehr ähnlich ist. Und dann geht weise mit dieser neuen Chance um ...

Verdeckte Tagesordnungen

Achtet darauf, Probleme nicht unter den Teppich zu kehren, sondern packt sie *umgehend* auf den Tisch, um sie zu klären. Wenn nötig, macht eine gemeinsame Planung nach den Kriterien der wohlgeformten Zielbestimmung und achtet besonders auf die Ziele hinter Euren Zielen (Metaziele). Versucht eine Win/Win-Lösung zu erreichen, zumindest sollte aber vermieden werden, dass Eure Planungen sich gegenseitig behindern.

Werden die wirklichen Probleme nicht bearbeitet, entstehen leicht sogenannte »verdeckte Tagesordnungen«, das heißt, ein Partner setzt sich mit dem anderen über ein Thema auseinander, das ihm eigentlich gar nicht wichtig ist. Aber immerhin kann er mit diesem Streit die Gefühle abreagieren, die ein anderes Problem, das ihm nicht bewusst ist oder das er nicht auf den Tisch legen will, in ihm auslösen. Oder er verfolgt mit seinem Verhalten bewusst oder unbewusst andere Ziele, als er offenlegt. So etwas vergiftet nachhaltig die Atmosphäre.

In den Schuhen des anderen laufen

Verwendet die Eins-Zwei-Drei-Übung, um Euch und Euer Verhalten in der Beziehung mal von außen betrachten zu können, und versetzt Euch damit auch in den anderen hinein. Zum Abschluss nehmt typische Szenen Eurer Beziehung aus der Position des neutralen Beobachters (Zustand 3) wahr. So etwas fördert das gegenseitige Verständnis und erschließt neue, bessere Möglichkeiten der Beziehungsgestaltung.

NLP-Grundregel für konstruktive Beziehungsarbeit

- Finde heraus, welche Bedürfnisse du *wirklich* hast.
- Bemühe dich darum zu verstehen, welche Bedürfnisse dein Beziehungspartner *wirklich* hat.
- Plane und handle so, dass ihr beide kriegt, was ihr wirklich wollt, und am besten so, dass Ihr Euch gegenseitig dabei unterstützt.

Natürlich lässt sich noch viel mehr mit den Werkzeugen des NLP für ein erfülltes Zusammenleben machen, aber fürs Erste soll es genügen. Aber einen Tipp muss ich noch loswerden: Wenn du in deiner Beziehung mit NLP arbeiten möchtest, stimme dich *immer* mit deinem Partner über Anwendungen, die ihn betreffen, ab. Beginne, Probleme bei dir zu lösen, anstatt die Verantwortung dafür dem anderen zuzuschieben, und therapiert nicht bei tiefergehenden Problemen aneinander herum. Das funktioniert in einer Partnerschaft nicht. Dafür sollte ein unabhängiger Fachmensch eingeschaltet werden. Verwende die NLP-Methoden menschlich und natürlich. Harmonie und Leidenschaft auf Knopfdruck funktioniert auch mit NLP nicht – Gott sei Dank! Aber das Leben (miteinander) erleichtern kann es schon.

Kapitel 13

NLP und Reiki

NLP und ...

Wie bereits zu Beginn dieses Buches erwähnt, interessiere ich mich für übergreifende Vernetzungen entwicklungsfördernder Methoden. Mich freut es immer, dass dies gerade in der NLP-Szene auch eine beliebte und eifrig praktizierte Angelegenheit ist. Einige mir näher bekannt gewordene und meiner Ansicht nach vielversprechende Ansätze möchte ich kurz nennen, bevor ich einen weiteren ausführlicher bespreche.

NLP und Feldenkrais

Feldenkrais ist eine ganzheitliche Methode der Körperarbeit zur Wiederherstellung natürlicher Bewegungsabläufe. Sie wurde entwickelt von Moshe Feldenkrais und ist heute weltweit verbreitet. Feldenkrais wird auch häufig als »NLP des Körpers« bezeichnet. Viele NLP-Praktiker absolvieren auch eine Feldenkrais-Ausbildung und wenden beide Systeme in Kombinationen an.

NLP und Rolfing

Rolfing ist eine weitere Form neuzeitlicher Körperarbeit, die hauptsächlich mit lösender Massage der tiefen Bindegewebsschichten arbeitet und eine wohlausgewogene Balance in Körper, Geist und Seele zum Ziel hat. Ida Rolf entwickelte diese Methode in den USA. Sie wird heute international von Zehntausenden Rolfern professionell angewendet. Es gibt sogar ein interessantes deutschsprachiges Buch über die gemeinsame Praxis von NLP und Rolfing.

NLP und Schamanismus

Schamanismus ist eine seit Tausenden von Jahren auf der ganzen Erde praktizierte Methodensammlung zur Heilung von Beziehungen durch

Zusammenarbeit mit den Naturkräften, Ritualen und Energiearbeit. Gerade die Erklärung der Wirkungsmechanismen von Ritualen über die theoretischen Modelle des NLP/SNLP eröffnen in diesem Zusammenhang noch gar nicht genau abschätzbare neue Möglichkeiten. Vergleiche dazu das 1. Kapitel.

NLP und Huna

Huna ist die traditionelle Wissenschaft psychologischer und physiologischer Heilung sowie der Weg spiritueller Entwicklung der Einwohner der polynesischen Inselwelt. Der bekannte Huna-Experte und Psychologe Serge Kahili King hat eine eigene Synthese dieser beiden Wege geschaffen. Sein im Anhang besprochenes Buch gibt seine Ansätze gut verständlich wieder. Der Entwickler der bekannten, auf NLP basierenden »Time-Line-Therapie«, Dr. Tad James, kombiniert NLP und Huna ebenfalls, wie aus einem aufschlussreichen Artikel der deutschen NLP-Zeitschrift »Multi Mind – NLP aktuell«[59] hervorgeht.

NLP und Reiki

Als Beispiel einer sinnvollen Verbindung von NLP mit einer weit verbreiteten Methode der esoterischen Energiearbeit möchte ich in diesem Kapitel einige Nutzungsmöglichkeiten in diesem Buch erläuterter grundlegender NLP-Techniken mit dem traditionellen Usui-System der natürlichen Heilung – meist kurz als »Reiki« bezeichnet – beschreiben. Da ich seit 1989 Reiki-Meister/-Lehrer[60] bin und in der praktischen Lebensberatung sowie in der Ausbildung von Tausenden in vielen Ländern unserer schönen Erde umfangreiche Erfahrungen mit NLP und Reiki sammeln durfte, liegt diese Auswahl nahe.

---

59 »Multi Mind – NLP aktuell« erscheint im Junfermann Verlag. Der angesprochene Artikel ist »Das aktuelle Interview. Heute: mit Dr. Tad James.« aus Letter 6, November/Dezember 1992.

60 Vergleiche dazu auch »Das Reiki-Handbuch«, »Reiki – Der Weg des Herzens«, »Das Reiki-Heilbuch« und »Rainbow-Reiki« sowie »Das Reiki-Kompendium« (mit F. A. Petter/W. L. Rand), »Die schönsten Reiki-Techniken« und »Die Chakra-Energie-Karten«, alle im Windpferd Verlag erschienen.

Was ist Reiki?

Das Usui-System der natürlichen Heilung, hier im Westen meist kurz als Reiki[61] bezeichnet, wurde von dem japanischen Dr. Mikao Usui auf seiner Suche nach den Heilungsgeheimnissen von Gautama Buddha Ende des letzten Jahrhunderts in den uralten Sanskrit-Schriften eines unbekannten Jüngers von Buddha entdeckt. Während einer besonderen dreiwöchigen Meditations- und Fastenübung bekam er den energetischen Zugang zu diesem ganzheitlichen Heilungssystem und konnte es von da ab selbst anwenden und die Befähigung dazu weitergeben.

Über Hawaii kam es Ende der 30er-Jahre nach Amerika und von dort Ende der 70er-Jahre nach Europa. Heute gibt es Millionen von Reiki-Freunden in aller Welt, und es sind zu dem japanischen Usui-Reiki im Westen viele wertvolle Ergänzungen und Erweiterungen – wie zum Beispiel Karuna Reiki, Seichim, Rainbow Reiki und Tera Mai – entstanden. Reiki ist keine Religion und verlangt weder Gehorsam gegenüber bestimmten geistigen Führern noch eine nach festen Grundsätzen gestaltete Lebensweise. Es wird vermittelt durch sogenannte »Einweihungen«, traditionelle Rituale zur bleibenden Öffnung der in jedem Menschen grundsätzlich vorhandenen Leitbahnen für eine besondere Form feinstofflicher Heilungskraft, eben Reiki. Jeder Mensch kann es in verhältnismäßig kurzer Zeit erlernen. Es wird in drei Graden (Ausbildungsstufen) gelehrt: Der *1. Grad* schafft die Grundlagen für die gefahrlose und kraftvolle Energieübertragung durch das Auflegen der Hände. Der *2. Grad* erweitert die vorher erworbenen Grundkenntnisse um die Fähigkeiten der Fernbehandlung, Verstärkung des Reikiflusses, der energetischen Raumreinigung und der direkten Leitung der Reiki-Kraft in die Ebene der Gewohnheiten, der Mentalebene. Weitere interessante Techniken lassen sich aus diesen Grundlagen ableiten. Im *3. Grad* kommt weiterhin die Qualifikation für die Weitergabe der Fähigkeiten aller Grade an andere Menschen hinzu. Sind die Reiki-Fähigkeiten, egal welchen Grades, erst einmal vollständig aktiviert, können sie nie wieder verlorengehen oder jemandem entzogen werden. Die Reiki-Energie

[61] »Reiki« ist ein japanisches Wort. »Rei« bedeutet sinngemäß übersetzt soviel wie »universell« oder »das Spirituelle betreffend«. »Ki« heißt Lebensenergie.

zeichnet sich durch einige Eigenschaften aus, die hier noch genannt sein sollen, damit die Kombinationen mit NLP-Elementen auch für »Nicht-Eingeweihte« verständlich sind.

- Die Reiki-Kraft wird von dem Körperbewusstsein/Inneren Kind des Empfängers nach Bedarf und Vertrauen in den Behandler, die Situation und den ganzheitlichen Sinn eines möglicherweise durch die Heilung ausgelösten Wachstumsschrittes eingezogen.
- Reiki lässt sich nicht einpressen und ist nicht polar im Sinne einer Yin-/Yang-Qualität, einer Ausrichtung auf eine bestimmte Chakra- oder Meridianenergie.
- Der Fluss der Reiki-Kraft ist über den Willen und den Verstand nicht direkt beeinflussbar.
- Reiki fördert jede Art lebendiger Prozesse überall dort, wo es eingezogen wird. Ausschließlich darauf beruht seine Wirkung. Es stärkt so beispielsweise das Immunsystem auf stofflicher und psychischer Ebene, fördert die Entgiftung und Entschlackung von Körper und Geist, die Flexibilität und die Voraussetzungen für Entspannung sowie geistig-seelisches Wachstum.

Natürlich gibt es noch viel mehr über Reiki zu erzählen, doch dies ist ein Buch über NLP. Über Reiki habe ich schon genug geschrieben. Wenn du möchtest, schau einfach mal diesbezüglich in der Bibliographie im Anhang nach.

Pacing und Reiki

Der wichtigste Schnittpunkt beider Systeme liegt meiner Ansicht nach im Pacing, im Einlassen des Beraters auf den Klienten. Geht sein Herz für den anderen auf, kann er sich wirklich im anderen erkennen, mit ihm fühlen, ohne mit ihm zu leiden, ist eine sehr tiefe Verbindung auf der seelischen Ebene (Rapport) und damit auch mit der Zeit das Lösen der wirklich ursächlichen Problemstrukturen möglich. Je tiefer Vertrauen und Geborgenheit in einer Beratung sind, desto größer ist die Chance zum Wachsen. Keine noch so perfekt angewandte Veränderungstechnik wird eine sinnvolle Entwicklung in einem Klienten auslösen können, der sich nicht von seinem Berater wirklich angenommen und gut gefördert fühlt. Andererseits kann ein Berater, der in der Lage ist, in echte Resonanz zu einem Klienten und seinen Problemen zu treten, ihn zu respektieren und ehrlich auf sein Wohl bedacht zu sein, auch mit nur grundlegenden NLP- oder Reiki-Kenntnissen wahre Berge an Problemen bewegen und abtragen helfen.

Neurologische Ebenen, Chakren und Reiki

Die Bezugspunkte zwischen den Neurologischen Ebenen nach Bateson/Dilts zum östlichen Chakrensystem und deren kombinierte Anwendung als komplexer NLP-Methode habe ich schon im 9. Kapitel über F.E.S.T – die Feinstoffliche Entwicklungsstrategie – ausführlich besprochen. Da Reiki eine feinstoffliche Heilweise ist, lassen sich über eine chakrenorientierte Zuordnung einer bestimmten Problemstruktur direkt Sonderpositionen für eine effektive Reikibehandlung ableiten. Eine Bearbeitung von Blockaden mit den F.E.S.T.-Werkzeugen in Verbindung mit Reiki oder einem verstärkten Hineinassoziieren in den Archetyp eines Chakras mittels entsprechender Reiki-Techniken des 2. Grades (Fernkontakt) bewirken schnellere und sanftere Entwicklungsschritte sowie eine starke Bewusstseinserweiterung. Fortschritte in der Entwicklung des Klienten lassen sich leichter überprüfen, wenn sein Verhalten im Alltag in Bezug auf die Themen des mit dem bearbeiteten Problem verbundenen Chakras in jeder Sitzung kurz durchgesprochen und von dem Berater mit seinen Fachkenntnissen auf Veränderungen hin überprüft wird. Auch Wandlungen in der Aufmerksamkeit des Klienten hin zu übergeordneten Chakren/Neurologischen Ebenen, die eindeutig eine Entwicklung aus beengenden, trennenden Strukturen heraus darstellen, sind auf diese Weise leicht feststellbar und können entsprechend in der weiteren gemeinsamen Entwicklungsarbeit berücksichtigt werden.

Das Teilemodell, Verhandlungsreframing und Reiki

Ein Heilungsfortschritt wird häufig in der Praxis der Reiki-Arbeit behindert, weil bestimmte unterbewusste Persönlichkeitsanteile des Klienten von dem Nutzen einer Entwicklung/Heilung für ihre speziellen Bedürfnisse nicht überzeugt sind und mit ihren oft umfangreichen Möglichkeiten gewaltig auf die Bremse treten oder verhindern, dass Reiki überhaupt eingezogen wird und wirken kann. Das können sein:

- Krankheiten, die die Kraft und Zeit zur Entwicklung nehmen,
- überschäumende, unverhältnismäßige Heilungskrisen,
  Übertragungen im psychotherapeutischen Sinne, die zu Streit oder Missverständnissen zwischen dem Klienten und seinem Reiki-Berater führen können,
- Angst und Alpträume, Unfälle.

Dies und vieles Unangenehme mehr sind in der Trickkiste der sogenannten »Wächterprogramme« enthalten, deren Herkunft, Aufgaben und liebevolle Unschädlichmachung in den Kapiteln 1 und 10 sowie im Anhang 1 über den Umgang mit Widerständen ausführlich besprochen sind. Gerade die entsprechenden Anwendungen des Eins-Zwei-Drei-Modells kann hier eine gütliche Einigung mit den mächtigen, unterbewussten Wächtern herbeiführen und sie häufig sogar zu einer wachstumsfördernden, harmonischen Zusammenarbeit bewegen. Gerade so eine Entwicklung kennzeichnet einen großen Schritt auf dem Weg zu mehr Lebensglück und echtem spirituellem Fortschritt.

Ankern, State of Excellence und Reiki

Der sogenannte »State of Excellence«, näher erklärt in Kapitel 8, stellt ja einen kraftvollen, kreativen, ausgeglichenen und vertrauensvollen inneren Zustand auf Abruf über den jeweiligen Anker bereit.

Für den *Reiki-Behandler* kann diese Möglichkeit wichtig sein, um seine Beratungen auch bei belastenden äußeren Umständen, wie persönlichen Problemen, für ihn schwieriges Verhalten seines Klienten, hohe

Anforderungen an seine Leistungsfähigkeit und ähnlichem, kompetent durchführen zu können.

Für den *Klienten* kann es sehr nützlich sein, bei anstrengenden Wachstumsschritten durch den State of Excellence den Rücken gestärkt zu bekommen. Die manchmal nicht zu vermeidenden Heilungskrisen können dadurch wesentlich gemildert werden, Ängste vor Veränderungen lassen sich harmonisieren. Und letztlich ist es sowieso sehr nützlich, eine Fähigkeit zur besseren Bewältigung der vielen alltäglichen und nichtalltäglichen Herausforderungen zur ständigen Verfügung zu haben.

Allgemein können zum Beispiel weiterhin Anker eingerichtet und vor Sitzungen ausgelöst werden, die einen Zustand von Ausgeglichenheit und Annahmebereitschaft für Reiki bewirken und diesen auch bei der Bearbeitung tiefer Problemstrukturen halten können. Der manchmal schwierige Umstellungsprozess auf den Alltag nach einer intensiven Behandlung kann durch einen sogenannten Kontextanker, der auf Abruf den Zustand des Alltagsbewusstseins und der Gegenwartsbezogenheit herstellt, wesentlich erleichtert werden. Bereits bestehende Duftanker (Aromalampen), Geschmacksanker (besondere Teesorte, Gebäck) oder Raumanker (Lieblingsplatz) können für das nachhaltige Wohlbefinden des Klienten leicht umfunktioniert werden. Problemgespräche finden aus der Perspektive des »Ankerwissens« dann natürlich nie am selben Platz wie die Behandlung statt und werden selbstverständlich auch bei beiden Situationen in einem anderen Tonfall, Rhythmus, einer abweichenden Wortwahl und einer unterschiedlichen Tonhöhe geführt. Gab es bei der letzten Sitzung eine starke Lösung von emotionalen Energien oder bedrückende Rückerinnerungen, ist es natürlich für den NLPler klar, dass die wesentlichen Anker im Behandlungsraum für die Folgesitzung geändert werden müssen, damit eine von neuem angenehme und entwicklungsfördernde Situation gegeben ist. Auch die Ankerung von Problemzuständen an der Person des Behandlers lässt sich mit etwas Aufmerksamkeit entweder umgehen oder rechtzeitig neutralisieren.

Wohlgeformte Zielbestimmung und Reiki

Wie auch zu Beginn umfangreicher NLP-Beratungen sollte ebenso vor längeren Serien von Reiki-Sitzungen eine genaue Bestimmung der Ergebniswünsche des Klienten nach den Kriterien der wohlgeformten Zielbestimmung – vergleiche dazu Kapitel 5 – durchgeführt werden. Schon im Vorfeld lässt sich so die Verträglichkeit für alle Bedürfnisse des Betreffenden und sein soziales Umfeld, das heißt den Freundeskreis, Familie, Partner, Kollegen etc., fördern. Eine realistische Erwartungshaltung wird geschaffen und Metaziele, die Ziele hinter den Zielen, lassen sich in den Wachstums- und Neuorientierungsprozess sinnvoll einbeziehen.

Damit wird auch dem Reiki-Behandler eine Erfolgskontrolle in die Hand gegeben und einer Ausuferung des bei Vertretern der helfenden Berufe allgegenwärtigen Helfersyndroms rechtzeitig vorgebeugt. Der Spaß am Fortschritt und bewusst erlebte Erfolge werden so zu einem festen Bestandteil des Reiki-Alltags – auch und nicht zuletzt für die Selbstbehandlung!

Ausblick

Natürlich lässt sich noch mehr wichtige Vernetzung von NLP und Reiki betreiben, und dies ist auch schon geschehen. Die im Rahmen meines Reiki-Do Institutes entwickelte und gemeinsam durchgeführte Ausbildung zum zertifizierten Reiki-Praktiker gründet sich in wesentlichen Punkten auf diese nützliche Kombination. Mir sind ebenso viele andere Ansätze in diesem Bereich bekannt.

Die am Beispiel Reiki erklärten Einsatzbereiche von NLP-Techniken lassen sich natürlich, da sie grundlegende Herausforderungen im Alltag vieler ganzheitlicher Beratungsmethoden darstellen, beinahe in gleicher Weise in viele andere Bereiche übertragen. Falls du dich intensiver mit diesen Vernetzungen beschäftigen möchtest, notiere dir doch entsprechende Fragestellungen, die für dich von Interesse sind, blättere einfach noch einmal das Buch durch und probiere weitere Umsetzungen der NLP-Methoden für die sinnvolle Ergänzung deiner bereits vorhandenen Kenntnisse in anderen Gebieten aus. Ich wünsche dir viel Freude dabei.

Ach ja – wie wäre es zur Vorbereitung noch mit einem Kreativitäts- und Neugieranker? Wenn du nicht mehr genau weißt, wie er einzurichten ist, schau in den Kapiteln 8 und 11 nach.

Anhang 1

Widerstände gegen Wachstum

Was ist ein Widerstand?

Bei der Beschäftigung mit Entwicklung, Lernen und Heilung im ganzheitlichen Sinne taucht früher oder später ein seltsames Phänomen auf: der Widerstand eines Menschen, der sinnvolle Veränderung oder Heilung eigentlich dringend brauchte, gegen eben diesen heilsamen Prozess der Entwicklung der Persönlichkeit. Wie ist es möglich, dass jemand, der eben noch nach Hilfe schrie, plötzlich vehement gegen eben jene bewusst oder unbewusst interveniert, sich zu entziehen versucht und die Helfer emotional ablehnt?

Welche Ursachen gibt es für Widerstand?

1. Gesperrte Herzensbrücke (Verlorener Rapport)

Die Herzensbrücke zwischen Berater und Klient ist nicht (mehr) tragfähig. Das kann konkret zu wenig Vertrauen in die Person und/oder die fachliche Kompetenz des Beraters bedeuten.

Abhilfe: Ehrlich und sorgfältig Pacen.

2. Falsches Werkzeug – Die Anwendung eines nicht geeigneten Veränderungswerkzeugs

Vielleicht hat der Klient zum Beispiel Schwierigkeiten, sich *grundsätzlich* auf eine Veränderung seines Lebens einzulassen, aber der Berater merkt es nicht und wendet ständig Methoden an, die eine *bestimmte* Veränderung einleiten sollen, und wundert sich, warum nichts richtig klappt. Oder der Klient mag das Veränderungswerkzeug einfach nicht.

Abhilfe im ersten Fall: Das *tatsächliche* Problem gewissenhaft herausarbeiten und erst dann ein passendes Werkzeug wählen. Dazu ist natürlich eine unabdingbare Voraussetzung, die Grenzen und Möglichkeiten der vorhandenen NLP-Instrumente umfassend kennengelernt zu haben.

Abhilfe im zweiten Fall: Die Vorlieben und Abneigungen des Klienten bei der »Werkzeugwahl« ausreichend berücksichtigen.

3. Verständigungsschwierigkeiten

Der Berater redet so abstrakt und unter stillschweigender Annahme umfassender Vorkenntnisse mit seinem Klienten, dass dieser nur noch Bahnhof versteht und keinen Schimmer hat, was die abgehoben Dinge, von denen sein Berater erzählt, mit ihm und seinem Leben zu tun haben sollen.

Abhilfe: Ein Berater sollte sich erst einmal einen Überblick in die von seinem Klienten verwendete und verstandene Sprachweise und Wortwahl verschaffen. Im weiteren zum Ablauf der Beratung wichtige fachliche Zusammenhänge mit anschaulichen Beispielen (Metaphern) aus dessen Lebenserfahrung vermitteln und Fachchinesisch wirklich nur dann verwenden, wenn es nicht anders geht. Der Berater sollte überprüfen, inwieweit er selbst seine Fachsprache wirklich versteht oder ob er sich nur hinter dieser verschanzt, um zum Beispiel seine Inkompetenz und Minderwertigkeitsgefühle zu verbergen. Der Klient sollte vor jeder Anwendung eines NLP-Werkzeugs von seinem Berater darüber ausreichend informiert werden, welche *praktischen*, nützlichen Auswirkungen diese Anwendung für ihn haben kann. Im Rahmen dieser Aufklärungsaktion hat der Berater auch noch einmal Gelegenheit, am Verhalten seines Gegenübers – Mimik, Körpersprache, Stimmklang, Wortwahl – festzustellen, ob dieser wirklich in sich eindeutig motiviert für die beabsichtigte *Veränderung* mittels der gewählten *Technik* ist.

4. Zu viel zu schnell

Der Umfang der geplanten Veränderung überfordert den Klienten. Wenn sich von heute auf morgen das ganze Leben ändert, ist das nicht unbedingt angenehm, auch wenn man im Prinzip dieses Ergebnis wollte.

Abhilfe: Die Gesamtveränderung in viele kleine, sinnvolle Teilschritte aufteilen, also »down-chunken«. Sorgfältig *vor* jeder Intervention klären, ob der Schritt nicht vielleicht doch zu groß ist.

5. Ökologie

Ein Ziel kann ja noch so toll sein: Wenn es die Verwirklichung anderer wichtiger Lebensziele behindert oder vielleicht sogar unmöglich macht, wird zumindest das Unterbewusstsein, was – so gut es kann – ständig die Ökologie der Aktionen des Bewusstseins überprüft, etwas dagegen haben und sich quer stellen. Und ohne das Unterbewusstsein geht nichts! Dieser Punkt ist im Grunde der wichtigste von allen, und gleichzeitig lassen sich alle vorher dargestellten Fehler auch als Teilaspekte einer Ökologieverletzung auffassen. Beispiele für in einer Beratung häufig nicht berücksichtigte andere Ziele sind:

- Die Zuneigung und Akzeptanz von Menschen, die für den Klienten privat oder beruflich in objektiver oder subjektiver Hinsicht wichtig sind, könnte verloren gehen.
- Gesundheitliche Probleme könnten sich ergeben.
- Bisher funktionierendes Schutzverhalten gegenüber emotionalen Verletzungen, Überforderung, Identitätsverlust oder dem Verlust materieller Existenzgrundlagen könnte außer Kraft gesetzt werden.
- In der Vergangenheit wichtige Glaubenssätze wie: »Ein guter Mensch tut so was nicht!«, »Erfolgreiche Menschen sind alle Verbrecher!«, »Auf großes Glück folgt immer noch größeres Unglück – deshalb ist es gefährlich, sehr glücklich zu sein!« oder »Wenn ich nach Lust strebe und Lust empfinde, bin ich schlecht und verliere die Liebe anderer, mir wichtiger Menschen.« und »Nur wer immer arbeitet und größte Leistungen bringt, wird von anderen Menschen gebraucht und geliebt!« würden durch eine Verhaltensänderung in Frage gestellt.

Abhilfe: Sorgfältig alle Einwände wegen Behinderung bei der Verwirklichung anderer Lebensziele des Klienten herausarbeiten und die so gewonnenen Erkenntnisse bei der Veränderungsarbeit umfassend berücksichtigen. Reframing ist dabei oft ein Schlüssel zum Erfolg.

Zwei Tips zum Abschluss:

1. Gehe als Berater immer davon aus, dass das Unterbewusstsein eines Klienten, der Widerstandssymptome zeigt, wichtige *subjektive* Gründe dafür hat. Überprüfe den *objektiven* Sinn der Veränderung für deinen Klienten sorgfältig. Wenn dieser gegeben ist, finde Wege in einer Sprache, die das Unterbewusstsein (rechte Gehirnhälfte) versteht, wie Metaphern zum Reframing, Arbeit mit

Submodalitäten, F.E.S.T. und dergleichen, um ihm die veränderte Lebenssituation und den Nutzen der Veränderung klar zu machen. Wenn du es erreichst und dein Anliegen verständlich machst, es für seine Absicht, nicht für sein Verhalten lobst und garantierst, dass die hinter dem herkömmlichen Verhalten stehende Absicht in Zukunft auch durch das neue Verhalten mindestens gleich gut berücksichtigt werden wird und dass das alte Verhalten immer noch erlaubt ist, wenn das neue in einer Situation mal keine befriedigenden Ergebnisse bringt, wirst du einen starken Verbündeten gewinnen.

2. Als Berater hast du meiner Ansicht nach genau 50 % der Verantwortung für den Erfolg der Entwicklungsarbeit. Nicht mehr -aber auch nicht weniger! Manche Menschen haben sich so in ihren Problemen festgefressen, dass sie tatsächlich erst eine *gewaltige* Bauchlandung brauchen, um wirklich motiviert für eine heilsame Veränderung zu sein. Niemand kann einen anderen zu seinem Glück zwingen – Gott sei Dank!

Anhang 2

Der Ablauf einer NLP-Lebensberatung

Es ist zu Anfang der NLP-Praxis oft schwer festzustellen, was eigentlich genau bei einem Klienten schiefläuft und in welcher Reihenfolge die Probleme sinnvollerweise bearbeitet werden sollten. Damit dir der Einstieg in deine NLP-Praxis leichter fällt, habe ich den folgenden Ablaufplan entworfen.

1. Pacen und Rapport – Herzensbrücken zu deinem Klienten bauen und erhalten

Schaffe eine Atmosphäre von Respekt, Sicherheit und Annahmebereitschaft. Dein Klient sollte durch deine Leistungen in der Anfangsphase der Beratung deine natürliche Autorität anerkennen. Ohne diesen Schritt läuft nichts! Arbeite immer selbst in einem für die Beratungssituation passenden State of Excellence und richte vor einer Beratung Anker für dich ein, die die Errichtung von Herzensbrücken fördern sowie dein Bewusstsein und deine Eigenverantwortlichkeit auf einem hohen Niveau halten. Sollte es dir nicht gelingen, eine tragfähige Herzensbrücke zu errichten, lehne die Beratung bestimmt, aber höflich ab. Du musst nicht jeden Menschen zu jeder Zeit beraten können. Und es ist besser, so einen Fall zu akzeptieren, als eine Beratung durchführen zu wollen, die deinem Klienten nicht hilft und dich unzufrieden macht.

2. Zielfindung

Frage deinen Klienten nach seinen Wünschen und mache dir Notizen. Markiere Ungenauigkeiten, die sein Bewusstsein konkreter Bedürfnisse verschleiern. Kläre sie, wenn nötig. Achte auf verdeckte Wünsche, die hinter den offen geäußerten stehen könnten. Wenn welche da sind, mache sie deinem Klienten bewusst und berücksichtige sie in der Beratung in angemessenem Umfang. Kläre eindeutig, ob seine Ziele Liebesfähigkeit, Bewusstsein und Eigenverantwortlichkeit in ihm fördern. Wenn dies nicht der Fall ist, ändere die Ziele entsprechend. Möchte dein Klient dies trotz Erläuterungen dazu nicht, lehne die Beratung ab.

Achtung: Schwierigkeiten bei einer Beratung ergeben sich zwangsläufig, wenn ein Klient seine Persönlichkeit, seine Existenzberechtigung aus einer bestimmten Funktion, die er erfüllt, ohne andere Wahlmöglichkeiten dafür zu haben, ableitet. Das kann die Rolle der Mutter, der Geliebten, der Hausfrau, des Chefs, des Clowns, des Machers, des Helfers oder Ähnliches sein. In diesem Fall hilf deinem Klienten *zuerst* dabei, mit Verstand und Gefühl zwischen seiner Identität und der Funktion, mit der er sich verbunden hat, in Zukunft gründlich zu unterscheiden. Am besten, indem er als ersten Schritt weitere Funktionen, die er ausfüllen kann, als Möglichkeit der Selbstwahrnehmung und Existenzberechtigung akzeptieren lernt, bevor er dann später versteht, dass er hier sein darf, weil er hier ist ...

3. Kraft verschaffen

Richte für deinen Klienten einen State-of-Excellence-Anker ein. Den kann er zum einen immer gut für sich einsetzen, zum anderen brauchen umfangreiche Veränderungen Kraft und Topform.

4. Öko-Check/Veränderung bewirken

Wenn die Ziele deines Klienten leicht zu erreichen und ökologisch, also mit seinen anderen Wünschen und Beziehungen zu ihm wichtigen Menschen, verträglich sind und du die Ziele hinter seinen Zielen (Metaziele) überprüft und, wenn nötig, berücksichtigt hast, wähle geeignete NLP-Methoden aus und hilf ihm dabei zu bekommen, was er will.

5. Schwachstellen ausfindig machen

Gibt es bei Punkt 4 Ungereimtheiten oder sind die Ziele deines Klienten umfangreicher, gehe folgendermaßen vor ...

a. Überprüfe, ob das Verlangen deines Klienten nach Veränderung wirklich eindeutig ist und ob seine unbewussten Persönlichkeitsanteile dabei mitspielen wollen. Wenn nicht, wende geeignete NLP-Methoden an, die ihm helfen, einen eindeutigen Standpunkt zu einer Veränderung einzunehmen.

b. Überprüfe, welchen Nutzen sein bisheriges Verhalten für ihn hatte und wie du diesen Nutzen gleich einfach, schnell und zuverlässig für ihn mit einem anderen, sinnvolleren Verhalten erreichen kannst.

c. Überprüfe, ob sein Partner, seine Familie, seine Freunde, seine Arbeitskollegen Einstellungen und Verhaltensweisen haben, die der sinnvollen Veränderung seines Verhaltens im Wege stehen. Wenn dies der Fall ist, hilf ihm, mit seinen Leuten so umgehen zu lernen, dass deren Widerstand gering genug für die Einleitung und Durchführung seiner Entwicklung wird.

d. Achte auf eingeschränkte Wahlmöglichkeiten in seinem Verhalten und seinen Ansichten, die mit dem Problembereich zusammenhängen. Häufig muss erst diesbezüglich mehr Flexibilität – mehr Wahlmöglichkeiten – geschaffen werden, bis sich Größeres verändern lässt.

6. Führe eine sorgfältige Planung nach den Kriterien der wohlgeformten Zielbestimmung durch.

7. Hilf deinem Klienten bei der gewünschten Veränderung und vergiss den Future Pace, das Erleben des veränderten Zustands in der Zukunft, nicht. Denn dieser trägt wesentlich zum Erfolg der Beratung bei und durch ihn lassen sich verdeckte Ökologiefehler oft noch rechtzeitig enttarnen.

8. Überprüfe während der Zeit der Veränderung in seinem Alltag immer wieder die Ökologie, also ob die Wandlung in seinem Verhalten immer noch mit seinen sonstigen Lebenszielen harmoniert. Wenn nicht, ändere das, was nötig ist, um die Ökologie wiederherzustellen.

9. Ist der Wachstumsschritt geschafft, untersuche noch einmal, ob sich irgendwelche negativen Konsequenzen daraus ergeben haben, die vielleicht in der durch den Erfolg ausgelösten Hochstimmung übersehen worden sind. Wenn es Probleme gibt, schaffe Bewusstsein dafür und hilf deinem Klienten aus diesen nachhaltig heraus.

Und dann ist deine Arbeit für diesmal beendet, und du bist um viele Erfahrungen reicher! Überlege dir, was du beim nächsten Mal besser machen willst und warum. Überlege dir, was besonders gut gelaufen ist und mach dir Notizen darüber, damit du deine genialen Ideen und Technikvariationen für das nächste Mal auch sicher zur Verfügung hast.

Anhang 3

Wichtige NLP-Werkzeuge

Bei den vielen Techniken und Erklärungen kann frau/man leicht die Übersicht verlieren. Deshalb habe ich in diesem Anhang noch einmal die wichtigsten Werkzeuge des NLP, die in diesem Buch vorgestellt wurden, aufgeführt und kurz ihre Bedeutung erklärt.

Pacing bezeichnet den Prozess, der einem anderen Menschen oder einer Teilpersönlichkeit das Gefühl gibt, verstanden, angenommen, respektiert und geschützt zu werden. Pacing heißt, das Herz zu öffnen.

Rapport ist der Zustand, der durch Pacing hergestellt und aufrechterhalten wird.

Leading bezeichnet die direkte oder indirekte Anleitung eines Menschen in Bezug auf sein inneres und äußeres Verhalten durch einen anderen. Leading ist nur im Zustand des Rapports möglich. Jeder therapeutische oder pädagogische Entwicklungsprozess wird letztlich durch das kompetente Leading des Heilers oder Lehrers vollzogen, der dem Klienten hilft, sich so zu ändern, dass er glücklicher und gesünder wird.

Stuck State ist ein Zustand, in dem Flexibilität im inneren und äußeren Verhalten sowie als positiv empfundene Gefühle – Freude, Lust, Neugier und dergleichen – nicht oder nicht sehr stark vorhanden sind. Ein extremer Stuck State ist zum Beispiel eine Depression.

Metamodell ist eine Art und Weise des Sprachgebrauchs, die es ermöglicht, systematisch die Aussagen eines Menschen auf seine wirklichen Erfahrungen zu reduzieren.

Submodalitäten bezeichnen die feinen Unterscheidungen in jeder der Modalitäten (Sinneskanäle). Eine Modalität ist beispielsweise *Hören.* Submodalitäten dieser Modalität sind beispielsweise *schrill* und *laut.*

Reframing bezeichnet den Prozess des systematischen Umdeutens und Umwertens der Qualität einer Erfahrung. Reframing wird durch einen Wechsel der Wahrnehmungsposition in Bezug auf ein Erlebnis durchgeführt. Voraussetzung für Reframing ist die Annahme, dass jede Erfahrung in irgendeinem Zusammenhang sinnvoll ausgewertet werden kann.

Ankern bedeutet einen willkürlich gewählten, einzelnen Sinnesreiz mit einer umfassenden Erfahrung und einen damit zusammenhängenden Gefühlszustand zu verknüpfen, um den entsprechenden Zustand kontrolliert verfügbar zu haben.

Separator bezeichnet eine Handlung, die zwei Erfahrungen voneinander gefühlsmäßig trennt, damit die Aufmerksamkeit vollständig für ein Erlebnis zur Verfügung steht.

Future Pace bezeichnet ein Erleben zukünftiger Erfahrungen in der Vorstellung, damit das Ergebnis einer Beratung auch später wirklich sinnvoll ist und tatsächlich eingesetzt wird. Ohne einen Future Pace werden neue Verhaltensweisen in der Zukunft oft nicht automatisch und natürlich angewendet, sondern auf die alten zurückgegriffen, weil das Unterbewusstsein nicht verstanden hat, dass die neue Gewohnheit auch wichtig für andere Situationen als die Beratungssitzung ist.

Öko-Check bezeichnet eine Kontrolle, die sicherstellen soll, dass geplante Veränderungen keine anderen bewussten oder unbewussten Ziele des betreffenden Menschen behindern. Also im Grunde die Überprüfung, ob eine Beratung auch intern für alle Teilpersönlichkeiten des Klienten ein Win/Win-Ergebnis hervorgebracht hat.

Win/Win bezeichnet ein Ergebnis einer Handlung, das alle Beteiligten zufriedenstellt, also gewinnen lässt. Sollte bei jeder NLP-Beratung berücksichtigt werden.

VAKOG-Trance bezeichnet eine Reise in die Innenwelt, ausgelöst durch eine kombinierte Vorstellung von visuellen (das Sehen betreffende), auditiven (das Hören betreffende), kinästhetischen (das körperliche Fühlen betreffende), olfaktorischen (das Riechen betreffende) und gustatorischen (das Schmecken betreffende) Sinneswahrnehmungen. Eine VAKOG-Trance ist für das Ankern, siehe Eins-Zwei-Drei-Übungen, F.E.S.T. und viele andere NLP-Techniken eine unabdingbare Voraussetzung. Denn nur in einer Trance wird das Unbewusste eines Menschen erreichbar und kann in eine Veränderungsarbeit, die auch die Gefühle mit erfasst, einbezogen werden. Nur hier kann die Verständigung mit dem Unbewussten stattfinden, denn seine Sprache ist die Sprache der Sinneswahrnehmungen und Erfahrungen, nicht die der Worte.

Ressourcen bezeichnen alle Gegenstände, Fähigkeiten, Personen, Erfahrungen und sonstigen Mittel, die einem Menschen helfen, erfolgreich und befriedigend mit besonderen Problemen und allgemein mit den Anforderungen des Lebens umzugehen.

Anhang 4

Kommentierte Bibliographie

Die folgenden Bücher stellen nur eine kleine Auswahl aus der mittlerweile gewaltig angewachsenen deutschsprachigen NLP-Literatur dar. Einerseits sind in dieser Liste Grundlagenwerke, die den zum tieferen Verständnis der Methode wichtigen Hintergrund liefern, andererseits einige einführende Werke, die ich geeignet finde. Viele Standpunkte, die ich in diesem Buch vertrete, wirst du in anderen nicht so finden. Mache dir deine Gedanken dazu, probiere aus und übernimm, was sich für dich als richtig erweist. Wie heißt es doch so schön: »Keiner hat die letzte Wahrheit, aber aus den vielen verschieden Landkarten der Wirklichkeit lässt sich im Vergleich erahnen, was hinter den Modellen ist.«

Bandler/Grinder »Therapie in Trance«, Klett-Cotta Verlag. Trance, Hypnose und Suggestion in einem Umfang, der den Leser selbst im Handumdrehen in die Traumwelt befördert. Ich finde es sehr gut. Leider, wie üblich bei dem Autorenpaar, fehlt häufig irgendwie die menschliche Wärme. Aber vielleicht kommt es mir auch nur so vor ...

»Metasprache und Psychotherapie – Die Struktur der Magie I« und »Kommunikation und Veränderung – Die Struktur der Veränderung II«, Junfermann Verlag. Dies sind die beiden Grundlagenwerke über NLP. Sehr technisch und für NLP-Einsteiger abstrakt und unverständlich. Trotzdem wichtig.

Alexa Mohl »Der Zauberlehrling«, Junfermann Verlag. Ein theoretisch sauber und praktisch verwertbar geschriebenes Buch. Teilweise etwas abstrakt, wie der überwiegende Teil der NLP-Literatur, aber nicht so sehr, dass der Spaß am Lesen vertrocknen würde. Empfehlenswert!

Anthony Robbins »Das Robbins Power Prinzip«, Heyne Verlag. Sehr amerikanisch geschrieben. Stellenweise gut und wichtig, in vielen Bereichen peinlich, wenn die Geschichten, die der Autor über sich erzählt, ein wenig zu sehr die weitbekannten Histörchen in Anekdotensammlungen der Weltgeschichte durchscheinen lassen. Sehr umfangreich und häufig etwas moralinsauer. Trotzdem hat es irgendwas. Wenn du schon einiges an NLP-Büchern besitzt, überlege dir, ob du auch dieses noch als Anregung anschaffen willst. Zur Einführung und über Grundlagen gibt es meiner Ansicht nach Besseres.

Connierae und Steve Andreas »Mit Herz und Verstand«, Junfermann Verlag. Auch recht amerikanisch geschrieben, aber randvoll mit aus der Praxis entwickelten, teilweise genialen Ideen. Recht gut lesbar. Gehört unbedingt ins Bücherregal!

Robert Dilts »Identität, Glaubenssysteme und Gesundheit«, Junfermann Verlag. Dilts ist der meiner Ansicht nach zur Zeit wichtigste Weiterentwickler des NLP. Manchmal kommt es mir so vor, als hätte er diese Methode besser verstanden als ihre eigentlichen Erfinder. Es ist nicht unbedingt leicht zu lesen, aber jede Zeile lohnt sich.

Joseph O'Connor/John Seymour »Neurolinguistisches Programmieren: Gelungene Kommunikation und persönliche Entfaltung«, Verlag für Angewandte Kinesiologie (VAK). Eine gute, verständliche Einführung in die NLP-Methode. Die meisten Bestandteile des heutigen NLP werden beschrieben, deswegen ausgezeichnet, um sich einen Überblick zu verschaffen. Für ein NLP-Buch gut und unterhaltsam lesbar.

Tad James/Wyatt Woodsmall »Time Line – NLP-Konzepte«, Junfermann Verlag. Ein spannendes Buch für Fortgeschrittene. Es geht um NLP-Zeitreisen und Veränderungen in der persönlichen Geschichte und der Zukunft. Die geschilderten Techniken sind extrem wirksam und sollten vor dem Ausprobieren mit Hilfe eines erfahrenen Trainers erlernt werden.

Thies Stahl »Triffst du 'nen Frosch unterwegs«, Junfermann Verlag. Stahl ist einer der besten und bekanntesten NLP-Trainer in Deutschland.

Dieses Buch zeigt einiges von seiner Arbeit und seinen Weiterentwicklungen der NLP-Methoden. Für Anfänger und Fortgeschrittene interessant. Geduld und Einarbeitungszeit sind nötig, aber zahlen sich auch aus.

Serge Kahili King »Der Stadt-Schamane«, Alf Lüchow Verlag. Eine fachlich gelungene und sehr spannend zu lesende Kombination von Huna-Schamanismus und NLP.

Jetzt gibt es noch einige Empfehlungen zu den Themen »Chakren« und »Reiki«.

»Das Chakra-Handbuch« von Baginsky/Sharamon, Windpferd Verlag. Ein gut recherchierter Klassiker unter den Chakrabüchern. Sehr empfehlenswert.

»Das Aura-Heilbuch« von Walter Lübeck, Windpferd Verlag. Ein Ausbildungsprogramm für die Entwicklung der feinstofflichen Wahrnehmungsfähigkeiten (Aura- und Chakralesen) mit einer umfassenden Beschreibung des feinstofflichen Energiesystems, der Haupt- und Nebenchakren, der Aurafelder, der Akupunkturmeridiane, der Hauptenergieorgane und der sieben Muskelpanzerringe, die aus der bioenergetischen Therapie bekannt sind.

»Die Chakra-Energie-Karten« von Walter Lübeck, Windpferd Verlag. Ein Satz von 126 besonders gestalteten Affirmationskarten, abgestimmt auf die Haupt- und Nebenchakren sowie die Felder der Aura. Geeignet zum alleinigen Einsatz für die Entwicklung der Persönlichkeit, aber auch für die Kombination mit Reiki, Bachblüten, Heilsteinen und Aromaessenzen, die jeder Affirmation zugeordnet sind. Alle Anwendungen sind eingehend beschrieben. Mit Heilungssiegeln der Großen Göttin und Ihrer Engel auf jeder Karte. In einem besonderen Kapitel wird erklärt, wie mit den Chakra-Energie-Karten auch Laien einfach und sehr effektiv Feng-Shui-Arbeit für Haus, Wohnung und Garten leisten können. Dutzende von praxiserprobten Beispielsfragen für das Orakel aus allen

Lebensbereichen. Die 126 Affirmationen eignen sich besonders gut für die Mentalheilung des 2. Reiki-Grades und zur Selbstsuggestion.

»Das Reiki-Handbuch« von Walter Lübeck, Windpferd Verlag. Alle für die praktische Anwendung von Reiki wichtigen Kenntnisse sind in diesem umfangreichen Buch enthalten.

»Die Reiki-Kraft« von Paula Horan, Windpferd Verlag. Viele interessante und originelle Anregungen für die Reiki-Praxis.

»Reiki – Der Weg des Herzens« von Walter Lübeck, Windpferd Verlag. Eine ausführliche Beschreibung des Reiki-Systems und seiner Möglichkeiten in allen drei Graden.

»Die Reiki-Hausapotheke« von Walter Lübeck, Windpferd Verlag. Besondere Reiki-Behandlungen für 44 Befindlichkeitsstörungen, ergänzt durch Rezepte der Nahrungs- und Kräuterheilkunde.

»Rainbow-Reiki« von Walter Lübeck, Windpferd Verlag. Die Oberstufe der Energiearbeit mit Reiki. Herstellung von Reiki-Essenzen, persönliche Kraftorte schaffen, Reiki-Heilungslieder, die wahre Geschichte von Reiki und vieles mehr.

»Erfahrungen mit der Reiki-Kraft« von Brigitte Ziegler, Windpferd Verlag. Sehr interessante Erfahrungsberichte.

»Das Reiki-Kompendium«, Walter Lübeck/Frank Arjava Petter/William L. Rand, Windpferd Verlag. Eine ausführliche Darstellung des Traditionellen Reiki. Genau recherchierte biografische Informationen über Dr. Mikao Usui, Dr. Chujiro Hayashi und Hawayo Takata. Die klassischen Behandlungsmethoden Usuis und Hayashis, die Original-Lebensregeln, die spirituelle Lehrer-/Schülerbeziehung im Reiki, Erklärungen zu den Reiki-Symbolen und vieles mehr.

»Die schönsten Reiki-Techniken«, Lübeck/Petter, Windpferd Verlag. Eine umfassende Zusammenstellung der wirkungsvollsten im Westen

»erfundenen« Reiki-Anwendungen. Vieles ist hier zum ersten Mal veröffentlicht!

»Handbuch für Lebensberater«, Walter Lübeck, Windpferd Verlag. Alles, was ein ganzheitlich arbeitender Lebensberater für seine wichtige Arbeit wissen sollte, ist hier in kompakter Form erklärt: Welche Ausbildungen sind wirklich sinnvoll? Der Umgang mit der täglichen Praxis. Wie werden Beratungssequenzen effektiv aufgebaut? Was ist bei Übertragungen zu beachten? Beratungsthemen nach Wichtigkeit sortieren lernen? Was ist Gesundheit und Krankheit aus ganzheitlicher Sicht? Und vieles mehr.

Über den Autor

Walter Lübeck, geboren am 17. Februar 1960 (Wassermann, Aszendent Schütze) ist seit 1988 als spiritueller Lehrer tätig. Er unterrichtet weltweit in deutscher und englischer Sprache das von ihm begründete Rainbow-Reiki-System, Drei-Strahlen-Meditation, die schamanische White-Feather-Tradition, Spirituelles NLP und Lemurian Tantra. Die drei Maximen: Eigenverantwortung, Liebe und Bewusstsein sind für ihn privat und beruflich eine wichtige Richtschnur. Mit seiner Arbeit möchte er einen Beitrag dazu leisten, dass möglichst bald ein neues Goldenes Zeitalter auf Erden Einzug hält.

In 21 Büchern, davon 7 zum Thema Reiki, die in mehr als ein Dutzend Sprachen übersetzt vorliegen, diversen Beiträgen in Fachzeitschriften, Lehrvideos und -software stellt er die Ergebnisse seiner Forschungen der Öffentlichkeit zur Verfügung. Es ist ihm sehr wichtig, dass spirituelles Wissen zur Steigerung der ganzheitlichen Lebensqualität und zur Heilung unseres Planeten angewendet wird.

Vielseitig ausgebildet in Reiki, Meditation, NLP, Schamanismus, Tantra, Homöopathie, Ernährungslehre, Inneren Kampfkünsten, Feng Shui und Kristallarbeit, bemüht er sich um eine Zusammenführung der verschiedenen spirituellen Wege und ihrer Weisheit, um seinen Schülern auf ihren Wegen optimal voran zu helfen. Als begeisterter Musiker verwendet er gerne Trommeln, Didgeridoo, Gesang und Tanz bei Ritualen und spirituellen Heilungen.

Kontakt:
www.rainbowreiki.net

Walter Lübeck

Rainbow Reiki

Neue Techniken zur Erweiterung des Reiki-Systems um kraftvolle spirituelle Fähigkeiten

Rainbow-Reiki ist ein erprobtes System komplexer Energiearbeit. Grundlage von Rainbow-Reiki, einer gelungenen Kombination alter und neuer Methoden, ist das Usui-System des Reiki.
Rainbow-Reiki erweitert das Usui-Reiki-System um hochwirksame Techniken der Energiearbeit und gibt Möglichkeiten zur direkten Zusammenarbeit mit feinstofflichen Wesen beziehungsweise Lehrern. Die Herstellung von Reiki-Essenzen ist ebenso Teil des Systems wie geführte Aura- und Chakra-Arbeit, der Umgang mit Kraftplätzen, auch die Schaffung neuer eigener Kraftplätze mittels Reiki-Mandalas gehört dazu.

240 Seiten, ISBN 3-89385-407-X
www.windpferd.com

Walter Lübeck/Frank A. Petter

Reiki — die schönsten Techniken

Wundervolle Werkzeuge des Heilens für den ersten, zweiten und dritten Reiki-Grad

Die weltweit anerkannten Reiki-Meister Walter Lübeck und Frank A. Petter stellen in diesem Buch hauptsächlich westliche Reiki-Techniken vor und geben jedem Reiki-Praktizierenden ein wertvolles Werkzeug in die Hand, um Reiki gezielt und effektiv zum Schutz und zur Heilung anzuwenden. Es gibt Techniken für den ersten, den zweiten und den dritten Grad. Die Autoren zeigen, wozu eine Behandlung benutzt wird, die Philosophie der jeweiligen Technik, wie sie ausgeführt wird, was damit bewirkt werden kann sowie Kombinationsmöglichkeiten mit anderen Techniken. Ein wundervolles Geschenk für jeden Reiki-Eingeweihten!

240 Seiten · 3-89385-391-X
www.windpferd.com

Fons Delnooz

Energetischer Schutz

Wie man sich vor Energieverlust, verunreinigten Energien und unerwünschter Schwingungsresonanz schützen kann

Mit vielen praktischen Anleitungen
Dieses Buch ist ein Muß für Therapeuten und Patienten, die mit Energien und Körperenergien arbeiten, aber auch ein Buch für empfindsame Seelen, die beruflich oder privat viel mit Menschen zu tun haben. Energieverlust sowie die Aufnahme verunreinigter Energien und Schwingungsresonanzen können dazu führen, daß man immer häufiger nach der Arbeit extrem müde und reizbar nach Hause kommt, kaum noch Energie für Familie und Freunde oder andere Aktivitäten aufbringen kann. Mit diesem Buch wird man lernen, Schritt für Schritt diesem Energieverlust vorzubeugen, auch im zwischenmenschlichen Energieaustausch, selbst über große Entfernungen hinweg.

144 Seiten · ISBN 3-89385-380-4
www.windpferd.com

Walter Lübeck

Das Aura Heilbuch

Die Aura lesen und deuten lernen · Energiefelder farbig sehen und zur ganzheitlichen Heilung einsetzen

Jeder Mensch hat eine Aura, eine Art farbiges Energiefeld, das seinen Körper umgibt und seinen augenblicklichen Gesamtzustand widerspiegelt. Gefühle, Schmerz, Liebe oder Leid und gesundheitliche Störungen verändern die Aura und geben dem, der sie zu „lesen" versteht, wichtige Aufschlüsse über seine Mitmenschen und die Möglichkeiten der Heilung oder der positiven Einwirkung.
Walter Lübecks Buch ist eine Schritt-für-Schritt-Anleitung, die den Leser über die Sensibilisierung für feinstoffliche Schwingungen zum Aurasehen führt.

288 Seiten, ISBN 3-89385-082-1
www.windpferd.com